ME FIRST

회사를 퇴사하고 갓생에 입사했습니다!

저자: 이미루

다빈치books

회사를 퇴사하고
갓생에 입사했습니다!

초판 1쇄 인쇄 2023년 8월 20일
초판 1쇄 발행 2022년 9월 1일

저자	이미루
책임편집	문보람
디자인	김민철, 오지윤
인쇄	영신사
종이	세종페이퍼
홍보	박정연
제작	박종훈
제작/IP 투자	㈜메타유니버스 www.metauniverse.net
출판/유통	다빈치books
출판등록일	2011년 10월 6일
주소	서울특별시 마포구 월드컵북로 375. 21층 7호
팩스	0504-393-5042

출판 콘텐츠 및 강연 관련 문의 저자 소개 페이지의 이메일

* 파본은 구입하신 곳에서 교환해 드립니다.
* 본 책의 본문 일부를 인용하는 경우에는 반드시 참고도서로 본 책의 제목과 출판사를 기재해 주시기 바랍니다.
* 저자의 강연 요청은 이메일을 통해서 가능합니다.

ME FIRST

회사를 퇴사하고
갓생에 입사했습니다!

목차

2부 조용한 퇴사

3부　4차 산업혁명의 미래

일 잘하던 '8년 차 대리'
왜 퇴사했을까?

2030들의 대규모 '퇴직 러시'가 시작됐다. 뉴스에서는 젊은 사람들 취직자리가 없어 '취직 지옥'이라 말하는데, 입사가 아니라 퇴사를 축하하는 게 선뜻 이해가 되지 않는다. 국내 대표 취업포털 사람인이 2022년 538개 기업을 대상으로 실시한 통계에 의하면, 입사 후 1년이 지나지 않은 직원의 퇴사 비율이 23.2%를 기록했다고 한다. 퇴사자들만 놓고 보면 비중은 43.3%까지 올라간다. 퇴사한 직원들의 평균 재직 기간이 1년도 되지 않는다는 뜻이다. 취직을 희망하는 취준생들은 '배부른 사람들'이라고 비꼬기도 하지만 막상 취업하면 그때의 간절함이 1년을 넘기지 못한다. 사람들은 더 이상 직장을 생계 수단으로 생각하지 않는다. 능력을 제대로 평가받지 못하거나 불합리한 조건들이 용납되지 않는 이유다. 합리적인 결정, 정확한 평가, 확실한 보상이 없는 기업들은 더 이상 인력을 구할 수 없다.

지금 같은 생각을 하는 사람이 많다는 건, 그들의 생각이 곧 가까운 미래의 시대상을 보여준다는 것을 의미한다. 역사를 보면 미래가 보인다. 영국의 산업 혁명은 대량생산 '노동 착취' 시대를 만들었다. 자유방임주의 경제 정책이 자리 잡아 저렴한 임금으로 노동력을 착취당했다. 당시 노동자들은 하루 16시간씩 비위생적인 작업장에서 일했다. 지금은 상상할 수 없는 일이지만 당시 사람들 대부분은 이런 삶을 영위하고 있었다. 19세기 초반에 태어났다면 출생과 동시에 가축보다 못한 삶을 영위했을 것이다. 노동 착취의 결과로 1811년 러다이트 운동이 일어나 파업, 노동조합, 교섭 등이 생겼고 점차 지금 같은 근로 환경이 만들어졌다.

그로부터 200년의 세월이 흘렀다. 19세기와 비교하면 근로기준법, 제도, 복지, 환경 등은 비약적으로 발전했고 사람들의 삶은 풍요로워졌다. 한국의 경우 법정 근로시간이 주 52시간이며, 영국을 포함한 유럽 복지 국가들은 48시간 미만이다. 200년이라는 시간 동안 하루 16시간 근무는 8시간으로 줄었고, 비위생적이고 위험한 작업 공간은 깔끔한 사무실로 바뀌었다. 한 달에 빵 30개도 구매하지 못하던 급여는 33.3배 이상(한국 최저임금 월 200만 원가량) 올랐다(현재 시세로 계산/빵 가격은 개당 2천 원으로 계산). 제조 산업의 팽창과 근로법이 개선되며 미국 같은 경제 대국이 등장했고, 건국 초 1인당 국민소득 82달러이던 빈곤국 한국은 GDP 15위의 경제 선두 국가가 되었다. 개선된 근무 환경과 제조 중심의 산업혁명은 윤택한 삶, 21세기 현재를 만들었다. 지난 200년 동안 지켜진 이 규칙은 새로운 시대 앞에 무너지고 있다. 그 시작이 2030의 '퇴사 러시'이고, 역사는 반복된다.

채용 절벽을 마주한 세대

2030 퇴사 러시의 근본적인 이유는 고용 없는 성장에 있다. 삼성, 현대, SK, LG 같은 워너비 기업들이 사람을 채용하지 않아 취업 한파에 떠밀리고, 근무 조건이 열악한 중견·중소기업에 취직하기 때문이다. 중소기업이라도 경제 활동을 하는 데 문제는 없는 것 아니냐며 반문할 수 있겠지만, 내막을 들여다보면 제조 기반 중소기업의 열악한 환경에서 일하고 싶은 사람은 아무도 없을 것이다. 피한다는 것, 원하지 않는다는 데에는 그만한 이유가 있다. 나이를 먹을수록 갈아타기는 쉽지 않다. 어차피 탈출해야 한다면 굳이 중소기업에 가서 시간 낭비 할 필요는 없지 않을까? 대기업도 기업과 부서마다 '케바케(Case by case의 줄임말)'이고 규모와 매출액으로 포장한 그럴싸한 기업들도 많다. 그렇지만, 누구나 가고 싶은 워너비 기업과 나머지 '스카이캐슬'의 존재를 부정할 사람은 아무도 없을 것이다. 대기업과 중소기업의 차이는 명확하다. 2020년 통계청 자료를 보면 대기업과 중소기업의 임금 격차는 2배가 넘는다. 월평균 세전 임금에서 대기업의 평균은 529만 원, 중소기업은 259만 원이다. 복지

차이도 무시할 수 없다. 학자금, 의료비, 대출, 개인연금, 식사, 기숙사, 휴가비, 복지포인트, 휴가제도, 경조금, 장기포상, 통근버스, 퇴직금 누진제, 파견수당, 스톡옵션, 사내시설(헬스장, 병원, 세차장)까지 회사가 제공하는 혜택이 풍부한 대기업에 비해 커피믹스 한 잔을 복지라 말하는 게 중소기업의 현실이다. 차별은 급여와 복지에 국한되지 않는다. 지켜지지 않는 워라밸에 야근수당조차 없는 열정페이를 경험하는 것은 기본이다. 이런 환경에서 교육이나 자기계발을 계획하긴 어렵다. 중소기업의 고인물들은 이런 자기계발을 하는 직원을 경계한다. 배워서 유능해지면 더 높은 회사로 이직한다는 생각 탓이다.

기계의 소모품 같은 인생을 살고 싶은 사람이 누가 있을까? 경제활동인구 중 대기업에 입사하는 인구는 3.1%에 불과하다. 10대 기업 중 8곳이 공채를 폐지했고, 5대 기업 중 공채를 유지하는 기업은 삼성뿐이다. 공채 폐지는 신규 채용 단절을 의미한다. 대기업이 소비하던 인력 시장의 규모가 슬림화된 것이다. 1970~80년대 제조업을 중심으로 이뤄낸 기적은 저물고 있다. 기술의 발전은 공장부터 사무실, 나아가서는 기업들의 경영 형태까지 바꿔놓고 있다. 효율적인 프로그램을 운영하거나 개발하는 게 수백 명의 사무직을 채용하는 것보다 효율적이고, 자동화 기계 설비를 운영하는 게 수백 명의 공장 직원보다 효율적이다. 기업의 이윤을 최우선으로 생각한다면 사람을 채용해야 할 이유가 없다. 21세기의 23% 지점에서 바라본 현재의 좌표는 그렇게 이야기하고 있다.

제조업의 마침표

OECD 국가들의 제조업 성장 동력은 멈춘 지 오래다. 산업혁명이 출발한 영국은 금융, 에너지, 제약, IT 기반의 산업이 주축이 되고 있고, 미국 경제 역시 제조업에서 IT, 금융 산업으로 그 중심이 이동한 지 오래되었다. 영국과 미국의 사례가 모든 국가의 산업구조를 대변하진 않지만, 역사의 대소사 앞에 기술의 발전은 산업구조의 변화를 만들었고 새로운 질서, 기득권의 기회를 만들었다. 지금 한국은 중심 산업에 폭넓은 변화를 앞두고 있다. 선행 사례를 통해 이에 대비한다면 새로운 시대의 중심, 나아가서는 기준을 만들 수 있다. 영국의 산업혁명은 농업 중심의 봉건제도를 붕괴시켰고 산업과 자본 중심이라는 새로운 기준을 만들었다. 삶의 거주 형태를 농촌에서 도시로 바꾸었으며, 도시를 포함한 도로, 건설, 인프라의 발전과 건설 일자리 창출이라는 연쇄적 파급효과를 만들었다. 산업혁명의 시작을 알렸던 증기기관처럼 현재 한국이 마주한 불경기, 고용 한파, 고령화 같은 문제점들은 현재 한국 산업의 쇠퇴와 새로운 시작을 알리고 있다.

얼마 전 읽어본 신문 헤드라인에 이런 제목이 적혀 있었다. '기회의 평등이 사라진 사회'. 그 기사를 쓴 기자는 병목 사회에 대한 비판과 단절된 기회, 국가 정책의 모순점을 꼬집었다. 문제 인식의 방향은 달랐지만 순간 가슴이 뭉클했다. 한국이 마주한 현실에 공감한다는 의미였다. 오늘의 2030은 기회가 단절된 사회에 살고 있다. 삼성전자 공채 시즌이 되면 15만 명 이상이 입사지원서를 제출한다. 그중 공채 합격 인원은 7천 명, 전체 지원자의 4.6%이다. 10대 기업의 공채가 사라진 지금은 평균 4.6%도 수용하지 못한다. 회사 밖의 사정도 비슷하다. 한국의 자영업자 비율은 24.6%로 경제활동인구의 4분의 1이다. 네이버 지도를 켜놓고 '치킨'이라는 단어만 검색해도 1킬로미터 반경에만 20개 이상의 치킨전문점이 나온다. 서초동, 자양동과 같이 동네 단위로 검색 범위를 확장하면 점포 숫자는 2배로 늘어난다. 한쪽이 포기해야 끝나는 치킨게임을 설명하는 데 이것보다 적절한 사례가 있을까? 경쟁은 발전을 부추긴다. 자동차 기술이 급진적으로 발전한 건 포드, 폭스바겐, 토요타 같은 세계 기업들이 등장하여 치열한 경쟁을 했기 때문이다. 경쟁 회사가 많아지면 상품 구속력이 떨어져, 시장 점유율을 확보하기 위한 전략을 추구할 수밖에 없다. 품질을 개선하고 경쟁력 가격 정책이 강제된다. 경쟁은 많은 사람의 이익을 추구한다는 점에서 성장 원동력이지만, 지금 같은 출혈경쟁은 끝나야 한다.

End 게임

치킨게임의 유통기한이 끝나고 있다. 토익 900점이 대기업 문턱을 넘기 힘들고, 반경 1킬로미터에 20개의 치킨전문점이 존재하는 지금 경쟁은 정상이 아님이 분명하다. 제로섬 게임에서 이기려면 상대방이 포기한다는 전제가 필요한데, 그러려면 토익보다 어려운 시험이 등장해야 하고, 19개의 치킨전문점 사장은 망해야 한다. 먹고살기 위해 남이 망하기를 바라야 한다면, 살기 위해 끝없이 먹고 먹히는 야생 동물의 세계와 다를 바가 무엇일까? 경쟁을 통한 성장은 이제 끝났다. 고용 없는 성장, 빈부격차 팽창, 양극화 같은 문제들이 그것을 증명한다. 양극화를 설명하는 신문기사는 명확히 말하고 있다. 가까운 미래에 만나게 될 산업혁명 급의 변화를.

변화는 힘의 이동을 의미한다. 힘의 중심이 바뀌면 새로운 질서와 규칙이 필요해지고 새로운 권력이 생긴다. 새로운 규칙은 그 중심에서 만들어지며, 한번 정해진 질서는 쉽게 바뀌지 않는다. 모든 걸 날려버릴 태풍이 오고 있다. 주변에서 서성이다간 몸이 빨려 들어가 나노 단위로 찢길 뿐이다. 태풍의 시속은 90~158킬로미터이다. 어설프게 도망가는 건 해답이 될 수 없다. 살고 싶다면 태풍의 중심에 서면 된다. 시속 158킬로미터로 회전하는 태풍도 그 속은 고요할 뿐이다. 지금 2030이 필요한 건 이동하는 힘의 중심으로 들어가는 것이다. 무섭겠지만 지금 같은 기회는 100년에 한 번뿐이다. 시속 158킬로미터의 태풍이 오고 있다. 그 중심으로 들어간다면 그곳보다 안전한 곳은 없다. 두렵고 무서우나 마땅히 나아가자.

ME FIRST

1부

젊은 꼰대와
N잡의 탄생

Me First 시대 프로 트렌드
덕질러가 바라보는 세상의 변화 루틴

01

눈떠보니 마주한 새로운 세상

1) 열차의 꼬리 칸

　누적 관객 수 935만 명을 기록한 대작 <설국열차>는 2013년 개봉한 SF영화다. 기상이변으로 얼어붙은 지구에서 살아남은 사람들을 태운 기차 한 대가 끝없는 궤도를 달리며 영화는 시작한다. 열차 안의 세상은 평등하지 않다. 주인공 커티스는 꼬리 칸에서 앞 칸으로 나아가기 위해 안간힘을 쓰는 주인공이다. 원작은 1970년대에 만들어졌지만, 그 모습은 지금 시대 배경과 맞닿은 부분이 많다. 꼬리 칸 탑승자는 기성세대의 열차에 올라탄 마지막 세대의 모습이다. 이 열차의 끝은 축복일까 불행일까? "100대 기업 상반기 신입 채용 25% 늘린다". 아쉽게도 1994년도 뉴스 기사의 내용이다. 29년이 흐른 지금은 볼 수 없는 모습이다. 2023년 한국의 5대 그룹 중 4대 그룹이 공채를 폐지했고 채용 절벽이 현실인 사회에 우리는 살고 있다. 지금만큼은 아니지만 10년 전에도 상황은 비슷했다. 공채보단 인턴이나 계약직의 비중이 높았고 경력 없는 신입은 채용하지 않았다.

대기업 정규직에 입사하기 위해선 경력이 필요했고 그걸 만들기 위해 인턴과 계약직을 전전해야 했다. 막막했던 사람들은 공무원에 도전하거나 사업에 도전했고 일부는 하향 지원을 하며 마주한 현실에 대응했다. 지금의 Z세대를 '사다리가 끊어진 세대'라고 표현하는데 이때부터 사다리 밧줄은 삭아 찢어지고 있었다. 2010년 초 세계 경제는 불황이었다. 2008년 서브프라임 사태로 미국의 부동산 거품이 붕괴하고, 2010년 그리스의 구제금융 신청으로 유럽발 재정 위기가 시작됐다. 미국과 유럽의 위기는 주변국으로 전파되었고 세계적인 경제 위기를 초래했다. 그렇지만 한국은 제조업을 중심으로 한 고환율 정책과 중국의 성장, 고유가의 혜택을 받으며 위기를 타개한다. 이때 등장했던 말이 '전화기(전기/전자·화학·기계)'와 '차화정(자동차·화학·정유)'이다. 사람들은 취업 잘되는 학과의 앞 글자를 모아 부르고 잘나가는 산업의 앞 글자를 모아 불렀다. 채용을 주도하는 산업이 조선, 자동차, 전기, 화학뿐이라 문과생은 전과하거나 복수전공을 하고 과를 바꿔 재입학하는 경우도 있었다. 문제는 이런 호황이 일부 산업에 국한되었다는 것과 그 기간이 길지 않아 치명적인 미스매치를 만들었다는 점이다.

한국 경제는 수출에서 시작한다. 국가 산업 기반은 제조업을 중심으로 성장했고, 주요 수출 품목은 반도체(16.5%), 석유정제(6%), 자동차(5.2%)이다. 중국, 미국을 대상으로 이뤄낸 무역 정책 덕분에 2008년 금융위기와 2010년 금융위기는 비교적 빠르게 회복했지만 경제 구조는 이미 선진국형 성장의 늪에 빠진 지 오래다. 기업은 빠르게 변하는 국제 시장에 효율적으로 대처하고 싶어 한다. 채용 축소는 선택이 아니라 필수였을 것이다. 어느 순간 사라진 좋은 일자리를 대체한 건 2등, 3등이 아니라 그렇지 못한 나머지였다. 커티스가 혁명을 통해 열차의 앞 칸으로 나아가려 했던 것처럼 쟁취해야만 했던 치열한 상황의 연속이었다. 2014~19년은 고용 없는 성장의 시작이었다. 혁명에 성공한 커티스는 열차의 엔진 칸에서 문제의 본질을 다시 생각하게 된다. 틀을 벗지 못한 꼬리 칸의 사람들을 해피엔딩이라고 할 수 있을까? 그들의 모습에 N잡의 탄생과 배경이 담겨 있고 미래를 확인할 열쇠가 있다.

2) 치킨게임에 빠진 한국

어느 한 쪽이 이길 때까지 피해를 무릅쓰며 경쟁하는 걸 '치킨게임'이라고 한다. 영화의 한 장면이던 순간은 지금을 대변하는 수식어가 되었다. 405 대 1

의 9급 공무원 행정직, 500 대 1의 대기업 사무직. 인간의 생존권을 놓고 치열한 레이스가 펼쳐진다. 회사 밖의 사정도 별반 다르지 않다. 자영업자 5년 생존율은 21%이며, 지도에 '커피' '편의점' 같은 키워드를 검색하면 반경 1킬로미터 안에 동일 업종이 40~45개 이상 검색된다. 끝을 봐야만 끝나는 치킨게임처럼 내일이 없는 경쟁은 한국 시장이 마주한 현실과 미래를 이야기하고 있다. 집 앞에는 20층짜리 지식산업센터가 있다. 그 건물에 입장하면 커피전문점 10개가 나란히 입점해 영업 중이다. 점심 피크가 지나면 손님이 많지 않아 점심에 하루 매출을 벌어야 하는데 손님이 북적이는 매장은 한 개도 없다. 아메리카노가 주력이라 객단가를 올리기도 쉽지 않은 데다가 치열한 경쟁 탓에 2천 원 이상 가격을 올리기도 쉽지 않다. 아메리카노 한 잔의 이익은 300원 남짓이다. 하루 200잔씩 커피를 내려도 인건비 건지기가 쉽지 않다.

채용 시장도 상황은 비슷하다. 한정된 양질의 일자리를 놓고 경쟁하다 보니 입사시험을 통해 점수로 커트라인을 정하고 있다. 2012년에 생산직 신입사원 240명을 채용한 기아자동차는 지원자 5만 명이 몰려 500 대 1의 경쟁률을 보여줬고, 2016년 9급 공시에서는 4,120명 채용에 22만 명이 몰려 역대 최대 경쟁률인 54 대 1을 기록했다. 장애인이나 특별 채용 전형을 제외하면 평균 405 대 1 수준의 경쟁이다. 지난 15년, 매년 치열했던 경쟁은 이제 흔적도 찾아볼 수 없다. 대기업 공채 폐지로 취업의 문턱이 더욱 좁아졌기 때문이다. 대규모

인력 시장이 소비될 곳이 없어졌다. 경쟁에서 밀려난 사람들은 다음을 기약하며 공부를 이어나가지만, 경쟁은 매년 더 치열해질 뿐이다. 노량진 고시촌을 가면 대기업·공무원 3수생이 널려 있고, 6수생도 쉽게 찾아볼 수 있다. 끝을 알 수 없는 터널 속에서 그들이 할 수 있는 건 묵묵히 걸어가는 것뿐이다.

치킨게임에는 모순이 있다. 경기에 참여한 사람 중 한쪽이 포기하지 않으면 양쪽 모두 파국으로 치닫는다는 점이다. 커피 자영업자들은 고객 유치를 위해 서로 가격을 낮추는 출혈경쟁을 하고 있고, 취업 준비생은 취업을 위해 각종 스펙 쌓기 경쟁을 하고 있다. 채용 TO가 지원자보다 훨씬 적어 채용 자격과 입사시험 난이도는 매년 올라간다. 토익, 토스, 오픽, 제2외국어에 별도 관련 자격증까지. 합격 스펙이 높아진 만큼 취업에 필요한 비용도 올라갔다. 잡코리아가 취준생 820명을 대상으로 '무전무업(돈 없으면 취업도 할 수 없다는 뜻의 신조어)' 관련 조사를 했는데 학원, 온라인 강의, 시험 비용으로 월평균 44만 원을 지출한다 했다. 여기에 자취에 필요한 비용 등을 고려하면 1년에 3,600만 원 정도가 필요하다. 돈이 없으면 취업도 어렵다. 스스로 비용을 감당하며 공부까지 한다는 건 버거운 현실이다.

치킨게임은 더하기가 아닌 빼기의 게임이다. 한쪽이 포기하지 않으면 양쪽 모두 사망에 이른다. 지금 한국은 승자 없는 이 게임을 하는 중이다. 기업들의 채용 TO는 매년 줄었지만 입사 난이도는 매년 올라갔고, 물가는 매년 인상되지만 월급은 10년째 그대로다. 브레이크가 고장 난 자동차 두 대가 서로를 향해 돌진하는 것처럼 치킨게임의 끝은 최악의 결말을 향하고 있다. 이제 커피 한 잔을 천 원에 팔거나 취업을 위해 제3외국어까지 능통해야 하는 시대가 머지않았다.

3) 치킨게임에 승자는 없다

2021년 500대 기업의 신입 공채 비중이 절반 아래로 떨어졌다. 고용 폭이 가장 넓던 5대 기업 중 공채를 유지하는 기업은 삼성뿐이다. 3대 맨파워로 불리는 금융, 무역도 상황은 마찬가지다. 공채 폐지는 수시 채용을 본격화한다는 의미인데, 비정기적으로 필요한 인원만 채용해 인력 운영 효율을 높이고 기업 체질을 슬림화하는 것이 목표다. 유연한 조직을 만들기엔 도움이 되겠지만 구직자들의 취업에는 상당한 타격이 분명하다.

TO가 줄어들면 합격 기준은 상향평준화된다. 토익 점수로 승부가 나지 않자, 토익 스피킹, 오픽이 추가된 것처럼 어떤 기준이 추가될지는 누구도 보장하지 못하는 상황이다. 대기업 한 자리만 바라보며 2~3년씩 준비하던 사람들이 치열하게 살아온 시간이 무색할 만큼 새로운 기준과 방식이 계속 추가된다. 취준생이 1년에 3천만 원을 소비하는데, 취업 준비 기간을 2년으로 잡으면 취업 전 벌써 6천만 원의 빚이 생긴다. 대학교 등록금을 학자금 대출로 다녔다면 여기에 4천만 원이 추가돼 취업도 하기 전에 1억 원의 빚이 생겨버린다. 경쟁에서 승리하려면 더 좋은 대학, 더 높은 스펙이 필요하지만 그걸 위해선 선행 투자가 담보되는 상황이다.

끊임없이 펼쳐지는 치킨게임 앞에 마주한 현실은 점점 쌓이는 빚과 가벼워진 통장 잔고뿐이다. 부상과 상처를 동반한 승리라면 그것을 진정한 승리라 이야기할 수 있을까? 요즘엔 출혈경쟁을 견디다 못해 구직을 단념하는 사례도 발생하고 있다. '2022년 대학생 취업 인식도 조사'1) 결과에 따르면 취업 준비생 65.8%가 구직을 단념했다. 2023년 한국 실업률은 3.6%, 실업자는 102만 명뿐인데, 체감 온도는 왜 이렇게 차이 날까? 그 비밀은 통계청 구분 방식에 있다. 고용률은 '경제활동인구'와 '비경제활동인구'로 구분한다. 주부, 학생, 구직단념자가 '비경제활동인구'에 포함되고, 수입이 있는 일을 하거나 구직활동을 한 실업자만을 경제활동인구에 포함하고 있다. 통계청에서 발표한 실업자 102만 명은 '경제활동인구' 2,838만 명 중에서 실직한 실업 인구에 불과하다. '비경제활동인구' 1,696만 명 중 취업준비자 70만 명과 구직단념자 39만 명을 포함하면 235만 명이라는 실제 실업 인구가 확인된다.

사회 일각에서는 '경제활동인구' 2,838만 명 중 10%에 불과하다며 무능한 사람들의 하소연일 뿐이라 주장하지만 실상은 그렇지 않다. 2,838만 명 중 청년 인구는 859만에 불과하다. 235만은 27% 수준이다. 5명 중 1명은 실업자란 뜻이다. 한국 대학 진학률은 74%이고 이 중 대학원 진학률은 13.5%나 된다. 청년실업의 현실이 무능력한 사람들의 하소연이라면 초중고, 대학교까지 16년의 교육 기간은 무가치한 활동이었을까? 1억으로도 해결되지 않는 취업이라면 앞으로 얼마큼의 희생이 더 필요할까? 매년 난이도가 높아졌던 입사시험은 공채 종료와 함께 사라졌다. 수시 채용도 있지만, 기간과 기약이 없어 막연할 뿐이다.

치킨게임에 승자는 없다. 1억의 빚이 있는 직장인과 1억의 빚이 있는 실업자만 있을 뿐이다. 이조차 견디기 힘들면 구직을 단념할 것이다. 바닥난 연료통을 뒤척거리며 끝까지 쏟아보지만 그것조차 여의치 않자 포기했을 것이다. 구직단념자 39만 명은 게임에서 진 패배자가 아니다. 치킨게임이 만든 피해자들이며 한 가지 방향만 고집한 전체주의의 모순이다. 더 이상의 피해자는 막아야 한다. 승자 없는 게임을 중단해야 한다. 자기계발은 집단보단 개인을 생각하는 방향으로 발전해야 한다. 시간과 돈을 더는 무의미하게 낭비하지 말자.2)

4) 바닥난 기차 연료

청년 취업자 20%는 1년 이하의 계약직이다. 계약직에서 정규직으로 전환

되는 비율은 11%. 계약 만료 이후엔 대부분 무직으로 돌아가거나 새로운 일자리를 구해야 한다. 이런 '취약취업계층'은 경제활동인구에 포함되고 실업률에는 포함되지 않는다. 취업 상황은 매년 악화할 뿐이다. 매년 증가하는 니트족과 히키코모리는 현재 산업의 좌표를 보여주며, 제조업 중심의 낙수효과가 끝났음을 의미한다. 성장 둔화엔 복합적인 이유가 있지만, 한국형 성장과 전체주의의 한계를 주된 원인으로 꼽을 수 있다.

전체주의는 개인의 이익보단 집단의 이익을 강조하는 사상을 의미한다. 한국형 성장은 전체주의로 시작해 정부가 대기업에 일감을 주고 다시 하도급에 재분배하는 방식으로 이뤄졌다. 낙수효과라는 산업구조는 시작부터 끝이 보이는 정책이다. 권력이 한쪽에 치우치면 잘못된 판단을 했을 때 쉽게 수정할 수 없고, 최상단의 정책이 잘못되면 그 충격이 반복적으로 대물림돼 전체가 힘들어진다. 전체의 목적을 위해 개인을 희생하려면 그에 합당한 대가가 충분히 지급되어야 한다. 대가가 없으면 시간과 에너지를 할애할 이유가 없기 때문이다. 한국형 자본주의에서 인적 자원 양성과 양질의 일자리는 당근과 채찍이었다. 당근이 없어진 지금 채찍은 희망 고문에 불과하다.

일자리 지각변동도 바닥난 열차의 원인 중 하나이다. 자동화 기술과 IT의 발전이 산업 전반에 흡수되며 일자리에 변화가 생겼고 중위 숙련 일자리는 상위나 하위 숙련 일자리로 편입되었다. ERP 시스템이 생기며 사무원의 역할이 축소 및 자동화 되었고 빅데이터 프로그램의 개발로 시장조사나 데이터 분석 같은 일이 감소했다. 현재 산업에서 사무 업무는 목표와 달성으로 좁혀지는 인지 업무가 대부분이다. 목표 달성을 위해 팀이 결성되고, 데이터를 수집해 성공 확률을 높이는 이 활동은 사람보단 기계가 빠르고 정확한 분야다. 컴퓨터 프로그램이 단순했던 과거엔 다수의 인력을 동원해 대량의 데이터를 빠르게 분석하는 게 중요했지만, 지금은 소수의 인력과 프로그램 몇 개로 충분히 정확하게 데이터를 분석할 수 있다.

산업혁명이 시작되며 농촌의 일자리가 사라지고, 공장에 기계가 들어오며 생산직의 일자리가 줄어든 것처럼 프로그램이 개발되며 중간 숙련 일자리(사무직)가 사라졌다. 인공지능 알파고가 등장했을 때부터 중간 숙련 일자리 사막화는 예고된 순서였다. 이 속도는 더욱 빨라질 것이고 새로운 산업혁명과 일자리의 지각변동을 의미한다. 중간 숙련 일자리는 저숙련 일자리와 고숙련 일자리에 편입되고 소득 격차가 심해지는 현상은 심화할 것이다. 당근과 채찍으론 더 이상 성장을 기대할 수 없다. 지각변동이 이미 시작되었기 때문이다. 국가가 앞장서 공무원 채용 규모를 늘리거나 대기업 신입 채용을 강제하는 건 구멍 난 연료통에 기름 넣는 꼴이며 조삼모사일 뿐이다. 불필요한 인원 충원으로 세수가 줄면 복지 예산부터 줄어들 것이며, 불필요한 인원이 많아진 기업은 경쟁력이 약화할 것이다.

세상에 영원한 건 없다. 찬란했던 봉건제도가 몰락했고, 산업의 중심은 농업에서 제조, 제조에서 IT로 이동했다. 새로운 기술 앞에 힘의 중심이 이동했고 그때마다 부의 지각변동이 일어났다. 반세기 동안 찬란했던 한국을 이끌던 대기업 중심의 제조업, 그 위상이 흔들리는 건 자연스러운 흐름의 일부일 뿐이다.

5) 새로운 직업의 탄생

아이폰이 세상에 나오기 전엔 '애플리케이션 개발자'라는 직업이 이 세상에 없었다. 애플리케이션이 생기자 은행들이 스마트폰 안으로 들어왔고 ATM과 지점들이 사라졌다. 테슬라의 자율주행기술은 운송업의 틀을 바꿔 새로운 직업을 탄생시키고 사라지게 할 것이다. 기술 발전은 새로운 직업을 만들고 대체하고 있다. 일자리 양극화 같은 사회적 문제는 급변하는 일자리의 지각변동을 이야기하며 핵심 기술 앞에 달라질 노동 시장의 변화를 예고한다. 빅데이터와 핀테크가 발전하면 더 이상 은행, 회계, 사무 등의 업무에 많은 노동력이 필요치 않고 자동화된다. 틀에 박힌 사고는 도태와 낙오를 의미할 뿐이다.

스마트폰이 보급되며 유튜브의 인기가 올라가자 유튜버라는 새로운 직업이 생겼다. 그들의 수익이 연예인의 수익을 뛰어넘자 연예인이 유튜브로 몰려갔고, 트래픽이 몰리자 방송국이 유튜브로 들어왔다. 과거부터 기술 발전은 새로운 직업을 탄생시키고 부의 쏠림을 분산시켰다. 15세기 자동차의 탄생이 마차를 대신하면서 마부, 대장장이, 장제사 같은 직업들은 사라졌지만 도로 설계사, 자동차 정비사, 자동차 엔지니어, 자동차 디자이너 같은 새로운 직업이 생겨났다. 제조업을 중심으로 설계된 현재의 사회는 AI, 자동화 기술의 발전과 함께 혁신적인 변화를 앞두고 있다. 고용 한파, 일자리 양극화 같은 사회 문제는 앞으로 다가올 미래와 일자리 지각변동을 의미할 뿐이다. AI와 프로그램이 발전하면 사무직의 역할을 대체할 수 있다. 그러나 여전히 AI와 프로그램을 관리할 인력은 필요할 것이다. 더 효율적인 AI와 프로그램을 개발할 개발자도 필요할 것이다.

알지 못하는 길을 나아간다는 건 그 자체로 두렵고 무섭다. 기성세대가 주지 못한 해답 속에서 시행착오를 겪어야 하기 때문이다. 도전의 끝이 성공이라는 보장은 없지만 새로운 시장을 선점하고 규칙을 정하는 건 먼저 시작한 개척자들의 특권이다. 기성세대가 아니라서 누리지 못했던 특권이, 부족함이, 결핍이 때론 무기가 된다. 2005년에 서비스를 시작한 유튜브는 유튜버란 직업을 탄생시켰고 평범한 개인으로 하여금 연예인보다 많은 관심과 인기를 누리게 했다. 서비스 초창기엔 콘텐츠 생산자가 많이 없어 경쟁이 덜 치열했고 비교적 적은 노력으로 쉽게 트래픽을 모을 수 있었다. 기회가 많고 적음은 무엇을 바라보고 어떻게 대처하느냐에 따라 다르다. 취업 시장만 놓고 보면 불황이고 기회라는 사다리가 끊긴 시대에 살고 있다. 하지만 끝은 새로운 시작이고, 누군가는 그걸 두고 망설이지만 당당하게 맞서는 사람이 있다.

한탄하고 좌절하기보단 불안을 용기로 바꿀 수만 있다면 위기는 기회가 된다. 맹점은 현재의 핵심 기술과 가까운 미래에 상용화될 기술이 다음 직업에 미칠 파급효과이다. 그중에는 사라질 직업도 있고, 새롭게 부상할 직업도 있다. 남들이 가지 않는 곳의 개척자가 되길 자처한다면 그 앞에 놓인 수많은 기회와 선점효과는 특혜이다. 시작은 어렵지 않다. 지난 30년 동안 새롭게 창출된 직업에는 어떤 것들이 있는지, 무슨 기술 발전이 핵심 역할을 했는지 살펴보면 된다. 애플리케이션 개발자, 인플루언서는 불과 30년도 지나지 않은 새로운 직업이다. 신생 직업이지만 그 파급력은 기존 어떤 직업보다 강력하다. 앞으로 펼쳐질 미래엔 어떤 새로운 직업들이 기다리고 있을까?

6) 직장인의 최종 꿈 유튜버

요즘 직장인의 2대 허언은 '유튜버 할 거야' '퇴사할 거야'이다. 모든 직장인의 최종 꿈은 퇴사라고 하는데 유튜브는 왜 한다는 것일까? 유튜버로 성공하면 직장에서는 벌 수 없을 만큼 큰돈을 벌 수 있기 때문이다. 직장인의 급여와 상승 폭은 제한적이지만 인기 유튜버들의 수익은 인기 연예인 그 이상이다(인기 먹방 유튜버들의 한 달 수익은 약 1억 원이다). 얼마 전 인크루트는 직장인 886명을 대상으로 본인의 직업에 만족하냐는 질문을 했는데 10명 중 8명이 아니라고 대답했다. 주요 원인은 업무, 처우에 대한 불만이었다. 과거로 돌아가 현재의 직업을 바꾸고 싶으냐는 질문에도 84.3%가 '그렇다'라고 대답했다. 원하는 직업별로는 1위 개발자, 2위 유튜버, 3위 의사 순이었다. 물가 상승률을 반영하지 못하는 월급과 연봉 상승률이 반영된 결과다.

직장인들의 평균 연봉 인상률은 3~9% 수준이다. 매년 인상되는 물가를 고려하면 한참 부족한 수치다. 구조 조정 같은 비자발적 퇴사는 평균 퇴직 연령을 49.3세로 줄였고, 평생직장의 개념을 사라지게 했다. 입사 나이와 퇴직 나이를 고려해 한 사람이 직장에서 받을 수 있는 실수령액을 계산하면 8억 7천만 원에 불과하다. 생활비를 차감하면 실제 손에 쥐는 건 4억 정도일 것이다. 이 돈으론 집 한 채 사기도 힘들다. 직장인의 연봉보다 높은 금액을 월 단위로 버는 모습을 보며 유튜버란 직업에 환상이 생겼을 것이다. 부족한 월급을 메우려 투잡을 자처하고 연애나 결혼을 포기하는 현실은 안타까운 마음과 함께 성장 동력을 잃어버린 현재 세대를 보여준다 생각한다.3)4)

직장인 퇴직까지 실수령 금액 시나리오

(단위: 만 원)

나이	연차	연봉	실수령액	직급	인상률
30	1	3,300	2,459	사원	5%
31	2	3,465	2,572	사원	5%
32	3	3,638	2,688	사원	5%
33	4	3,892	2,860	주임	7%
34	5	4,086	2,984	주임	5%
35	6	4,372	3,171	대리	7%
36	7	4,590	3,311	대리	5%
37	8	4,819	3,454	대리	5%
38	9	5,156	3,667	과장	7%
39	10	5,413	3,829	과장	5%
40	11	5,683	4,000	과장	5%
41	12	5,967	4,175	과장	5%
42	13	6,384	4,434	차장	7%
43	14	6,703	4,635	차장	5%
44	15	7,038	4,844	차장	5%
45	16	7,390	5,026	차장	5%
46	17	7,907	5,326	부장	7%
47	18	8,302	5,559	부장	5%
48	19	8,717	5,798	부장	5%
49	20	9,152	6,054	부장	5%
50	21	9,609	6,321	부장	5%
합계	21년	125,583	87,167		

7) 당신의 잘못이 아니다

열정과 희망에 부풀었던 20대, 열심히 살다 보면 취업도 하고 결혼도 할 줄 알았지만 사회라는 현실과 마주한 순간 꿈은 점점 옅어졌고 할 수 있다는 자신감도 점점 작아졌다. 어디서부터 잘못된 걸까 자신을 질책하고 채찍질도 해보지만, 세상이 시키는 대로 역할에 충실할수록 마음이 무거워지는 이유는 무엇일까? 누군가의 아들, 딸로 태어나 세상이 정해준 규칙에서 크게 벗어난 적 없는데 삶은 팍팍하기만 하다. 아직 낙담할 필요는 없다. 그 원인은 당신에게 있지 않다. 정부, 기업, 부모님의 잘못도 아니다. 세상이 변했을 뿐이고 그것에 대응해 변화하면 될 문제일 뿐이다.

과거엔 좋아하는 일을 하며 돈을 벌 방법이 제한적이었다. 국가가 지정한 산업을 중심으로 직업이 형성되다 보니 수익 활동을 하는 방법은 해당 산업을 중심으로 이뤄졌다. 부모 세대(50~60년대)는 한국 경제가 부흥하던 시기였고 제조업을 중심으로 반도체, 자동차, 전자 등의 산업이 발전하던 때였다. 그 시대에 나고 자란 부모들은 그것에 맞춰 자식들을 교육했을 뿐이다. 대기업 취직 하나만 바라보고 진로를 선택한 자녀 세대는 이제 할 게 없다. 대기업 공채가 폐지되고, 취업 관문이 좁아졌기 때문이다. 그 대안으로 등장한 게 스펙을 올려 좁은 관문을 통과하는 방법이었는데, 스펙업도 치킨게임 때문에 그 기능을 다한 지 오래다. 치킨게임은 좁은 관문을 통과하는 대안일 뿐, 부족한 양질의 일자리를 늘리는 근본적인 해결책이 아니기 때문이다. 타임루프에 빠진 사람들은 계속해서 공무원 준비, 자격증 등의 시험에 도전하거나 포기하거나, 현재와 타협한다.

경제 활동을 하기 위해 원치 않는 일도 마다하지 않고 하는 동안 시대는 많이 바뀌었고, 변화에 빠르게 환승한 유튜버들의 성공을 보면서 점점 더 작아지는 자신을 발견했을 것이다. 그렇다고 현재 신세를 한탄할 필요는 없다. 당신의 잘못이 아니다. 바늘구멍을 통과하지 못했고 변화에 빠르게 탑승하진 못했지만, 열심히 살아온 노력이 헛된 건 아니기 때문이다. 만화가들이 많은 수익을 창출하고 워너비 직업으로 떠오른 건 웹툰이라는 영역이 생기면서부터였다. 연재비에 만화 앞뒤로 붙는 PPL 광고까지 수익 창출 루트가 늘어났고, 출판물이 인터넷으로 들어오면서 트래픽이 늘어났기 때문이다. 지금처럼 만화가들의 수익이 높아질 줄 누가 알았을까?

기술이 발전함에 따라 기존 중심이던 산업과 일자리는 위협을 받고 있지만, 반대로 기회가 창출되는 직업과 산업도 존재한다. 현대 사회는 변화가 빠른 만큼 기회와 위협이 공존한다. 무엇을 하는 것보다 중요한 건 어떻게 사느냐이다. 열심히 노력해도 바뀌는 게 없는 건, 노력의 규칙이 달라졌기 때문이다. 전체주의 시대는 끝났다. 회사를 위해 개인이 희생할 필요가 없다. 입사만 하면 정년까지 보장하는 회사는 이제 없다. 열심히 일한다고 풍족한 월급이 나오는 것도 아니다. 이제 시야의 방향을 바꿔야 한다. 사업주라는 마인드로 개인의 일감을 스스로 찾아야 한다. 열심히라는 건 자신을 위한 방향이어야 한다.

02

그들은 왜 '젊은 꼰대'가 되었는가?

1) 30대 직장인의 고뇌

최근 퇴사는 하나의 트렌드가 되었다. 연령별로는 20대 78%, 30대 77%, 40대 59%, 50대 40% 순이다. 눈에 띄는 건 2030 세대 퇴사가 4050 세대보다 많다는 점이다. 퇴직이라는 단어는 50대쯤 되어야 익숙한 단어였는데 이젠 2030이 앞서 퇴사를 하고 있다. 이유는 급여(48%), 처우(34%), 비전(28%) 순이다. 평생직장이라는 개념이 사라졌고 직장 생활만으로 충분한 돈을 모을 수 없는 사회적 현실이 반영된 결과다. 직장인 평균 임금 인상률은 연 4% 수준에 불과하다. 이건 평균 물가 상승률 5%에도 미치지 못하며, 매년 20% 이상 상승하는 집값 상승률에 비하면 턱없이 부족하다. 하루 중 3분의 2 이상을 보내는 직장이 아무런 비전도 없는 이유다. 반복적인 업무에서 뭔가를 배우는 것에도 한계가 있다. 이 상태가 지속되면 쓰임이 다 된 부품처럼 교체될 날만 기다리는 신세로 전락해 버린다.

자신을 희생하던 톱니바퀴는 낡고 부식되는 순간 쓰임을 다하고 새것으로 교체된다. 직장도 마찬가지다. 한국 직장인의 평균 퇴직 연령은 50세이다. 100세 시대인 지금 퇴직 후 50년을 살려면 충분한 자본이 있거나 스스로를 부양할 능력이 필요하다. 직장이 개인의 발전을 도모하지 못한다면 목숨 바쳐 일할 이유는 없다. 회사 하나만 바라보는 시대는 끝났다. 평범한 직장에 다니고 있다면, 퇴직까지 한 푼도 안 쓰고 모아봐야 8억 7천만 원이 전부다. 생활비 등을 고려하고 나면 손에 쥐는 건 4억 원 남짓, 이 돈으로 남은 50년을 살기엔 턱없이 부족하다. 지금의 2030은 아무런 준비 없이 퇴직하는 50대의 선행 사례를 지켜본 세대이다. 머릿속에 각인된 빅데이터는 붉은색 알람으로 위험을 경고했다. 퇴직을 한다는 건 현재가 만족스럽지 못하단 의미이고, 퇴직률이 높다는 건 양질의 일자리가 부족함을 의미한다.

직장 생활 3~5년 차가 되면 실무의 최전방에 서게 된다. 문제는 이때부터 시작되는 배움의 정체이다. 책임이 무거워진 만큼 하루는 바쁘게 돌아가고 퇴근 후 집에 돌아오면 방전되어 손끝 하나 움직이기 싫어진다. 운동과 공부를 하고 싶지만 생각만 할 뿐 몸은 말을 듣지 않는다. 쳇바퀴처럼 돌던 일상에서 머리는 텅 비고 에너지는 점점 소모된다. 시간이 지날수록 열정과 패기는 없어지는데 그에 비례해서 하는 업무는 크게 바뀌지 않기 때문이다. 이렇게 보낸 한 해는 그 끝의 결과에서 성과와 연봉의 교환가치로 환산된다. 그것이 불일치하면 마른 장작엔 불이 지펴진다. 조직은 정해진 규칙에서 유동적이기 어렵다. 즉 연봉은 성과에 따르지 않고 하향평준화된 평균 연봉을 받을 확률이 상당히 높다. 회사 일을 열심히 해야 할 이유가 있을까?

주어진 업무만 하고 에너지를 아껴 '자기계발'을 하려는 계획도 '오피스빌런'들이 있어 쉽지 않다. 퇴근 시간 30분 전에 10분만 회의한다며 1시간씩 회의하는 팀장, 모든 일처리를 '아 몰라'로 일관하는 신입 빌런, 잦은 업무 실수로 다른 사람의 시간을 낭비하는 타임어태커 빌런까지 보고 있으면 한숨만 절로 나오고 시간이 지날수록 느는 건 욕밖에 없다. 직장에 남는다면 할 수 있는 선택은 3가지다. 다 포기하고 주어진 삶에 만족하거나, 좀 더 괜찮은 곳으로 이직하거나, 퇴사하는 방법이다. 어설프게 이직하면 더한 빌런들을 만날 수도 있고, 한 번의 선택이 3~4년의 퇴보를 만들 수 있다. 앞으로 나아가지도 뒤로 후퇴하지도 못하는 진퇴양난. 어떻게 살아가야 할지 고민하는 잠 못 이루는 밤의 연속일 뿐이다.

2) MZ세대의 등장

요즘 신문기사를 보면 MZ세대라는 단어가 자주 등장한다. MZ세대는 밀레니얼 세대와 젠지 세대를 통틀어 지칭하는 신조어이다. 밀레니얼 세대는 1981~95년에 출생한 사람을 정의하고 젠지 세대는 1996년~2012년생을 지칭한다. 나이로 따지면 10대에서 40대라는 넓은 범위를 포함하고 있지만, 실제로는 현직을 담당하는 젊은 층 또는 사회초년생을 지칭하는 용어로 사용되고 있다. 굳이 나이로 범위를 나누자면 밀레니얼 세대와 젠지 세대의 중간 지점인데 실제로 사람들이 인식하는 나이는 16~31세 정도이다.

개인주의 성향이 강한 MZ세대와 집단 중심 성향의 기성세대는 기름과 물이 섞이지 않듯 조화를 이루지 못하고 있다. 세대와 문화적 차이는 사회적 갈등을 야기하고 불편한 상황은 MZ세대의 언어를 연구하는 방향으로 흐르고 있다. 세대 갈등은 MZ세대에 와서 불거진 문제가 아니다. 인생이 어느 시점에 있는지에 따라 발생한 차이와 관점일 뿐이다. MZ와 기성세대를 구분하는 가장 큰 키워드는 집단주의와 개인주의이다. 집단주의는 집단의 목표와 화합을 위해 개인의 주장을 절제하는 문화이고, 개인주의는 개개인의 의견과 방식을 수렴해 목표를 달성하는 방식이다. 상명하복과 위계와 질서로 조직을 운영하는 게 기성세대라면, MZ세대는 수평적인 관계 속에서 일하는 걸 선호한다. 조직의 성과를 위해 야근 정도쯤은 얼마든지 희생하는 게 기성세대라면, 자기 할 일을 마치면 눈치 보지 않고 퇴근하는 게 MZ의 문화이다.

두 성향의 장단점은 뚜렷하다. 목표 중심으로 업무를 진행하면 의사결정 속도가 빨라지고 힘의 집중도가 높아져 목표 자체의 달성 속도가 높아진다. 일본, 한국, 대만 같은 국가들이 다른 국가들보다 짧은 시간 동안 빠르게 성장했던 이유는 목표를 위한 힘의 집중 덕분이었다. 하지만 목표를 위해 전체가 희생한다는 측면과 의사결정권자가 잘못된 판단을 하면 전체가 위험에 빠진다는 점은 큰 문제다. 극단적인 예를 들면 나치독일의 히틀러는 잘못된 목표를 설정해 유태인을 학살했고 세계 2차 대전이 발발했다. 목표 중심의 집단주의는 리더의 능력과 도덕성에 따라 전체 결과가 달라지는 양날의 모순점을 갖고 있다. 개인주의는 어떨까? 개개인의 자율적인 시각을 인정하는 만큼 새로운 아이디어와 혁신이 일어나기 쉬운 환경이 조성된다. 단점은 독립성을 강조하는 만큼 집단주의보단 사회적 지지를 받기 쉽지 않고, 개인의 정체성을 찾고 목표에 도달하는 데 좀 더 많은 시간이 필요할 수 있다는 것이다.

MZ세대 모두를 개인주의라고 보편화할 순 없지만, 기성세대와 MZ세대의 갈등은 단순한 세대 간 갈등이라기보단 한국 경제의 정체성 변화를 의미한다. 집단주의 성향이 급속도로 약해진 건, 전체주의가 과거만큼의 성장과 발전을 견인하지 못하기 때문이다. 한국 성장을 견인하던 전체주의 시대는 끝났다. 매번 제자리걸음인 경제 성장률과 실업률, 양극화가 그걸 증명한다. 1990년대 컴퓨터가 보급된 시대를 살아온 MZ세대들은 다른 인종, 문화, 언어에 거부감이 없고, 디지털 기기에 익숙하다. 1989년 여행 자유화 조치에 따라 해외여행과 유학이 자유로웠고 그곳에서 습득한 문화와 방식은 이제 자연스러운 습관이다. 개인주의와 집단주의는 각각의 장단점이 명확해 그 우위를 가리기 어렵다. 그러나 상황과 환경에 맞는 적절한 정책은 존재한다. 제조업, 대기업 중심의 한국형 경제 발전 모델은 예전만큼 다수의 행복을 견인하지 못한다. 새로운 경제 모델이 필요하다. 그 시작은 MZ세대의 탄생이며, 지금의 갈등은 새롭게 펼쳐질 새로운 시대를 이야기한다.

3) M과 Z의 차이점

M은 밀레니얼 세대의 약자이고 Z는 젠지 세대의 약자이다. 나이로 구분하면 밀레니얼은 29~43세, 젠지는 12~28세를 의미한다. MZ세대는 M과 Z세대를 합친 것으로, 한국 인구의 35%에 해당한다. 그러나 실제로 사용되는 범주는 밀레니얼 중에서도 29~30세의 후기 밀레니얼과 젠지 중에서도 26~28살의 전기 젠지 세대를 뜻한다. M과 Z를 연결하는 중간 지점인 이 세대가 주목받는 이유는 이들이 새로운 경제활동인구로 부상했기 때문이다. 본격적으로 사회에 진출하면 수입과 지출이 늘어난다. 사회가 이들에게 주목하는 건 국가의 성장 동력임을 직간접적으로 인정하는 것이다. M과 Z를 이해하는 건 단순히 세

대 간의 입장 차이를 이해하는 것이 아니라, 한 국가의 경제 산업과 맥락을 알아가는 과정이다. 표면에 떠오른 얼음덩이는 빙산의 일각임을 알아야 한다.[5]

M은 전체주의, Z는 개인주의로 일반화할 순 없지만, 일련의 사회적 이슈는 MZ세대를 개념 없고 예의 없는 세대로 간주하고 있다. 개인의 안녕과 개성을 우선시하는 태도가 목표만을 생각하며 희생했던 세대의 가치관과 충돌한 것이다. 성과라는 목표를 두고 조직 중심, 팀 중심으로 움직이는 한국 기업 특성상 이런 태도는 조직에 대한 도전과 반항으로 보여 문제와 이슈의 중심엔 항상 MZ세대라는 수식어가 붙는다. 이들이 조직 생활에 적응하지 못하는 증거는 2022년 사람인 설문자료에도 나와 있다. 신입사원 10명 중 3명이 입사 후 평균 5.2개월 만에 퇴사했고 나머지의 근속 연수도 평균 1년 7개월에 불과했다. 30%에 해당하는 인구가 단 5개월도 버티지 못했단 이야기다. 기성세대가 만든 삶의 방식에 사회초년생의 자리는 없었다.

물론 기성세대가 잘못된 건 아니다. 가난한 국가 한국이 50년이라는 짧은 시간 안에 경제 발전을 할 수 있던 건 그들의 생각과 관점이 잘못되지 않았음을 증명하기 때문이다. 대일청구권* 자금을 놓고 포항제철 설립을 결정하지 못했다면 지금의 현대, SK, 삼성 같은 기업은 존재하지 않았다. 기업이 없었다면 채용 시장이라는 건 존재할 수 없다. 전체주의로 시작하지 않았다면, 한국

---

* 제2차 세계대전에 따른 일본의 배상 문제.

도 현재 동남아시아 국가와 같이 관광업과 단순가공업에 의지했을 것이다. 부가가치가 낮은 산업이 주가 되면 평생 가난하게 살아야 한다. 동남아는 날씨라도 따뜻해 1년에 4모작 농업이 가능하지만, 한국은 그것조차 불가능하니 경제발전을 이루지 못했으면 동남아보다도 가난한 국가였을 것이다.

전체주의와 개인주의를 놓고 어느 것이 옳은지를 구분하는 건 아무런 의미가 없다. 시대에 따라, 산업의 발전 상황에 따라 최적화된 방법이 있을 뿐이다. 현재 한국은 제조업을 중심으로 세계 시장을 선도하며 여러 국가의 GDP를 좌우할 만큼 성장했다. 현대자동차의 미국 공장, 삼성전자의 베트남 공장 등이 이것들을 뒷받침하는 사례다. 문제는 여기서 시작된다. 앞으로의 성장을 놓고 더 나아갈지 아니면 현재 자원을 잘 유지하는 방향을 선택할지에 대한 부분이다. 해외 국가들을 둘러보면 힌트를 얻을 수 있다. 한국보다 앞서 경제의 발전과 도약 그리고 쇠퇴기를 맛본 유럽과 미국의 산업 포트폴리오는 제조업이 중심이 아니다. 그런데도 여전히 세계 경제는 미국과 중국이라는 경제 대국을 중심으로 움직인다. 한국이 나가야 할 방향은 전체와 개인이 아니라 그 안에서 중심을 잡는 것이다.

4) 단방향 커뮤니케이션의 엔드

2023년 한국 경제 성장률은 10년째 제자리걸음이다. 평균 3%를 유지하던 수치는 어느 순간 2%대로 내려가 올라오지 못하고 있다. 2015년 메르스, 2018년 미-중 무역전쟁 시작, 2020년 코로나, 2022년 우크라이나-러시아 전쟁까지 성장할 수 없는 외부 환경이 연속되었지만, 그것만이 저성장의 원인이라 말하기엔 충분치 않다. 성장률보다 중요한 건 한국 GNI 지표이다. 2013년도 한국의 GNI는 2만 7천 불, 10년이 지난 지금은 3만 5천 불이다. 물가 상승률을 3%로 잡고 계산하면 한국 경제는 10년 전보다 조금도 나아지지 않았음을 의미한다. 한국의 외화벌이에 브레이크가 걸린 것이다. 자원도 없는 한국이 외화벌이에 실패할 경우 경기 침체는 정해진 수순일 것이다. 일본의 잃어버린 30년을 답습하는 한국 경제는 이미 시작된 현실이다.

'수출 감소-금리 인하-부동산 대출 규제 완화'. 지난 한국 정책의 타임라인이다. 재밌는 사실은 플라자합의* 이후 일본의 경제 상황과 매우 유사하다는 점이다. 수출 감소를 메우기 위해 금리 인하와 부동산 완화책을 펼쳤고 경제 부양을 위해 풀었던 자본은 부동산, 주식으로 흘러가 거품을 만들었다. 일본 자본가들은 이미 일본에서 자본을 회수해 해외 주식과 부동산으로 포트폴리오를 교체했고 그들이 빠져나간 주식, 부동산 시장은 일본 안에서만 폭탄 돌리기 중이다. 일본은 보수적이고 폐쇄적인 국가다. 보수적인 게 주류 문화여서 스스로 생각해 판단하기보단 정해진 매뉴얼을 지킨다. 준비와 계획에 많은 시

---

* 1985년 9월 22일 G5(프랑스·독일·일본·미국·영국)의 재무장관들이 외환시장 개입으로 인하여 발생한 달러화 강세를 시정하기로 결의한 조치.

간이 필요하단 의미이다. 물론 일본의 장인 문화는 세계가 알아준다. 토요타, 혼다, 닛산 같은 일본 제조 기업들은 세계적 판매량을 보인다. 마감 품질, 내구성, 수명, 기술까지 언제나 기대 이상이다. 반면 질서를 중시하고 안정을 중시하는 보수성은 낡은 틀을 벗지 못하며 경직되고 권위적인 사회를 만든다. 카드보다 현금을 선호해 신용카드 이용률이 20%를 넘지 않고 학벌, 계급으로 신분을 나누는 문화가 대표적인 사례들이다.

일본엔 자국 IT기업이 없다. 라인, 애플 같은 기업이 그 빈자리를 대신하고 있으며, 지나친 관료주의와 규제 덕분에 외국 기업들은 일본을 떠난 지 오래다. 질서를 지키기 위해 본질을 잊어버린다면 이건 누굴 위한 정책일까? 지금의 한국은 일본 문화와 크게 다르지 않다. 택시업계의 기득권을 지키기 위해 우버를 불법으로 규정하고, 공중위생관리법을 앞세워 에어비앤비를 불법 숙박업소로 만들었다. 최근엔 해외 IT기업을 대상으로 망 사용료를 청구해 트위치가 한국 철수 움직임을 보이고 있다. 과도한 규제는 창의성을 훼손하고 새로운 산업의 성장 기회를 차단한다. 영국의 제조업이 그렇게 몰락했고, 일본의 IT 산업이 그래서 몰락했다. 야생에서 물고 물리는 천적은 생태계의 질서를 유지하는 원동력이듯 권위는 규칙과 규율로 지킬 수 없는 생태계의 그것과 같다. 인위적인 개입은 생태계를 파괴할 뿐이며 한국의 관료주의는 규칙이 아니라 기득권을 지키기 위한 감투에 불과하다.

애덤 스미스는 <국부론>에서 '보이지 않은 손'을 주장했다. 시장의 흐름은 인위적으로 결정되지 않고 시장에서 자연스럽게 결정된다는 의미이다. 치킨 한 마리가 2만 원인데, 나 혼자 가격을 10만 원으로 올리면 사 먹을 사람이 있을까? 모든 건 시장이 결정한다. 국가의 역할은 치안과 국방, 행정으로 충분하다. 목표를 놓고 전체주의를 조장하는 한국식 커뮤니케이션은 이제 끝나야 한다.

5) 젊은 꼰대 등장

꼰대라는 단어는 나이 많은 사람을 가리키는 은어에서 시작했다. 직장에서는 권위적인 사람을 비하할 때 쓰는데, 보통은 실제로 나이가 많은 5060 세대를 두고 그렇게 불렀다. 이들의 특징은 '내가 해봐서 아는데' '나 어릴 때는 말이야' 같은 말로 자신의 경험과 주관을 전부로 보편화하고 '편하게 의견을 말하라' 해놓고 결국엔 자기 생각을 강요하고 명령한다는 점이다. 문제는 기성세대에 국한되었던 범위가 젊은 세대까지 확대되는 양상이다. 꼰대는 이제 '늙은 꼰대' 와 '젊은 꼰대'로 나뉜다. 정년을 앞둔 30년 전 영광에 사로잡힌 '늙은 꼰대'까진 바뀌기 힘들다 하더라도 '젊은 꼰대'는 왜 생기는 것일까?

3가지 원인이 있다. 첫 번째는 존중받고자 하는 욕구이다. 인간의 원초적 욕망에는 자아실현의 욕구가 있고 사회생활에서 쌓인 지식과 경험을 존중, 인정

받고자 한다. 그러다 보면 지식을 남들과 나누고 싶어지는데, 그 정도가 심해지면 상황을 가리지 않고 남을 가르치려 하는 경향이 생길 수 있다. 인생 선배가 삶의 지혜를 공유해 노하우와 기술을 전수하는 게 뭐가 잘못된 거냐 반문할 수 있겠지만, 소통 방식이 지나치게 폐쇄적이거나 원칙만을 고수한 건 아닌가 되돌아볼 필요가 있다. 수직적 소통 방식으로 사람을 관리하는 꼰대의 시대는 끝났다.

두 번째는 급격하게 바뀌어버린 세대별 인식이다. 수직적이고 일방적이더라도 조직의 성과와 목표가 우선인 과거 세대의 생각과 개인의 발전, 워라밸을 중요시하는 사회초년생의 생각이 충돌한 것이다. 나고 자란 시대에서 배운 가치관과 사회적 이벤트는 그 세대만 갖고 있는 고유 가치관이다. 개인을 중요시하는 인식은 어느 순간 바뀌어버린 인식이 아니라 가랑비에 옷 젖듯 서서히 스며든 삶의 방식이기도 하다. 1995년은 한국의 출산지수가 본격적으로 감소한 해이다. 4인 가족은 3인 가족이 되었고 혼자 자란 아이는 1997년 IMF를 경험한 부모 세대의 자식들이다. 그 부모 세대는 1965~73년생이며 X세대로 분류되는데, 경제적 풍요를 누린 첫 세대이다 보니 자기계발, 취미에 관심이 많았다. 또 금융위기 등을 겪으며 세상의 부조리함을 몸소 느낀 세대이기도 하다. 그들이 보고 자란 인식과 가치관은 자식들에게 투영되었을 확률이 상당히 높다.

세 번째는 한국식 조직 구조와 업무 방식이다. 한국의 많은 기업은 대기업 중심, 목표 중심으로 성장했고 그 결과 조직과 목표를 위한 개인의 희생은 당연시되어 왔다. 관료제의 장점은 빠른 의사결정과 효율이고 결과에 따른 보상인데 그것이 지켜지지 않는 기업에서 갈등이 생기는 건 당연한 수순이다. 개인을 희생하면서 목표를 달성하려면 교환가치가 충분하거나 그만한 명분이 필요하다. 지금 한국에는 대기업 일부를 제외하고 그런 기업이 거의 없다. 방식의 효율성을 논하기 전에 기본 가치가 성립되지 않는 것이다.

젊은 꼰대의 등장엔 복합적인 이유가 있겠지만 그 내면엔 보수와 진보, 옛것과 새로움의 갈등이 공존한다. 세상에 선과 악은 존재하지 않는다. 가치관과 입장의 차이가 있고 바라보는 방향이 다를 뿐이다. 갈등이 있기에 폭넓은 시각으로 세상을 바라볼 수 있고 이를 통해 더 나은 방향으로 나아간다. '젊은 꼰대 VS MZ세대'의 갈등은 마땅히 발생해야 할 갈등이다. 승패는 중요하지 않다. 세상엔 절대 선도 절대 악도 없기 때문이다.

6) 영업은 회사의 꽃인가, 사약인가?

낙수효과, 분수효과 목표 중심의 시대는 끝났다. 이런 방식으론 성과와 발전을 도모할 수 없다. 낙수효과로 조직과 목표를 위해 개인을 희생하려면 그만한 보상과 비전이 따라야 하고, 분수효과를 통해 성장과 목표를 달성하려면 민간 투자와 소비가 활성화되어야 하는데 한국의 지금은 그럴 만한 투자 매력이 없기 때문이다. 낙수효과와 분수효과를 놓고 어느 것이 효율적인지 비교할 필요도 없다. 지켜야 할 것이 너무 많은 상태에서 본질을 외면한 채 방법을 논하는 건 허공을 향한 삽질일 뿐이다. 대학 이수율 OECD 2위인 한국에서 스티브 잡스, 일론 머스크 같은 인재를 찾을 수 없는 이유이다.

모든 일을 정부 주도하에 추진하다 보니 행정과 규제는 많아지고 경쟁력은 떨어진다. 과다 경쟁과 자원 낭비를 막는다는 목적으로 각종 인허가 제도를 시행했고 모든 권한이 국가에 존속되자 기업들은 국가의 눈치를 살피게 되었다. 사업 하나를 하려 해도 허락과 협조가 필요하고 이해관계가 맞지 않으면 시행하지 못한다. 규제 남발은 일부 세력의 기득권 방어에는 도움이 되었을지 모르겠지만, 해외 투자자는 자금을 회수하고 창의적인 사업가는 해외로 거처를 옮기고 있다. 첫단추부터 잘못되었다. 정치는 민심과 밀접하게 연결되어 있고 표를 많이 얻으려면 세력들의 이해관계를 관철해야 하는데, 지킬 게 많아지면 정책은 산으로 간다. 정부의 역할은 행정으로 끝나야 한다. 경제는 시장에서 정해지는 것이지 인위적으로 끌어올리거나 막을 수 있는 부분이 아니다.

한국 스타트업 4곳 중 1곳은 해외 이전을 계획하고 있고 그 원인으로 자금 조달과 비용 증가를 꼽는다. 민간 투자 유치가 어렵고 세금 부담이 버겁다는 의미이다. 스타트업처럼 캐시카우가 약한 경우 적절한 시기에 자금이 수혈되지 않으면 그대로 망한다. 정부 지원사업을 제외하면 민간 투자를 지탱하는 건

벤처캐피털과 사모펀드뿐이다. 그러나 각종 규제와 증세로 지지부진한 사업에 투자를 결정하는 투자자는 없다. 한국 정부는 각종 정책과 허가제를 도입해 정부 주도하에 스타트업을 육성할 계획이지만 애초부터 정부가 그 역할을 담당해야 하는지는 회의적이다. 당근과 채찍으로 스타트업을 조련할 생각이겠지만 덕분에 창의성, 다양성, 의외성의 기회는 차단되는 셈이다.

정부 정책은 현실을 따라가지 못한다. 경제는 시장과 자본이 결정하는 것이지, 국가가 나서서 줄 세울 부분이 아니다. 한국은 지금이라도 미국의 실리콘밸리를 벤치마킹해야 한다. 발로 뛰는 영업의 시대는 끝났다. 언제까지 해외 순방길에 올라 수주를 독려할 것인가. 중국과 미국에 기댄 해외 수출에 국가 전체의 GNI를 맡길 수는 없다. 작더라도 자생할 수 있는 능력이 필요하다. 그러려면 기업의 다양성이 필요하고 민간 투자가 활성화되어야 한다. 판교 산업단지는 한국 대기업의 독식 무대가 아니라 다양한 해외 기업들의 플랫폼이 되어야 한다. 해외 수주에 매번 휘청대는 조선 산업, 해외 판매가 전부인 반도체와 자동차가 그걸 증명한다. 최근까지 발바닥에 불나도록 발품 팔아 경제를 견인했다면 이젠 플랫폼이 되느냐 못 되느냐에 한국 미래가 달려 있다. 손가락으로 태양을 가리지 못하듯, 어설픈 규제와 정책으로는 권위가 세워지지 않는다. 진정한 권위는 다양한 모습을 수용하고 그 모순들을 내 것으로 끌어안을 때 비로소 생기는 것이다.

7) 잡거나, 버리거나, 포기하거나

한국식 조직 구조에는 효율이 없다. 리더의 비전과 목표로 시작해 톱다운 (Top-down) 방식으로 운영하기 때문이다. 상명하복은 군대라는 특수 조직에서나 필요할 뿐 일반 조직에는 필요악이다. 군대는 절대 권력의 상명하복으로 운영되기 때문에 개인의 인권과 자유가 존재하지 않는다. 옳고 그름을 판단하기 전에 윗선의 명령엔 절대적으로 복종한다는 의미이다. 자유를 박탈당한 집단에서 창의적인 결과물이 나오지 못하는 건 지극히 당연한 결과다. 서커스의 아기 코끼리가 성체가 되어서도 쇠사슬을 풀고 도망갈 생각을 하지 못하듯, 절대 권력은 반대를 막고 복종과 굴복만을 허용한다. 눈치만 보는 예스맨이 많아지고 혁신적인 아이디어와 전략들은 쓰레기통으로 직행한다. 새로운 아이디어를 제안하면 반골 직원으로 낙인찍히거나 충성도 없는 직원으로 매도되는 게 현실이다.

상명하복의 끝은 '라인' 문화이다. 본부장 라인, 전무 라인, 학교, 부서, 집안 등으로 나눠서 카르텔이 형성되고 윗선에 대한 충성도가 회사 안 성장으로 연결된다. 인사평가를 세분화해 평가의 공정성을 높이려 하지만 '실적 몰아주기' 같은 윗선의 입김 한 방이 그것보다 확실하다. 개인이 조직에서 발전할 방법은 실세에 대한 충성 경쟁뿐이다. 챙겨야 할 사람이 많아지면 공과 사를 놓고 판단할 때 객관적인 평가가 나올 수 없다. 최근엔 MZ세대를 시작으로 개인의 실무 능력 위주의 평가를 지향한다고 하지만 일부 기업에 국한된 이야기이고 그마저도 형식적인 경우가 대부분이다. 군대는 이윤을 추구하는 집단이 아니다. 극한의 소비를 통해 전쟁을 치러내는 것에 합리적인 결정이란 존재할 수 없다. 성과와 결과로 평가하는 게 아니라 실세에 대한 충성도가 평가의 기준이 된다면, 회사에 남을 사람은 능력이 없는 쭉정이들뿐이다. 그들이 모이면 또 다른 실세 카르텔이 형성되고 악순환은 반복된다.

한국식 가족주의부터 버려야 한다. 가족이라는 이유 하나로 전문성 없는 사람이 요직을 차지하면 업무의 개선이 이뤄질 수 없고 비효율적 생산 방식이 반복된다. 혹시라도 그들의 주장에 반대되는 주장을 하거나 거슬리는 표현을 하면 역적으로 몰려 회사 생활이 어려워진다. 편협한 정책이 반복되면 회사는 발전할 수 없고, 이윤을 창출할 수 없다. 비어버린 곳간에서 직원들에게 나눠줄 복지와 급여는 사라지고 물가 상승률도 반영하지 못하는 급여를 받게 된다.

백두혈통과 쭉정이, 간신배들만 남은 회사가 어떻게 돌아갈지는 뻔하다. 언제나 자신이 옳다고 치켜세워 주는 간신배들의 감언이설에 사장의 눈과 귀는 흐려질 것이며 잘못된 정책, 판단을 바로잡지 못해 '업무 핑퐁' '책임 떠넘기기' 등이 만연할 것이다. 백두혈통을 제외한 직원들을 부속품 정도로만 생각하는데 그 안에서 책임을 갖고 묵묵히 일하기란 어려운 일이다. 형식적으로 일하고, 시킨 것만 하는 직원이 많은 데에는 그만한 이유가 있다.

폐쇄적인 커뮤니케이션과 조직문화에서 배울 건 아무것도 없다. 조직의 발전은 기대할 수 없고 금전적인 부분과 자기 발전 사이에서 어느 것도 취할 건 없다. 결론은 3가지다. 잡거나, 버리거나, 포기하거나. 라인 하나 잡아서 높은 곳으로 올라가거나, 모든 걸 포기하고 수긍한 채 영혼 없이 살거나, 썩어버린 조직과 결별하는 것이다. 30세에 취업해 평균 퇴직 나이 50세까지 영혼 없이 살아내면 그 결과는 보지 않아도 뻔하다. 총명했던 머리는 무식해지고, 기억은 과거의 추억에 머물며, 의존할 것이 없어지는 순간 나약한 인간이 된다. '라떼는' '내가 대기업 부장이었는데'라며 어깨 뽕만 잔뜩 올라간 능력 없는 꼰대만 남을 뿐이다.

8) 테크트리별 장단점

평범한 개인이 경제 활동을 하며 살아갈 방법은 취업과 사업이다. 폐쇄적이고 권위적인 집단에 질려버린 사람들은 사업만이 살길이라 하고, 냉혹한 사업 시장의 쓴맛을 체험한 사람들은 안정적인 직장이 최고라 말한다. 그러나 이 또한 최악을 피하고픈 개인들의 절규일 뿐 해답은 없다. 사업을 하려면 자본이 필요하고 평범한 사람이 확보 가능한 자본에는 한계가 명확하기 때문이다. 금액에 맞춰 사업을 찾아보면 자영업밖엔 할 게 없고, 기술과 전문성이 필요치 않은 직종을 선택하게 된다. 1킬로미터도 되지 않은 거리에 수십 개의 편의점과 카페, 치킨집이 넘쳐나는 게 그것을 증명한다. 유사한 상품이 많아지니 경쟁은 치열해지고 시간과 노력을 갈아 넣어도 온전한 인건비 건지기도 어렵다. 2천 원짜리 아메리카노의 이익은 잔당 300원이다. 2만 원짜리 치킨 한 마리의 이익은 마리당 2,200원이다.

치킨으로 월 300만 원을 벌려면 한 달에 1,364마리, 하루 평균 45마리를 튀겨야 하고, 커피로 월 300만 원을 벌려면 한 달에 1만 5천 잔 하루 평균 500잔을 내려야 한다. 30일 근무 기준으로 계산했으니 365일 온전히 일해야 인건비 간신히 건지는 수준이다. 마음 편하게 직장 생활이 최고일까? 그렇지 않다. 직장 근로자 전체의 81%는 중소기업에 근무하는데 대기업과 중소기업의 임금 격차는 2배가 넘는다. 전체 기업의 99%를 차지하는 중소기업의 신입 연봉은 세전 2,900만 원에 불과하며 연간 연봉 상승률은 3~5%로 물가 인상률보다 적은 경우가 대부분이다. 각종 세금을 제외했을 때 신입사원이 손에 쥐는 실수령액은 216만 원이며 중소기업의 연봉 인상률로는 10년이 지나야 월 300만 원 정도를 간신히 손에 쥐게 된다.

물론 이직의 기회가 남아 있고 평생 중소기업만 다니라는 법은 없지만, 대기업도 미련 없이 떠나는 2030을 보면 그것 또한 여의치 않다는 걸 알 수 있다. 대기업 퇴사의 원인을 살펴보면 46.2%가 급여, 14.5%가 개인적 사유인데 대기업도 대기업 나름이라는 의미이다. 현직자들의 이야기를 들어보면 한국 주요 수출품을 운영하는 대기업을 제외하곤 보수와 복지가 만족스럽지 않다고 한다. 주요 산업인 반도체, 자동차, 석유화학을 운영하는 회사는 삼성, SK, 현대, 한화 정도다. 그 외의 업종은 IT나 법률, 금융처럼 특수한 분야가 아닌 이상 허울뿐인 위성기업이라는 의미이다. 근간 사업의 이익을 극대화하기 위해 중간 단계의 회사를 인수하거나 설립한 허울뿐인 기업은 복지와 급여에서 중소기업 수준이거나 그에 준한다.

　사업과 직장의 차이는 생각보다 크지 않다. 사업은 자신을 중심으로 운영하고 직장은 기업을 중심으로 운영할 뿐이다. 방향이 같다면 주최가 개인이건 기업이건 중요치 않다. 정보가 교류되고 경험하는 과정에서 배운 게 있다면 앞으로 나아가고 있다는 뜻이기 때문이다. 사업은 안정적이지 않지만 보상이 크고, 직장은 안정적이지만 보상이 적다고 알고 있다. 특정 부분만 놓고 보면 틀린 말은 아니지만 직장과 사업을 그것 하나로 정의할 순 없다. 개인이 마주한 자본의 한계는 규모의 자본인 기업이 해결할 수 있고, 목표와 결과만 존재하는 조직의 한계는 개인만이 할 수 있는 유연한 사고와 아이디어로 해결하기 쉽다. 결과가 만족스럽지 못해도 실패를 의미하지 않는다. 노력의 대가는 성공이 아니라 성장이다. 실패는 두려워할 필요가 없다. 전진을 위한 거름일 뿐이니까.

03

1인 가구 시대

1) 왜 1인일까?

1인 가구 946만 시대가 열렸다. 세대 기준 전체의 40%가 혼자 사는 중이다. 1인 가구가 증가하는 이유는 고령화, 비혼, 수도권 집중화, 기러기 가족 등 여러 원인이 있지만, 고물가라는 시장 환경이 마른 장작의 불씨 역할을 하고 있다. 한국의 물가 지수는 세계 47위로 스위스, 노르웨이, 아이슬란드, 일본과 비교하면 상대적으로 저렴하다. 뉴욕, 런던, 파리, 제네바 같은 주요 도시들을 여행하면 식비, 교통, 숙박 등 한국 대비 높은 물가를 실감하게 된다. 문제는 부동산과 소득이다. 금융투자협회 자료에 따르면 한국 가계 자산은 비금융자산이 64.4%, 금융자산은 35.6%로 부동산이 3분의 2가량을 차지하는 것을 알 수 있다. 부동산은 시간이 지날수록 가치가 증가하기 때문에 물가 상승에 대비할 수 있는 안정적인 투자처가 확실하지만, 자산 대부분이 부동산에 묶인 만큼 다른 투자 여력이 없음을 의미하기도 한다. 연애, 결혼, 육아에 소홀해지는 건 자연스러운 결과다.

한 설문조사 기관에서 직장인을 대상으로 로또 1등에 당첨되면 무엇이 하고 싶은지 조사했는데 1위 부동산, 2위 예적금, 3위 주식투자, 4위 명품, 5위 이민 순이었다. 사람들 대부분의 마음속엔 오로지 부동산 하나밖엔 없다는 뜻이다. 어지간한 재산으론 부동산 마련이 쉽지 않지만, 관심이 없다고 해도 여력이 없는 건 마찬가지다. 부동산 가격이 오르면 월세도 오르고 소비 부담도 커진다. 재산 증식은 고사하고 거주할 집조차 없는데 결혼하고 가정을 꾸린다는 건 가당치도 않은 말이다. 결혼을 하지 못하니 2인 가구, 3인 가구는 생길 수 없고 1인 가구가 폭발적으로 증가하게 된다. 고령화 문제도 원인의 뿌리를 따라가면 여기가 시작점이다. 100세 시대라고는 하지만 늙으면 누구나 자연으로 돌아간다. 아기가 태어나지 않아 새 생명이 수혈되지 않으니 평균 연령이 올라가는 건 당연한 결과다.

높아지는 취업 나이도 큰 원인이다. 2021년 잡코리아 설문조사에 따르면 신입사원 입사 나이가 남자 29세, 여자 27세라 했다. 여자의 가임기는 35세를 기점으로 급격히 감소해 40세가 되면 5% 미만으로 떨어지는데, 결혼과 육아를 계획하려면 27세에 첫 직장을 구하고 약 8년 안에 주거와 연애, 결혼, 임신까지 해결해야 한다. 임신 기간 10개월을 제외하면 실제론 7년 남짓한 시간이다. 주어진 시간도 적지만 어렵게 취업한 직장을 단 7년 만에 그만두기란 쉽지 않다. 일부 기업에서 육아휴직제도를 적극적으로 장려하곤 있지만, 일부에 국한된 이야기일 뿐 육아휴직을 자유롭게 사용하는 건 아직 어려운 일이다.

이미 언론은 '1인 가구' '고령화' '인구 소멸' 같은 자극적인 기사를 도배하고 있다. 1인 가구가 많아지고 인구가 줄어드는 게 꼭 나쁜 것만은 아니다. 호주, 캐나다, 영국, 프랑스, 일본 같은 국가에서는 이미 공통되게 나타났던 현상이고 강제로 인구수를 조절하는 방법부터 줄어든 인구에 맞춘 행정 방식과 운영까지 풍부한 솔루션이 나와 있다. 경험하지 않은 미래가 두렵겠지만 그렇다고 해당 이슈 때문에 국가가 망할 것처럼 자극적인 기사를 내보내는 건 대중의 관심을 통해 돈을 벌겠다는 의미밖에 되지 않는다. 이슈를 정말 이슈로 대한다면 기사 작성에서 고민의 깊이가 느껴져야 하고 솔루션이 동반돼야 한다.

2) 1인 가구의 영향

1인 가구의 증가는 인구 구조의 변화를 이야기한다. 가족의 개념이 사라져 개인 스스로가 독립적 가구인 셈이다. 1인 가구의 이미지를 떠올리면 원룸과

오피스텔에 거주하는 대학생과 직장인이 생각나는데 사별 후 혼자 사는 독거노인, 별거 중인 부부, 조기에 독립한 성인같이 비자발적 독립 인구도 1인 가구에 해당한다. 3인이 1인이 되면 필요한 물건부터 달라진다. 4인용 밥솥이 즉석밥으로 대체되고, 대형마트 대신 온라인과 편의점을 선호한다. 혼자 사는 만큼 취향과 개성은 다양해지고 개인의 편리를 돕는 다양한 상품들이 탄생한다. 가구 구성원이 2인에서 1인으로 줄어들면 인상소비액은 약 8% 증가한다. 이는 가처분소득의 증가를 의미하며, 새로운 수요를 팽창시켜 없었던 사업을 탄생시키고 새로운 기회를 창출할 수 있다. 소형화된 가전제품부터 가사노동을 도와주는 로봇청소기, 무엇이든 문 앞까지 상품을 배송하는 서비스까지, 1인 가구가 늘어나며 주목받은 상품들이다.

물론 부정적 측면도 있다. 돌봐줄 사람이 없으니 질병과 사고에 취약해지고 방치되어 고독사로 사망하는 노인이 늘었다. 또 혼자 지내는 게 외롭다 보니 애완동물을 많이 키우는데 미숙하게 다루다 물림 사고가 발생하기도 한다. 혼자 지내니 차량 유지가 필요 없고 교통이 편리한 역세권에 인구가 밀집한다. 가계 부채가 증가하면서 파산, 빈곤 등 과거엔 없던 문제들이 계속 발생 중이다. 1995년 13%에 불과했던 1인 가구는 매년 3%씩 증가하다가 2020년엔 30%를 넘겼다. 핵가족은 개인이 되었고 초소형화한 가구의 입맛에 전방위의 사회 구조가 길들고 있다. 세상의 모든 것에는 장단점이 공존한다. 밝은 양지가 있으면 어두운 음지도 있다. 넓은 측면에서 접근해야 전체를 볼 수 있고 비로소 효율적인 대응이 가능하다.[6]

1인 가구의 증가는 한국에만 국한되는 현상은 아니다. 미국, 영국, 일본과 같이 기술 발전이 고도화된 국가는 공통으로 마주한 사회적 형태다. 생존을 위해 무리 생활을 지향해온 호모사피엔스가 기술 발전의 영향으로 과거처럼 다수의 노동력을 필요치 않게 되었고, 무리 중심의 사회가 개인 중심 사회로 생산의 재분배가 이뤄졌기 때문이다. 복합적인 환경요소가 얽혀 있어 특정한 원인을 규정하긴 어렵지만, 인터넷과 스마트폰의 발전으로 소통이 간결해지고, 의료 기술의 발전으로 길어진 인간 수명이 가구 형태 변화의 주요 원인이라고 볼 수 있다. 유럽 대부분 국가는 오래전부터 1인 가구가 발전했고 스웨덴의 경우 그 비율이 56%를 넘는다. 독일, 핀란드, 덴마크 등도 40% 이상이다. 동남아시아 국가들과 라틴아메리카, 중동 등은 10%를 넘지 못하는데 해당 데이터를 조합하면 선진화된 국가에서는 공통으로 1인 가구 형태를 띤다는 점에서 인류 발전의 미래는 어떤 모습일지 그려보게 된다.

한국경제연구원 자료에 의하면 2045년까지 1인 가구는 매년 10만 가구씩 늘어날 거라고 한다. 현재의 30%는 미국, 독일, 스웨덴의 데이터를 답습할 확률이 높다. 변화는 언제나 기회를 창출한다. 기회는 전진을 의미하고, 앞으로 나아간다는 건 성장을 의미한다. 성장은 성장통을 동반하고, 기회와 위기는 언제나 공존한다. 기회를 잡는 것만큼 위기 관리도 중요하다. 한국의 미래는 주거 형태부터 소비 패턴까지 수많은 변화를 예고하고 있다. 뜨는 해는 지는 달을 의미하고 지는 달은 뜨는 해를 의미하듯 핵가족이 지고 1인 가구가 뜨고 있다. 현실을 인지하고 손님 맞을 준비를 해야 할 시간이다.[7]

3) 1인 가구 현황

KOSIS 통계청 자료에 의하면 2000년 15.5%에 불과했던 1인 가구는 2021년 33.4%로 불과 21년 만에 2배를 넘었다. 가족과 함께하는 식사보다 혼밥이 자연스러운 시대이다. 2050년 예상 수치는 60%라고 하니 지금 같은 트렌드는 앞으로도 쭉 이어질 전망이다. 제일 궁금한 건 미래의 거주 형태다. 국토교통부의 2020년 주거실태조사를 보면 전체의 51.1%가 아파트에 거주한다고 나와 있다. 한국 아파트의 평균 평수는 31.8평인데, 22년 기준 한국 아파트 평당 평균 가격은 5,102만 원이다. 한 채당 16억 2,243만 원인 셈인데 평범한 개인이 이 정도 자산을 마련하려면 근로소득으론 불가능하고 영혼까지 끌어낸 대출밖에는 방법이 없다. 은행은 물론 무료로 대출해주지 않는다. 이자라는 교환가치를 지급해야 한다.

(단위: %)

	2000	2005	2010	2015	2016	2017	2018	2019	2020	2021
전체	15.5	20	23.9	27.2	27.9	28.6	29.3	30.2	31.7	33.4
2030대	6.5	8.2	9.0	9.6	9.7	9.8	10.1	10.6	11.4	12.1
6070대	4.4	5.3	6.3	6.6	7.0	7.4	7.7	8.0	8.5	9.1

 '영끌'해서 아파트 사는 게 더 이득일지 아닐지는 장담할 수 없다. 시간이 지남에 따라 부동산 가치는 동반 상승하니, 부동산이 훌륭한 안전 자산임에는 틀림이 없다. 그러나 부채 비율이 높아지고 자산 유동성이 떨어져 외부 환경에 많은 영향을 받는 것도 사실이다. 평균수명이 연장된 인간이 자산을 두고 미래와 현재 중 어느 쪽에 비중을 높일 것인지 궁금할 뿐이다. 현재로선 부동산과 미래 투자 쪽으로 기우는 모습이다. 아이러니는 미래의 가구 형태가 1인이 대부분인데 현재 건설 중인 주택 대부분은 30~40평의 아파트라는 점이다. 상품의 전체 가치가 높으면 상품 회전도 느려진다. 여기에 수요층까지 충분치 않으면 가격 붕괴는 시간문제다. 평수가 높아질수록 관리비는 증가하는데 혼자 사는 개인이 이런 비효율을 어디까지 수용할지 궁금하다.

 뉴욕, 스톡홀름, 괴팅겐 같은 대도시는 60% 이상이 1인 가구이고, 파리, 런던, 베를린, 도쿄 같은 주요 도시들도 조만간 해당 수치를 웃돌 것으로 보인다.

주요 국가들의 1인 가구 선행지표를 따라가면 대도시나 수도에 인구가 밀집하는 모습을 보인다. 블랙홀처럼 대도시가 인구와 모든 인프라를 빨아들이는 셈이다. 현재 모습을 파악하려면 그 직전 모습이 어땠는지, 왜 그런 수가 놓였는지를 알아야 한다. 문제를 해결하려면 그전엔 어떤 문제가 있었고 어떻게 대응했는지를 살펴야 한다. 세계 각국 대도시의 공통 키워드는 '경제 발전' '대도시 집중화' '1인 가구 확산'이다. 일련의 히스토리를 그려보면 산업의 발전은 기업을 만들었고, 효율을 위해 인프라를 만드니 기업이 몰렸고, 일자리를 찾는 사람들이 모이자 도시가 형성됐다. 땅의 크기는 정해져 있으니 지을 수 있는 주택은 한정적이고 수요와 공급의 법칙에 따라 가격은 오르게 된다. 일자리와 인프라를 찾아 몰려든 사람들이 이젠 살 집이 없어 살지 못하는 모순의 연속이다.

세계 유명 대도시의 집값은 평범한 시민이 감당하기 어렵고, 집이 없으면 높은 비용을 월세로 감당해야 한다. 대도시 뉴욕, 런던, 파리, 도쿄의 월세는 직장인 월급의 44~57% 수준이다. 한국 부동산은 거품이 아니다. 거품이 있다면 지방 도시에 국한된 이야기이고, 서울과 수도권의 미래는 현재 진행형이다. 세계 대도시가 모두 그런 것처럼.

4) 1인 가구 장단점

2022년 행정안전부 인구 통계에 따르면 1인 가구의 비율이 처음으로 40%

를 넘었다고 한다. 이제 인구 절반 가까이가 혼자 사는 중인 셈이다. 이런 현상을 놓고 언론에서는 인구절벽, 저출산, 지방도시 소멸이라는 키워드를 앞세운다. 보고 있자면 1인 가구가 늘어 당장 큰일이라도 날 것 같고 세상이 무너질 것처럼 겁나겠지만 실상을 알고 보면 겁낼 필요가 전혀 없는 일이다. 오히려 선진국으로 분류된 국가들은 공통적으로 '1인 가구'가 자리 잡은 지 오래고 그로부터 발생한 부작용들도 잘 극복했다. 현재 한국이 겪고 있는 사회이슈 대부분은 미국, 영국, 독일 등에서 10~15년 전에 유행했던 이슈들이다. 젠더 갈등, 양극화, 노인 인구 증가, 1인 가구까지 내용과 분류가 달라도 그 본질은 '경제 발전에서 오는 문제'라는 키워드에 속한다. 비슷한 사건들이 다른 국가의 역사에서 수차례 발생했었다는 의미이다.

모든 동물은 상황에 맞게 진화한다. 초식동물이 무리 지어 사는 이유는 포식자로부터 몸을 지키기 위함이다. 사람이 혼자 사는 건 자신을 지키는 효율적인 방법이기 때문이다. 애를 낳고 가정을 꾸리는 건 현대 사회에서는 사치일 뿐이다. 높은 수도권 주택 가격부터 매월 발생하는 육아 비용, 출산에 따른 경력의 공백까지 생존에 위협적인 것들뿐이다. 자녀 1명 기준 월평균 지출 비용은 72만 원인데 이 안에는 분유, 기저귀, 육아용품, 의료비, 교통비, 통신비가 포함돼 있다. 평범한 직장인은 주택비와 양육비를 제외하면 월급이 남지 않는다. 의료 기술이 발전해 인간 수명은 길어졌는데 이게 축복일지 불행일지는 알 수 없다. 1인 가구는 인구 감소를 의미한다. 생존을 위해 진화한 새로운 인류의 모습이다. 도시 발전과 기술 발전에 동반하는 사회현상일 뿐이다.

장점과 단점은 명확하다. 장점은 감소된 인구만큼 사람의 희소성이 높아진다는 것이다. 기업들은 소수의 인력을 두고 경쟁하게 되어 임금 상승, 복지 처우 등이 개선될 확률이 높아진다. 취업 전쟁, 사교육 경쟁 같은 사회적 이슈가 없어지고 정원 미달이 속출하는 과정에서 학교의 명성이 모호해지면 수능 같은 복합 시험보단 전문성이 강조된 집중 교육이 주목받을 확률이 올라간다. 국가 입장에서는 개인 한 명 한 명이 낭비할 수 없는 중요 자원이 되기 때문이다. 이는 인간 본질의 존엄성이 상승한다는 뜻이기도 하다. 단점도 분명하다. 경제 활동인구가 줄어들어 국가 생산량이 떨어지고 경제 성장이 정체로 이어질 수 있다. 동반되어 발생하는 고령화 현상은 경제 생산성을 떨어뜨린다. 줄어든 인구만큼 세수 확보가 어려워진 정부는 세금부과율을 높이거나 복지 예산, 사회 인프라 조성 예산을 줄이는 쪽으로 운영하게 되어 국가 성장성이 떨어진다.

47년 후 2070년 한국 인구는 5,100만에서 3,800만으로 줄어든다. 언론에서는 인구 감소로 아이들이 없어 초중고가 폐교하고, 지방 도시가 소멸하고 있다고 했다. 절대 비교는 불가능하지만, 한국보다 인구가 적은 나라는 많다. 포르투갈(1,033만), 네덜란드(1,753만), 그리스(1,064만) 등 유럽 대부분 국가는 인구 감소와 고령화를 경험했고 연금 개혁 같은 성장통이 있었다. 프랑스, 독일,

영국은 이민 정책을 수용해 부족한 인구를 보충했다. 이민 정책도 좋은 방법이지 않을까? 인구가 감소한다고 국가가 위험에 빠지진 않는다. 굳이 부족한 걸 찾자면, 줄어들 세수를 메우기 위한 연금 개혁 정도일 것이다. 반세기면 강산이 변하고 세상이 변한다. 인구가 감소가 독일지 득일지는 모르는 일이다.

5) 미래의 파장

인구가 감소하면 전체 생산량이 줄어 세수 확보가 어려워지고 행정 운영이 빠듯해진다. 충당 세금으로 운영되는 연금은 개혁이 불가피하고 복지 등의 예산도 차등적으로 운영할 수밖에 없다. 현재 프랑스 의회는 국민연금 수령 연령을 62세에서 64세로 조정 협의 중이고, 영국도 연금 나이를 계속 조정하며 65세를 67세로 바꾸는 등 미세하게 조정하며 연금 제도를 개혁하고 있다. 현재 한국의 인구 밀도, 고령화, 경제 등의 상황을 고려하면 프랑스, 영국, 독일을 선행 사례로 삼을 수 있다. 앞으로 한국이 마주할 문제는 현재 유럽이 겪고 있는 문제를 그대로 답습할 확률이 높으므로 머지않은 시점에 이민 정책과 연금 개혁을 대대적으로 손보게 될 것이다.

한국의 진짜 문제는 양극화가 아니라 개인들의 사적 이익조차 인권으로 분류하는 비현실적인 인식이다. 매주 광화문과 법원 앞은 각종 요구 사항을 관철

하려는 시위대 때문에 인산인해를 이룬다. 안 그래도 막히는 서울 도심을 시위대가 막고 확성기까지 동원한다. 민주주의 국가에서 당연히 할 수 있는 행동 아니냐고 반문하겠지만 그것들이 전부 개인들의 이익만 생각한 이기심이 아닌지 생각해 볼 필요가 있다. 예를 들면 2011년 시행된 '게임셧다운제'가 있다. 온라인게임 중독을 막기 위해 16세 미만 청소년은 밤 12시부터 오전 6시까지 온라인게임에 접속하지 못하게 하는 규제이다. 덕분에 게임 산업은 위축되었고 VC와 사모펀드는 게임 시장에서 자금을 회수했다. 만약 게임 산업이 좀 더 발전했다면 일자리 확보, 세수 확보와 더불어 네이버, 카카오 같은 기업과 협업하여 시너지 효과를 톡톡히 냈을 것이다.

산업의 옳고 그름은 정부가 개입해서 막을 부분이 아니다. 상품과 서비스에 문제가 있다면 정부가 개입하기 전에 시장에서 배척될 것이기에 앞선 개입은 산업에 마이너스가 될 뿐이다. 규칙은 질서를 만들지만, 때론 모순을 만들기도 한다. 통제보단 자유를 지향해야 한다. 시장 경제는 수요와 공급의 법칙에 따라 움직인다. 법으로 막고 통제하는 게 해결책이 될 수 없다. 국가가 나서서 모든 걸 도와주고 중재하는 건 역차별이고 편협한 사고방식이다. 시장에서 자연스럽게 질서 잡을 일들에 정부가 개입하는 순간 차별이 생기고 더 큰 갈등을 부추길 뿐이다.

앞서 인구 감소가 선행된 유럽 국가들의 사례들을 설명했다. 노르웨이, 스웨덴과 같이 적은 인구에 복지 국가 형태로 운영하는 나라도 있고 프랑스, 영국, 독일처럼 이민 정책을 통해 부족한 인구를 수혈하고 산업 중심의 국가로 운영하는 나라도 있다. 어느 것이 더 훌륭한가를 따질 순 없다. 상황에 따라 다르고 바라보는 방향과 관점에 따라 다를 뿐이다. 국가의 역할은 통제와 질서 정립이 아니라 사람들이 충분히 고민하고 선택할 수 있게 정보를 제공하고 방향을 제시하는 것뿐이다. 국가가 주도한 산업 덕분에 발전이 빨랐던 건 사실이지만 덕분에 퇴보한 부분도 많다. 제일 중요한 건 이제 이런 방식은 통하지 않는다는 점이다. 정체된 GDP와 국가 성장률이 그것들을 증명한다. 10년이면 강산도 변하는데 1970년에서 53년이 지났다. 수십 년간 내려온 체질이 하루아침에 바뀔 순 없지만, 언제까지고 과거만 추억하며 보낼 순 없다. 시대가 바뀐 만큼 정신도 리뉴얼해야 한다. 지금 한국은 여러 방면에서 성장통을 겪고 있다. 성장을 할 땐 아프고 쓰린 법이다. 죽고 태어나는 게 자연스럽듯, 기업이 망하고 시작하는 것도 자연스러운 것이다. 죽은 기업이 편하게 갈 수 있게 산소호흡기를 떼고 정부의 개입도 최소한으로 줄이는 게 앞으로의 목표가 되어야 할 것이다.

6) 가족의 빈자리

현재 한국의 인구는 5,155만 명이다. 인구와 경제를 놓고 비교했을 때 비슷한 국가는 영국(6,773만), 프랑스(6,475만), 이탈리아(5,887만), 스페인(4,671만) 정도가 있다. 이들도 한때 인구 감소가 뚜렷했지만, 적극적인 이민 정책을 추진한 결과 적절한 인구를 유지해 시장 경제를 운영했다. 이민 정책은 인구 증가에 빠른 효율을 보여줬지만 영국은 유럽연합을 탈퇴하고 브렉시트를 선언했다. 그동안 영국은 유럽연합에서 얻는 경제적 이익이 크지 않았다. 영국 국민들은 상대적 박탈감을 느꼈고 그 여론이 높아져 현재의 브렉시트 사태를 만들었다. 복합적인 원인이 있겠지만 큰 축을 차지하는 게 이민 정책이다. 영국의 이민자 숫자는 약 970만 명이다. 인구의 7분의 1인데, 이들 대부분이 인도, 파키스탄 등 동유럽 출신의 사람들이다. 유럽연합 출신의 외국인은 영국에서 3달 이상만 근무해도 영국인이랑 동일한 대우를 받고, 일정 수준의 임금을 받지 못하면 양육, 집세, 보조금 등을 같이 지원받을 수 있어 기존 영국인들에게 박탈감을 느끼게 했다.

산업은 불황, 일자리는 가뭄, 재정 적자로 증세하고 있는 판에 세금 혜택은 소득 수준이 적은 이민자들이 가져가니 토착민들이 느꼈을 역차별은 상당했을 것이다. 앞으로 풀어갈 숙제도 만만치 않다. 영국 출생 인구는 계속 감소하는데 이민자들의 숫자는 계속 증가하고 출생아에서 인구 역전 현상이 뚜렷해 영국의 미래는 인도, 파키스탄, 동유럽 출신이 주류가 될 전망이다. 한국도 영국처럼 브렉시트를 외치며 이민 타도, 역차별 금지를 외치는 모습이 얼마 남지 않았음을 예상할 수 있다. 한국이 인구 문제를 놓고 정책을 결정할 땐, 앞선 선행 사례들의 진행 과정과 결과를 놓고 세밀하게 검토해 볼 필요가 있다. 유럽의 복지 국가들처럼 인구 감소를 지지하는 방향을 선택할지 인구를 보충하는 방향을 선택할지에 대한 부분이다.

스웨덴, 노르웨이 같은 복지 국가는 될 수 없다. 복지를 지탱하려면 충분한 사업 자금과 자본이 지속적으로 충당되어야 하기에 증세가 불가피해진다. 개인 증세는 증가하는 노인 인구 비율 때문에 효과를 거두기 어렵고, 기업 증세는 주요 기업들의 탈한국 러시를 가속해 재정 적자가 더 가중될 수 있다. 복지 국가가 되려면 천연가스, 석유 같은 자원도 뒷받침되어야 한다. 북유럽은 천연가스와 석유 자원이 풍부하지만, 한국은 자원이 없어 선투자를 통한 해외 토지를 개발하는 방법밖엔 존재하지 않는다. 인구 수급이 급해지면 이민 정책을 개방하게 되어 외국인들이 대거 유입될 것이다. 지금의 영국이 성장통을 겪듯, 몰려든 이민자들과 한국인들 사이에서 문화, 정치, 경제까지 다양한 갈등이 발생할 것이다. 이것이 해소될 때쯤엔 과거와는 전혀 다른 모습의 한국을 마주하지 않을까 생각한다.

가족의 빈자리를 채우는 건 이민자들이다. 다른 나라의 인적 자원을 흡수하는 건 다문화 국가로 발전한다는 의미이다. 문화, 음식, 생각을 맞춰가는 게 쉽지는 않겠지만 진정으로 받아들이면 더 넓은 의미의 발전을 이뤄낼 수 있다.

미국이 슈퍼 파워가 되고 세계 1위 패권국이 된 것은 다양성을 수용한 데서 시작됐다. 미국에 유럽인이 몰려가고, 영국에 인도인과 파키스탄인이 몰려갔듯 이민을 수용하면, 인접한 국가 중에 인구 밀도가 높은 국가의 인구들이 대거 유입될 확률이 높다. 한국의 후보군은 젊은 인구가 많고 거리상 인접한 베트남, 인도네시아가 유력하다.

7) 100세 시대

의학 기술이 발전해 인류의 수명은 비약적으로 늘어났다. 1900년대 인류의 수명은 60세 전후였다. 100년이 지난 지금 80세를 넘어 100세를 바라보고 있다. 의학의 발전과 위생 인식 개선으로 수명이 연장된 것이다. 미국에는 항노화를 연구하는 벤처기업도 있는데 세포의 노화를 억제하는 첨단 기술을 개발 중이다. 일리노이대학의 스튜어트 올샨스키 교수는 2150년이 되면 인간의 수명이 150세에 이를 것으로 예측했다. 한 세기 만에 인류 수명은 2배로 늘었다. 하지만 준비된 건 아무것도 없다. 노인 인구를 뒷받침할 행정 시스템과 연금 개혁은 제자리걸음이기 때문이다. 이 와중에도 의료 기술은 발전해 100세 시대에서 이젠 150세 시대까지 말하고 있다. 수명 연장은 인류에게 재앙일까, 축복일까?

현재 지구엔 역사상 가장 많은 인구가 살고 있다. 기술의 발전이 질병을 다스리고 산업의 발전이 전쟁을 줄어들게 했다. 1800년 10억 명에 불과했던 인구는 1940년 23억 명, 1970년 37억 명, 2021년에는 78억 명까지 증가했다. 100년 동안 4배나 증가한 셈이며 기하급수적으로 증가하는 추세다. 다음 세기는 어떤 미래를 담고 있을까? 초거대 도시의 탄생, 질병과 환경오염, 식량과 에너지 부족 같은 문제들이 떠오른다. 인구 증가가 삶의 질을 떨어뜨릴지 높일지 모르는 일이다.

1960년대에도 세계 인구 증가는 위험했다. 급증하는 인구로 환경이 파괴되고 급격한 도시화 등의 문제가 주목받았기 때문이다. 세계 종말론까지 등장하며 인구 증가에 부정적인 시각들이 쏟아졌다. 가난한 국가들이 무작정 아이들을 많이 낳아서 선진국 인구를 잠식할 것이라며 인구 과잉을 극도로 경계했다. 약 80년이 지난 지금, 출산율과 인구 폭발은 못살거나 잘사는 국가적 특징이 아니라 '인구 성장의 단계'라고 밝혀졌다. 대부분의 선진국은 '인구 성장 단계'가 끝났고 나머지는 아직 성장 중이다. 선진국을 이야기하자면 서유럽 국가들과 북미 국가들을 꼽을 수 있다. 18세기엔 이들의 생활수준도 높지 않았고 열악한 환경 탓에 많이 태어났지만 많이 죽기도 해서 전체 인구는 증가하지 않았다. 평균 4~6명의 아이를 낳고 대가족을 이뤄 살았지만 그중 살아서 성인이 되는 건 1~2명에 불과했다.

대대적인 변화는 영국의 산업혁명에서 시작했다. 농사꾼은 공장 근로자가 되고, 가내 수공품이 대량생산으로 널리 보급됐다. 통신과 교통이 발전하고 의학과 교육이 비약적으로 발전했다. 여성의 사회적 역할은 가정에서 사회로 바뀌었고, 가난했던 사람들이 부유해지며 중산층이 형성됐다. '인구 성장 1단계'가 '2단계'에 접어들면 의료 기술이 발전해 질병으로 사망하는 일이 줄어들어 인구는 폭발적으로 늘어난다. 아이들이 모두 건강하게 성장하니 인구는 어느새 2배가 된다. 이제 '3단계'에 접어든다. 대가족은 소형화되고 신생아 숫자가 줄어드니 인구 정체기가 시작된다. 예전만큼 아이를 많이 낳지는 않지만, 의료 발전으로 늘어난 인구 덕분에 안정적으로 인구가 조절된다. 마지막 '4단계'에 도달하면 인구 성장은 끝나고 새로운 인간이 태어나지 않는다. 경제가 발전하면 가구 소득이 증가해 자녀의 수는 가구 소득의 증가로 이어진다. 사람들은 아이를 낳지 않고 전체 소득이 증가해도 출산율은 하락한다. 반면 수명은 길어져 노인 인구가 증가하고 전체 인구는 조금씩 감소한다. 의료가 발전해도 100세 시대가 다가와도 인류가 폭발해 지구 종말이 오지 않는다. 그 속에서 자연스러운 균형과 질서가 잡힐 확률이 높다. 현실적인 100세 시대의 준비가 필요하다.9)10)

8) 고령화 사회

경제 발전과 고령화는 밀접한 관련이 있다. 선진국 대부분이 고령화 국가다. 아시아에서는 한국이 일본을, 유럽에서는 동유럽 국가들이 영국, 프랑스, 독일의 인구 그래프를 따라간다. 고령화 사회는 혼란이나 이슈가 아니라 인구 증가 단계일 뿐이다. 세계 모든 국가가 발전해 선진국이 되면 인구 증가는 끝나고 본격적인 감소가 발생한다. 약 100년 뒤엔 몇몇 국가의 인구 감소가 아니라 세계 전체의 인구가 감소한다. 언론에서는 고령화 사회로 진입하면 경제활동 인구가 줄어 세수가 줄고 국가 경쟁력이 준다고 하지만, 세금의 종류는 근로소득 외에도 다양하게 있다. 더불어 인구가 줄면 보살필 사람도 줄어든다. 근로소득 세수는 적게 걷히겠지만 반대로 복지 자금은 절감된다.

중요한 건 증세와 복지이다. 적절한 규모의 복지에서 사회적 타협이 필요하고 그에 맞는 증세를 실현해야 한다. 최근 프랑스 대통령 마크롱은 연금 수령 나이를 62세 64세로 연장하는 법을 추진했다가 심각한 반대를 경험했다. 시민들이 거리로 나와 격렬한 시위가 벌어졌다. 경제생산인구의 비대칭 때문에 복지 대상은 많고 복지 예산은 부족하다 보니 체질 개선을 통해 합리적인 쪽으로 수정하려는 취지였다. 중요한 부분이지만 자신의 연금 혜택이 줄어드는 걸 찬성할 사람은 없었다. 예산 삭감이 어렵다면 세수를 확보해 연금 자산을 확보하는 방법뿐이다. 차등적으로 물건 관세를 높이는 방법이 있고 기업 증세를 늘리는 방법이 있는데, 그렇게 되면 내수 소비가 위축될 확률이 높고 기업들의 경우 해외 이전 우려가 있다. 삼성, 현대 같은 세계적 기업들은 존재만으로 경쟁력이 충분하다. 한국에서 시작된 기업이라도 효율이 좋다면 해외 이전은 얼마든지 가능하다. 삼성, 현대, LG가 인건비와 무역 거리 등의 이점을 위해 해외에 생산 공장을 짓는 것과 비슷한 내용이다.

세금 증세 문제는 각 계층과 집단의 이해관계가 물려 있어 쉽게 결정할 수 없다. 단순하게 돈이 많은 부자가 많이 내면 좋겠다고 생각하지만, 그렇다고 가혹한 증세를 물리면 그들은 한국에 거주할 이유가 없어진다. 2013년 LVMH의 베르나르 아르노 회장이 9조 원대 자산을 벨기에로 이전했다. LVMH는 펜디, 루이비통, 디올을 운영하는 프랑스 명품 제조기업이다. 그의 결정은 프랑스가 부과한 막대한 세금 때문이었다. 프랑스 정부가 그를 상대로 요구한 세금은 75%. LVMH를 포함한 850개 기업은 스위스, 벨기에, 독일 등으로 본사를 옮겼고 실업자 숫자는 불과 3년 만에 160만 명이 증가했다. 세금 더 받으려다 세금 낼 사람이 떠나버린 셈이다. 2012년 프랑스 대통령 프랑수아 올랑드는 연소득 15만 유로(한화 2억 700만 원) 이상 부자들에게 소득세 45%를, 연 소득 100만 유로(한화 13억 8,300만 원) 이상인 부자들에게 75% 소득세를 부과했다. 그 결과 프랑스 고소득자들과 자본가들은 과도한 조세를 피해 해외로 빠져나갔다. 부유세가 도입된 첫해인 2013년에만 3,774명이 프랑스를 떠났고

LVMH의 회장 베르나르 아르노는 벨기에로 귀화 신청을 했다.

고령화 사회의 핵심은 복지와 증세 정책이다. 모든 노인을 국가의 자본으로 지원할 순 없다. 자원에는 한계가 있고 적절한 선이 필요하다. 그런데도 사람들은 경제 활동이 힘들어지면 국가 차원의 복지를 원한다. 중요한 건 시행이 아니라 예산 확보이다. 풀어갈 숙제가 쉽지 않아 보인다. 한국의 과세율은 이미 유럽 국가 수준이고, 물가는 정점에 있다. 증세할 뾰족한 방법이 없다. 적절한 수준의 타협과 이해가 필요해 보인다.

AI와 자동화의 시대

1) 신종족 AI의 탄생

    인공지능의 시작은 1950년이다. 영국의 수학자 앨런 튜링은 학습이 가능한 기계에 관해 기술한 '계산 기계와 지능'이라는 논문을 발표했다. 이것은 현대 컴퓨터 구조의 근간이 되었고 기술 개발의 발전과 암흑기를 거듭했다. 첫 번째 혁명은 1997년, IBM의 딥블루가 체스 챔피언 카스파로프를 상대로 승리한 것이었다. 이후 체스 다전제에서 인간은 AI를 이기지 못했다. 2016년엔 구글의 인공지능 알파고와 이세돌 9단의 바둑 대결이 있었다. 바둑 전문가 대부분은 이세돌의 우세를 전망했지만, 결과는 1승 4패였다. 바둑은 경우의 수와 변수가 많아 인간이 기계보다 압도적이라 생각했지만, 알파고의 딥러닝 기술은 16

만 개의 프로기사 대국을 빠르게 학습했다. 내장된 GPU를 통해 경우의 수를 빠르게 계산하고 그중 가장 좋은 수를 뒀다. 마블 히어로 닥터 스트레인지처럼 제3의 눈으로 100만 가지의 수를 내다본 셈이다. 알파고의 등장이 7년 전이니 현재 기술은 더욱 발전했을 것이고 바둑에서 인간이 AI를 이기는 건 향후 불가능할 것이다.

인공지능 시대가 열렸다. AI는 다양한 산업 현장에서 활약 중이다. SNS에서 가짜 뉴스를 분석해 검열하고, 폭풍과 해수면 상승 피해를 시뮬레이션하며, 암 식별 검사에 활용되기도 한다. 테슬라의 자율주행도 대표적인 인공지능 기술이다. 음성을 인식해 원하는 정보를 제공하는 음성인식기술부터 집 안 가전제품 냉난방을 포함한 모든 장치 제어가 가능한 스마트홈, 자동 응대 시스템 챗봇까지 생활의 일부가 되었다. 지금 같은 흐름이라면 실생활에 적용될 범위는 점차 늘어날 것으로 예상된다. 인간이 해야 할 일이 줄어든다면 인구 감소 같은 문제는 그렇게 큰 문제가 아닐 수도 있다. 정확성만 보장된다면 효율 면에서 365일 24시간 지치지 않고 일할 수 있는 인공지능이 훨씬 낫지 않을까?

인공지능이 발전해 인간의 일자리를 위협한다는 주장도 있지만, 이건 위협이 아니라 일자리 지각변동일 뿐이다. 자동차가 발명되면서 마부, 장제사라는 직업은 사라졌지만 자동차 엔지니어, 자동차 디자이너, 자동차 정비사라는 직업이 새로 생긴 것처럼 인공지능이 발전하면 기존의 일자리를 대체하는 대신 새로운 일자리를 창출할 것이다. 회사의 사무직을 인공지능이 대체하겠지만 그 인공지능을 점검하고 관리할 프로그래머는 필요하다. 더 좋은 인공지능이 필요하면 신기술을 개발할 개발자도 필요하다. 창조와 소멸의 과정에서 불협화음도 생기겠지만 앞으로 나아간다는 의미에서 발전을 막는 건 모순된 짓이다.

17세기 영국과 스페인, 프랑스, 네덜란드는 대항해시대를 열어 세계패권을 장악했고 막대한 부를 거머쥐었다. 개척자를 자처한 덕분에 북미와 남미의 주인이 되었고, 중동과 아시아, 아프리카에도 막대한 영향력을 행사했다. 동남아시아와 아프리카가 아직도 가난한 이유는 그때 정해진 불리한 규칙 때문이다. 한번 정해진 규칙은 쉽사리 바뀌지 않는다. 영국의 개척자들은 슈퍼 파워 미국을 만들었고 중동의 석유와 기축통화까지 독점했다. 대항해시대는 항해술의 발전에서 시작했다. 인공지능은 17세기 항해술과 맥락이 같다. 지도에 없던 북미와 남미를 발견한 콜럼버스처럼 개척시장은 때 묻지 않아 순수하다. 손을 뻗어 깃발만 꽂는다면 향후 패권의 주인은 당신이다. 개척해 쟁취한 패권의 질서는 오랫동안 바뀌지 않는다. 대항해시대처럼.

2) 자동화 시대의 특징

자동화 시대의 아이콘 테슬라는 자율주행기술을 선보여 운전자 없이 운전을 가능케 했고 기술은 계속 정교해지고 있다. 베타 단계를 뛰어넘은 기술 혁신은 자동화로 이어지는데 오류의 폭은 줄고 생산성이 높아져 부가가치가 높은 영역에 집중하게 한다. 100명의 노동자가 필요한 일이 자동화 라인에서 생산되면 2명의 기계관리자가 대체할 수 있다. 단순한 노동은 효율과 이익을 위해 높은 단계의 노동으로 발전했고 그 정도가 더욱 정교해졌다. 기업들이 신규 채용을 하지 않는 이유는 임금 인상과 고용 제도의 부담보다 효율 좋은 대안이 있기 때문이다. 한국이 아닌 해외 선진국 미국, 영국, 캐나다, 호주, 독일, 프랑스 기업들도 신규 채용을 하지 않는다. 이익의 관점에서는 사람보다 프로그램 또는 자동화 기계들이 더 효율적이다. 기업은 영리 단체이기 때문에 이익의 관점에서 해석할 필요가 있다.

필수 인원이 줄어든 만큼 취업 문은 좁아지고, 취업에 성공해도 원하는 보수를 받기는 힘들어진다. 얼마든지 대체 가능한 인력이기 때문이다. 행복하지 않은 사람들은 퇴사하거나, 대안을 찾거나, 포기하겠지만 어느 쪽도 만족스럽진 않다. 시장은 언제나 수요와 공급의 법칙으로 움직인다. 대체 가능한 상품엔 낮은 가치가 부여되는 게 당연한 현실이다. 온전한 노력이 인정되는 건 대학교까지가 마지막이다. 사회에 나가는 순간 이익과 교환가치가 전부인 경우가 많다. 대놓고 이야기하면 일반 사무직 자리는 더 필요치 않다. ERP 시스템은 40~50명이 해야 할 사무 업무를 1~2명으로 가능케 하고, 온라인과 모바일의 발달로 금융과 회계가 일사천리로 해결되니 회계 직원도 필요가 없다. 영업, 마케팅, 회계, 인사, 생산관리까지 자료와 데이터를 관리하는 데 프로그램 2~3개면 충분하다.

이제는 인공지능까지 등장해 사람의 노동력은 더더욱 필요가 없어졌다. 앞으로 어떻게 살지 진지하게 고민해야 한다. 부가가치가 높은 일을 찾고 그것을 파고들어야 한다. 요즘같이 신규 채용이 없는 상황에서도 프로그램 개발자는 구하지 못해서 난리다. 카카오, 네이버 같은 IT기업부터 삼성, LG, SK까지 좋은 개발자를 모셔 가려 한다. 수요 대비 공급이 부족하니 갑과 을은 당연히 바뀌고 급여와 복지는 좋아진다. 일반 사무직이 마부, 조련사와 같이 19세기에 지던 직업이라면 개발자는 19세기의 자동차 엔지니어, 자동차 정비사 같은 떠오를 직업이다. 일자리가 없고 취업이 힘든 건 당신 잘못이 아니다. 맹목적인 시선을 강요한 기성세대의 잘못이다. 과잉보호로 얼룩진 기성세대의 뒤틀린 교육관과 분석의 실패다. 좁은 시야로 세상을 바라본 결과였다. 목숨 걸었던 대학이 제공한 건 변별력 없는 졸업장 한 장이고 보장한다던 일자리는 사막 위의 신기루였다.

대체 불가능한 사람이 되어야 한다. 전등알같이 대체 가능한 인생은 그 자체가 불행하고 지속 가능한 삶의 원동력이 없다. 미래를 살기 위해선 자신을 보호해야 한다. 힘이 필요하고 힘은 본질에서 온다. 상식을 깨야 비로소 알껍데기를 벗길 수 있다. 남들과 끊임없이 비교하는 건 부질없는 행동임을 깨우쳐야 한다. 그 끝엔 전등알 인생만 남을 뿐이기 때문이다. 오타쿠가 온라인을 만나 웹툰 작가가 되고, 관종들이 미디어를 만나 크리에이터란 직업이 생겼다. 기술 발전은 언제나 불가능을 가능케 만든다. 모든 걸 빨아들이는 블랙홀이지만 모든 걸 아낌없이 주는 화이트홀인 셈이다. 자동화 시대는 대체 불가능한 사람들의 시대이다.

3) AI의 장단점

이세돌 9단이 알파고에 패했을 때 사람들의 반응은 놀라움과 두려움이었다. 인간이 자부하는 고유 영역을 학습해 뛰어넘으니 '언젠가 인간이 인공지능에 지배되지 않을까?'라는 생각이었다. 인간이 동물들에게 했던 것처럼, 동물원에 갇혀 실험체가 되거나 가축장의 소 돼지처럼 사육당하진 않을까 막연한 두려움도 교차한다. 인간보다 우월한 능력을 갖춘 인공지능이 '생각'까지 하게 된다면 인간의 통제가 가능할지 아무도 장담할 수 없다. 인간의 진화와 문명의 발달은 통제 영역의 확장과 맥락을 함께한다. 원시인이 불을 통제하자 추위와 야생 동물의 습격에서 해방됐고, 농작물의 통제는 기근의 고통에서 벗어나게 해주었다. 기술 발전은 언제나 삶의 질을 향상했고 인간의 발전은 직진뿐이었다. 부작용이 발생하면 그것을 통제할 기술을 발전시키고 또 한 번 진화를 거듭할 뿐이었다. 인공지능에 대한 막연함과 선입견은 통제 불가능한 영역이라는 전제의 연장선상일 뿐이다.

인간이 멸종할 이유를 찾는다면 수십 가지가 있다. 추위와 더위의 위험, 야생 동물의 위험, 질병의 위험 등 셀 수 없다. 만약 극복하지 못했다면 인간은 이미 수백 년 전 멸종했어야 한다. 동물의 신체는 외부 위협에서 보호하도록 진화하는데, 인간은 지능이 진화해 도구를 사용했다. 인공지능은 인간의 능력을 끌어올릴 도구다. 자동차는 빠르지만, 조작 없이 움직이지 않는다. 인공지능도 인간의 편의를 위해 개발된 도구다. 교통사고로 사망하는 사람도 있지만, 삶의 질을 올려주는 자동차 사용 금지를 주장하는 사람은 아무도 없다. 도구는 아무 잘못이 없다. 그것을 사용하는 사람의 문제다. 범죄자의 총은 살인을 향하지만, 경찰의 총은 살상을 막기 위함이다. 인공지능의 장단점은 명확하고 명료하다. 인류 진화를 위해서 지향하되 사용 방법과 대상을 제한하는 것이다. 세상을 이롭게 하는 원동력이 무엇인지 고민하며 미래에 마주할 인공지능의 장단점을 적었다.

인공지능 발전 시뮬레이션		
장점	① 인간 생활을 넓은 범위에서 발전시킴. 의료, 교육, 생활이 편리해지고 윤택해짐	
	② 유익한 정보를 모아주고 제공함	
	③ 업무 효율성이 증가함	
	④ 인간의 노동을 대체함	
단점	① 윤리적 문제 발생	
	② 개인정보 오남용, 사생활 침해	
	③ 정보의 독점 때문에 양극화 및 기타 산업 사막화 가능성 증가	
	④ 편협한 데이터 습득의 위험성	
	⑤ 범죄 활용 가능성	

4) 실제 사례

요즘 대형 물류센터를 방문하면 사람이 없다. 로봇이 인간의 일을 대체하기 때문이다. 미국 아마존 같은 대형 물류센터에서는 4~5년 전에 이미 상용화된 기술이다. 로봇의 종류는 크게 3가지인데 AGV라 불리는 피킹로봇이 주문된 물건들을 바코드로 읽고 작업대로 빠르게 옮겨준다. 모든 물건이 상자에 담기면 오토배거라 불리는 자동 포장 기기가 모든 송장과 포장을 마무리한다. 분류로봇들은 모든 운송장을 몇 초 안에 스캔해 지역별 분류까지 끝낸다. 배송 직원들이 출근하기도 전에 모든 분류 작업과 포장, 지역 분류까지 마무리된다. 이 외에도 지게차 로봇, 래핑 로봇까지 대부분의 물류 작업은 99% 이상 자동화가 가능한 상황이다. 더 이상 물류센터엔 많은 인력이 필요치 않다. 곧 자율주행 자동차까지 상용화되면 배송기사도 불필요해질 것이라 예상한다. 상하차 부분은 어떻게 해결할 것이냐 반문하는 사람도 있겠지만, 주택별로 통합 보관함을 활용한다면 AGV만으로 충분히 해결할 수 있다.

자동화 물류센터의 뼈대는 ERP에서 시작한다. 재고, 자원, 정보, 자료까지 물적 흐름을 통합적으로 관리하고 계산하기 복잡한 손익까지 산출 가능하다. 2000년대 초반부터 도입되던 ERP는 이제 기업 대부분에서 사용 중이다. 빅데이터 분야에서는 또 한 번의 빅뱅이 일어나 지금은 물류 자동화까지 완성되었다. 한국보다 먼저 99% 자동화에 성공한 미국, 캐나다, 호주 등의 외국 사례를 보면 한국 기업도 대부분 자동화가 되리라 예측하게 된다. 자율주행은 이미 완성된 기술이라 안정성 검증 절차만 끝나면 운전, 배송 같은 일도 가까운 미래에 자동화된다. '오토파일럿' 기능은 자동차뿐이 아니라 비행기, 배까지 여러 분야에서 사용 가능한 기술이다. 대표적인 비행기 제조사 보잉사부터 에어버스, 록히드마틴, 릴라이어블 등이 자율주행기술을 개발 중이고 보잉의 자회사 '오로라 플라이트 사이언스'에서는 부조종사 역할이 가능한 인공지능 로봇 개발이 완료되었다. 보잉737 기종으로 시운전 테스트까지 완료한 상황이기에 자율주행 비행기를 상용화하는 데에는 오랜 시간이 소요되지 않을 것으로 보인다. 보잉의 경쟁사 에어버스도 자율주행, 이착륙이 가능한 항공기 개발에 성공했고, 나아가 전기 항공기까지 개발 중인 실정이다.

현재 인간 조작이 필요한 모든 기계 장치는 대부분 자동화가 가능하단 의미가 된다. 글로벌 기계 제조기업은 인공지능 기술을 현업과 접목하는 데 개발을 아끼지 않고 있다. 자동차, 항공기, 배, 기차는 물론이고 탱크, 잠수함, 전투기, 장갑차 같은 전투화기까지 인간의 노동력은 더 이상 필요치 않다는 뜻이다. 스마트홈이 탄생하여 점등, 소등, 청소, CCTV 등을 스마트폰으로 어디서든 제어할 수 있다. 점등과 TV도 원격제어가 가능한데 세탁기, 냉장고, 창문이 안 될 이유는 없다. 발전의 순서는 존재하겠지만 인공지능이 개인 비서처럼 주인의 몸 상태를 파악해 일을 제안하고 식자재를 주문하며 청소와 빨래까지 해주는 시대가 머지않았다.

블랙홀이 오고 있다. 농부들을 공장 노동자로 만든 산업혁명, 공장 노동자를 사무직 노동자로 탈바꿈한 3차 산업혁명과 비슷하다. 역사에서 기술은 생태계의 블랙홀이다. 몰락하는 산업과 직업도 있지만 새롭게 부상하는 직업과 산업도 존재한다. 니콜라 테슬라, 아인슈타인, 스티브 잡스, 일론 머스크는 인류에 필요한 기술을 보급해 세상의 판도를 바꾸는 사람들이다. 인류는 현재 그 기술의 정점에 와 있다. 혁명 급의 변화가 예상되는 부분이다. 이는 역사 그 자체이며, 지금 우린 혁명 급의 변화를 앞두고 있다.

5) 발전 예상 시나리오

인간이 조작하는 기계가 한순간에 자동화되고 인공지능화한다면, 그것으로 삶을 지탱하는 사람들은 한순간에 삶의 터전을 잃게 된다. 택시 기사, 트럭 기사, 지게차 기사, 항공기 조종사, 배 조종사, 기차 조종사 등 범위와 규모는 상당히 크다. 공장과 사무실에 근무하는 사람도 마찬가지다. 물류나 생산 부분은 기계 조작까지 대부분 자동화가 가능하며, 사무직이 많이 근무하는 회계, 인사, 자원 분석, 손익 분석, 데이터 관리 같은 업무도 프로그램 조작 몇 번이면 대체할 수 있다. 시간이 좀 더 지나면 프로그램을 조작하는 인원조차 자동화될 테니 사실상 인간이 할 일은 없다. 시기에 차이는 있겠지만 현재 존재하는 직업은 대부분 인공지능으로 대체될 직업이고 여기에 종사하는 대부분은 잠재적 실업자가 된다. 국가를 불문하고 실업자들이 넘쳐나니 갈등은 폭발하고 크고 작은 분쟁이 끊이지 않는다.

행정 시스템은 망가지고 정부가 제 역할을 하지 못해 파산하는 국가들이 생긴다. 파산하지 않는 국가들도 갈등이 심해진다면 전쟁 발생 확률이 올라간다. 전 세계 대부분 국가는 파산하거나 어려워지겠지만 몇몇 강대국은 빅테크 기업의 힘으로 인공지능 군사를 파견하고 민간 통신망을 고립시킬 수 있다. 빅테크 기업들의 의존도가 높아지면 중앙 정부는 사회, 행정 정도로 역할이 축소돼 많은 사회적 역할을 위임할 확률도 높다. 몇 개의 기업들은 국가에 버금가거나 그 이상의 능력과 힘을 갖게 될 것이고, 빅테크 기업들이 중심이 되어 세계 질서와 규칙을 조종하는 것도 무리한 생각은 아니다. 문제는 막대한 권력을 기업이 손에 넣게 되면 인류의 탄생과 죽음도 이윤과 효율 앞에 저울질당할 수 있다는 의미가 된다는 점이다.

코로나 이후 많은 빈곤 국가들이 분쟁 상황을 마주하고 있다. 시리아, 수단, 미얀마, 콩고, 나이지리아, 예멘, 아프가니스탄은 코로나 덕분에 그전보다 더욱 가난해져 생존을 위해 목숨까지 걸어야 하는 상황이다. 내전과 쿠데타가 일어나고 사회 전체에서는 시위가 진행되고 있다. 리더 국가들의 상황도 크게 다르진 않다. 프랑스는 현재 연금 개혁을 반대하는 시위가 한창이며, 영국은 브렉시트와 이민 정책 갈등이 섞여 복합적인 갈등 국면을 마주하고 있다. 물론 본질을 파고들면 그 뿌리엔 '돈=경제'가 큰 이유를 차지한다. 프랑스 국민연금 개혁, 영국의 물가 인하 시위 모두 본질은 돈이다. 돈이 부족해 발생한 문제다. 자본의 가뭄은 그 갈등에 휘발유를 부어버리는 격이다. 인간의 이성을 지켜주는 끈이 자본이라면, 코로나로 경제가 박살 나 국가의 행정 권력이 약해지고 힘의 균형이 비슷해지니 대립, 전쟁이 심해진 것이다.

앞으로 자본은 더욱 빠르게 인류 생활에 침투한다. 국가보다 영향력 있는 기업이 탄생하는 건 시간문제다. 자본만 충분하다면 국가의 가능도 얼마든지 수행할 수 있기 때문이다. 모든 국가의 국력이 다르듯 앞으론 국가 이상의 영향력 있는 기업도 탄생할 수 있다. 만약 그렇게 된다면 인간을 위하는 공공 서비스는 자본주의적 관점에서 재해석될 가능성이 있다.

6) 새로운 일자리

넓은 관점의 이해가 필요하다. 현재 마주한 양질의 일자리 부족 현상, 저출산, 고령화 사회 문제는 일자리 지각변동의 신호탄이며 예고된 빅뱅을 의미한다. 해가 지면 어둠이 찾아오듯 사회 각지에 발생한 문제점은 새로운 동력과 산업을 야기한다. 삭아버린 동아줄만 바라보지 말고 개척자가 되어 새로운 기회를 발굴해야 한다. 개척자는 흙 속에서 금광을 발견하고 바다 건너 무인도를 개척하는 사람들이다. 넓은 시야와 유연한 사고, 도전 정신은 앞으로 꼭 필요한 자격이다. 밋밋한 돌산이 알고 보니 금광이고, 넓은 무인도가 알고 보니 미국이라면, 그것을 발견한 개척자는 시대를 앞서간 예언가인 셈이다. 수명이 다한 에너지는 소멸하는 게 아니라 더 큰 에너지원에 흡수된다. 직업과 사람도 마찬가지다. 갈 곳을 잃어버린 사람들이 어디로 흡수될지 예상할 수 있다면 위기는 기회이다.

인간의 노동을 인공지능과 로봇이 대체한다면 로봇과 관련된 일자리 수요는 증가한다. 로봇 개발, 프로그램 개발, 로봇 정비까지 관련 인프라 사업은 작지 않다. 일하는 장소가 농장에서 공장으로, 다시 공장에서 사무실로 왔고 이젠 사무실에서 집이 된다. 빅테크의 발전은 시공간의 제약을 줄여 국가, 인종, 언어, 장소의 장벽을 허물 것이다. 국가가 주도하는 사업보단 빅테크 유망 기업을 중심으로 사업이 재편된다. 현재도 오프라인이 필요 없는 업종들이 많다. 앞으로는 더 많은 오프라인 업종들이 사라지거나 형태를 바꾸게 될 것이다. 한국식 제조업은 국가가 특정 산업에 집중적으로 투자해 대기업을 앞세워 운영하고 대기업이 다시 하도급에 일감을 나눠주는 방식으로 이루어진다. 그렇지만 앞으론 옛말이 된다. 왜냐하면, 중심 소프트웨어를 기술을 가진 기업이 주축이 되어 여러 기업과 협업하는 방식으로 필요에 따라 연결과 고립을 반복할 것이기 때문이다.

산업이 발전하면 인류의 삶은 어떤 방식으로든 개선된다. 19세기엔 기근으로 죽는 사람이 많았지만 21세기엔 굶어 죽는 사람이 없듯, 인공지능이 인간의 일자리를 대체한다고 해서 일자리가 줄어들고 실업자를 양성하는 게 아니다. 인간이 하던 단순 작업을 로봇이 대신 해주고 인간은 고차원적인 일을 하게 되는 것이다. 앞으로 인건비는 계속 올라갈 텐데 부가가치가 낮은 치킨집, 편의점 등에서 인건비를 주고 아르바이트생을 고용할 수 있을까? 대부분 사라지거나 자동화 로봇이 대신하게 된다. 앞으론 로봇이 치킨을 튀기는 게 오히려 자연스럽게 느껴질 것이다. 인력은 사장 혼자면 충분하고 직원이 없어도 일손은 부족하지 않다. 대기업에도 사람이 필요 없다. 인공지능으로 인간의 사무 노동을 대체할 수 있기 때문이다. 대기업 신규 채용이 없는 이유는 현재 인력을 마지막으로 인적 자원을 강제로 감소시키기 위함이다.

거리로 나온 사람들은 한동안 무직의 소강상태가 발생하겠지만 이내 해답을 찾게 된다. 과거에는 대기업이거나 자본이 있어야만 사업이 가능했다면, 이젠 평범한 개인도, 자본이 부족해도 번쩍이는 아이디어와 창의적인 생각으로 사업 운영이 가능하기 때문이다. 국가별로 가진 언어, 종교, 성별, 법 같은 유리천장도 극복 가능하다. 시공간을 극복할 빅테크 기술들과 인공지능이 그것을 가능케 해줄 것이기 때문이다. 1인 1 비즈니스의 시대가 왔다. 대기업의 인력이 더 이상 필요 없고, 빅테크 기업들은 기술 집약적인 특성 때문에 특수 인력외 사람이 많이 필요 없다. 실업자가 된다면 방법은 하나뿐이다. 그들의 기술을 활용해 사업을 구축하는 것이다.

7) 열차 환승을 기다리는 세대

용의 꼬리로 살아내는 게 지금까지의 규칙이었다면, 앞으론 뱀의 머리로 살아야 한다. 사다리는 낡고 삭아서 끊어졌을 뿐 누가 일부러 잘라낸 게 아니다. 사다리 막차에 올라탄 이들도 언제 끊어질지 모르는 사다리에 몸을 의지하며 떨고 있다. 사다리의 중간쯤 올라가다 떨어지면 최소 중상을 입을 터이니 막차에 올라탄 건 축복이 아니라 불행일 수도 있다. 뱀의 머리로 살라는 건 치킨집이나 편의점을 하라는 의미가 아니다. 단순 노동으로 로봇과 인공지능을 뛰어넘을 순 없다. 부가가치가 높은 사업을 해야 한다. 그러려면 시작은 '나'에서 출발해야 한다. 여태 우린 남을 위한 삶을 살아왔다. 회사를 위해, 손님을 위해, 나라를 위해, 자녀를 위해. 누구를 위해 희생하며 조연을 자처하는 삶을 당연하게 받아들였다. 인생의 주인공은 정해져 있고 그걸 위해 살아가는 소모품 같은 인생이었다. 돈도 없고, 힘도 없고 세상을 바꿀 능력이 없었기 때문이다.

시대는 바뀌었다. 이제 세상을 바꿀 힘이 당신에게도 있다. 인간의 단순 업무가 줄어드니 돈이 없는 개인도 얼마든지 사업을 시작할 수 있고, SNS의 발달 덕분에 평범한 개인도 얼마든지 목소리를 낼 수 있다. 주변을 잘 찾아보면 활용 가능한 기술이 널렸고, 앞으로는 더욱 많아질 것이다. 일이 잘 풀리는 사람을 보고 흔히 '운이 좋았다'라고 표현하는데, 여기서 운은 쉬지 않고 순환하는 천지 운행을 의미한다. 운의 전제 조건은 실행이다. 실행을 많이 할수록 실패 경험은 많아지지만, 실행이 없으면 성공도 없다. 실패를 통해 성공으로 나아간다면 실패는 좋은 경험이 된다. 100% 자동화로 넘어가는 과도기는 지금이다. 여러 방면의 경험을 축적해 사업의 영양분으로 삼아야 한다. 새로운 기술에 대한 거부감부터 줄이면 된다. 2005년에 시작한 유튜브는 불과 5년 만에 세계 미디어 시장을 잠식했고 방송사들을 그들의 질서 아래 두었다. 구글, 에

어비앤비, 테슬라 같은 기업의 특징은 배분을 통한 성장에 있다. 이익을 공유하지만, 그것 때문에 트래픽이 몰려서 더욱 큰 수익이 발생한다. 적절한 순환 사이클이 반복되는 것이다.

유튜버도 대표적인 사례라 할 수 있다. 과거 방송에 출연하려면 심사부터 인맥, 재능까지 있어야 했다. 일반인이라면 출연 못 할 이유가 훨씬 더 많았던 상황을 유튜브라는 플랫폼이 한 방에 해결했다. 개인은 언제든지 자신의 영상을 올릴 수 있고 추천 알고리즘은 그 영상을 필요로 하는 사람에게 추천까지 해준다. 작은 범위지만 이것 또한 인공지능 일부분인 딥러닝 기술이다. 방송국 전체가 하던 일을 개인 혼자서도 처리하는 것이다. 방송국이 유튜브 안으로 들어왔듯 앞으로 다가올 자동화는 범위와 업종을 가리지 않는다. 자영업, 군사, 운송, 물류, 공장까지 모든 부분이 인공지능에 흡수된다. 환승 시간이 다가왔다. 앞으론 뱀의 머리로 살아야 한다. 도구를 만드는 사람이 되면 가장 좋겠지만 그렇지 않더라도 도구를 사용할 줄은 알아야 한다. 도구가 있어야 효율이 생기고 효율을 만들어야 경제적 가치를 충족시킬 수 있기 때문이다. 경제에는 사이클이 있고 주권의 흐름은 계속해서 이동한다. 영원한 건 없다. 제조업의 위상이 과거 같지 못한 건 순환 사이클의 마지막이 돌아왔기 때문이다. 여러 가지 징후들이 마지막을 알려주고 있다. 'MZ세대의 등장' '퇴사 러시' '양질의 일자리 부족' '고령화'. 앞으론 환승을 기다리며 미래를 그려야 할 것이다.

05

양극화와 신분 상승

1) 양극화의 배경

한국뿐 아니라 전 세계가 양극화 문제로 몸살을 앓고 있다. 미국과 중국의 갈등, 남녀 갈등, 지역 갈등, 종교 갈등까지 뭐든 극과 극을 달린다. 선과 악의 개념처럼 이익에 반대되는 주장은 악이 되기도 선이 되기도 한다. 양극화의 원인을 불평등에서 시작한 계층 갈등으로 치부하지만, 현대 사회에서 일어나는 문제 대부분은 자본의 고착 상태를 원인으로 봐야 한다. 한마디로 돈이 시장에서 회전하지 않아 발생하는 문제인 셈이다. 매년 인상되는 물가에 비해 직장인의 월급은 제자리이고 자산 포트폴리오의 대부분이 부동산에 몰려 있다 보니 새로운 걸 시도할 여력이 없는 상황이다. 내수 경기가 불황인 건 당연한 수순이다. 중국을 포함한 개도국이 제조 강국으로 도약해 한국 기업들의 수익성이 악화한 것도 한몫한다. 세계적 경쟁력을 끌어올리기 위해 협력업체 납품 단가를 쥐어짜고 노동 시장을 유연화하니 하도급의 하도급이 계속해서 생기고 양질의 일자리는 줄어든 것이다.

양극화의 원인을 소득 격차로 보는 시선도 있지만, 그런 말은 1997년 외환 위기 때 직장을 잃어버린 세대들만이 할 수 있는 이야기이다. 국가가 주도한 걸 시키는 대로 했는데도 불구하고 빈곤의 최전방에 서야 했던 그들이 자유도, 개성도 존중받지 못하고 소득 격차를 받아들이는 건 쉽지 않았을 것이다. 그들은 '까라는 대로 깠을' 뿐이다. 죄가 있다면 모든 걸 주도한 정부, 기업, 한국은행에게 있다. IMF에서 우리는 전체주의의 약점을 확인할 수 있었다. 전체주의는 무능력하거나 부도덕한 사람이 지도자가 되면 그걸 지탱하는 모두가 힘들어진다.

소득 격차가 근본적인 원인이 아닌 두 번째 이유는 세금이다. 세전 임금이 월 300만 원이든, 500만 원이든 세후 실수령액에는 큰 차이가 없다. 그런데도 국민연금이나 의료보험 같은 복지 혜택은 똑같이 적용받는다. 연봉이 8,800만 원을 넘기면 그 차이는 더욱 좁혀진다. 직장인 연봉은 구간별로 차등 징수하기 때문이다. 1,200만 원 이하는 6%에서 시작하지만 그 이후엔 15%, 연 8,800만 원 이상은 35%를 징수한다. 최종적으론 최대 45% 세율까지 적용받을 수 있어서 소득이 높아져도 실질적인 소득 증가는 크게 기대하기 어렵다. 오히려 차별을 이야기한다면 고소득자들의 추가 증세를 놓고 역차별을 이야기하는 게 순리에 맞다. 못난 사람이 적게 벌고 잘난 사람이 많이 버는 건 지극히 정상적인 상황이다. 인풋과 아웃풋이 다르고 결과가 다른데 같은 대우를 받을 수는 없는 노릇이다. 소득 격차는 양극화의 근본적인 원인이 아니다.

'부자들이 돈을 다 가져가서 서민들에게 돈이 없다'라고 생각한다면, 하나만 알고 둘은 모르는 것이다. 월급의 45%를 세금으로 징수당하는 고소득자들에게 뭘 더 얼마나 가져가야 공평하다고 말할 것인가? 1년에 수십억에 달하는 세금을 납부하는 사업가들에게 뭘 더 얼마나 증세해야 공평한가? 오히려 차별을 말한다면 연간 세금 500만~600만 원 내는 사람이, 연간 5천만~6천만 원 내는 사람과 똑같은 복지와 혜택을 받는 것이 아닐까? 양극화의 근본적인 원인은 자본 대부분이 부동산 시장으로 빨려 들어가 현금 유동성이 떨어지는 부분과 시대에 뒤떨어진 생각 때문이다. 모든 결과의 책임은 자신에게 있다. 남 탓만 하는 사람치고 제대로 된 사람은 없다. 돈의 가치는 부자에게나 서민에게나 똑같다. 일차원적인 생각으론 절대로 양극화 간극을 줄일 수 없다. 부자 증세를 하면 해외로 이민 가면 그만이다. 아쉬운 건 남은 사람들일 것이다.[11]

2) 양극화의 문제점

양극화의 문제를 정의하면 '소득과 지출의 불균형'이다. 한마디로 돈 쓸 곳은 많은데 소득은 없는 것이다. 쉽고 빠른 해결 방법이 있다. 소득을 늘리거나 소비를 줄이면 된다. 당신의 주머니에 200억이 있는데 3천 원짜리 맥도날드 햄버거를 먹을지 10만 원짜리 수제 버거를 먹을지는 논쟁거리조차 되지 않는다. 국가 행정을 위해선 막대한 예산이 필요하지만, 그 범위를 놓고 적절한 선을 말하긴 상당히 어렵다. 몸이 아파 병원에 입원하면 VIP 병실도 있고 일반병실도 있다. VIP 병실은 1일 이용료가 150만 원이고 일반 병실은 30만 원이다. 어떤 것이 더 좋은가. 쉽게 답을 내리기 힘들다. 이유는 상황에 따라 다르기 때문이다. 주머니 사정이 여의치 않다면 가성비를 따져 일반 병실에 입원해야 할 것이고, 주머니 사정이 넉넉하다면 목돈을 주고라도 집중 케어가 가능한 VIP 병실을 이용할 것이다.

국가 행정은 복지, 교육, 인프라, 산업, 안보 등등 여러 분야에 걸쳐 있다. 당연하게도 예산을 많이 쓰면 행정 수준이 올라갈 확률이 높고 돈을 적게 쓸수록 행정 운영은 어려운 게 현실이다. 그럼 예산을 많이 써야 할까, 적게 써야 할까? 국가마다 상황은 다르겠지만 한국의 경우 합리적인 소비를 지향해야 한다. 한반도는 석유나 금광석이 나오는 지대가 아니다. 중동이나 북유럽처럼 땅을 판다고 예산이 마련되지 않는다. 무분별한 지출을 최소한으로 줄이고 정말 필요한 곳에 선별적인 투자를 해야 한다. 불필요한 정부 기관과 공공기관을 예로 들 수 있다. 공공기관의 역할은 인프라 확장과 필수 서비스 제공이다. 그러나 한국 공공기관은 감시와 통제 역할이 우선시되는 경향이 있다. 질서를 세우려다 보니 견제할 기관이 필요하고 중복 기능을 수행하는 공공기관들이 많다. 전방위적으로 불필요한 예산을 점검해 볼 시간이다.

　산업적으론 대대적인 수술이 필요하다. 노인 인구가 급증하는 추세에 물건 증세나 소득 증세를 늘려 복지 예산을 마련하겠다는 건 조삼모사 격이다. 세금을 벌어들일 곳은 산업밖에는 없는데 지금같이 대외 외교로 무역 수주를 끌어올리는 데에는 한계가 있다. 영업 사원이 발로 뛰는 맨파워 시대는 끝났다. 일차원적인 외교에서 끝나는 게 아니라 자연스러운 유입이 되도록 발생의 전환이 필요하다. 한국의 딜레마는 제조업에 몰려 있는 산업구조다. 단가로는 중국이나 인도에 경쟁이 되지 않는데, 한국 경제 특성상 유연하게 조직을 운영하기 어렵고 기술만으로 경쟁하자니 그 격차가 많이 좁혀진 상태다. 경쟁력도 없는 제조 중소기업을 지원한다고 국가 예산만 낭비하니 건강한 기업이 탄생하기 어렵다. 그렇게 발생한 공백을 정치 외교로 수주해 대기업에 일감을 나눠주는 게 한국 산업의 현실이다. 고작 인건비 절감해 경쟁력을 확보하다 보니 인건비가 더 저렴한 국가들이 등장하면 맥을 못 춘다.

　세상의 모든 것에는 수명이 있다. 한국 제조 중소기업은 수명 다한 산업이다. 연명 치료는 아무런 의미가 없다. 그 예산을 빅테크나 플랫폼 같은 유망 산업 인프라에 사용하는 게 마땅하다. 다수를 위해 소수를 희생하자는 의미가 아니다. 산소호흡기만 붙여준다고 없던 경쟁력이 생기지 않는다. 정상적인 기업이라면 위기의식을 느낀 순간 기업 체질을 개선하고 변화를 도모한다. 투자 없이 인건비 놀음만 하는 비생산적인 기업들은 사라져야 한다. 이들이야말로 국가 예산과 성장 동력을 갉아먹는 좀비들이다. 앞으론 민간 산업을 어떻게 성장시키는지에 양극화 문제 해결 여부가 달려 있다.

3) 양극화의 결과

기차선로 위에 고장 난 자동차 두 대가 놓여 있다. 한 대에는 사람이 혼자 타고 있고, 다른 한 대에는 30명이 타고 있다. 시속 300킬로미터로 달리는 기차가 선로 쪽으로 오고 있는데 시간 여건상 한 대밖에 구할 수 없는 상황이다. 어느 쪽을 구해줄 것인가? 대부분 30명이 있는 쪽을 구한다고 말한다. 그럼 혼자 타고 있는 사람이 당신의 부모 중 한 사람이라면 어떻게 하겠는가? 이번엔 쉽게 대답하지 못할 것이다. 30명을 희생하더라도 부모를 잃고 싶진 않기 때문이다. 정책도 마찬가지다. 얻는 것이 있으면 잃는 것이 존재한다. WIN-WIN 할 방법을 찾아야 한다면서 어렵더라도 공존할 방법을 찾아야 한다는 주장도 있지만, 방금 전 예시 상황처럼 선택의 기로에서는 선택과 집중이 필요하다. 시간을 계산하지 않고 두 대를 모두 구하려고 애를 썼다면 한 대는 고사하고 구하려던 사람까지 총 32명이 사망했을 것이다. 결과만 놓고 평가한다면 최악의 판단이자 모두를 위험에 빠트린 행동인 것이다.

한국 양극화는 갈림길에 서 있다. 이미 시작된 인구절벽, 수출 실적 악화, 마이너스 성장률까지 사회 곳곳에서 위험을 알리는 경고등이 켜진 지 오래다. 촌각을 다투는 상황이지만, 아직도 누굴 살릴까 한가롭게 상의 중이다. 세상을 바꾸는 사람들은 1%의 천재들이다. 권한은 처음부터 자격을 갖춘 사람에게 부여돼야 한다. 합리적인 판단, 효율, 성과 등을 계산하지 못하면서 권한만 동등하게 주어지면 선무당이 멀쩡한 사람 잡는 꼴이 된다. 의사 면허가 없는 사람을 수술대에 서지 못하게 했다고 불공평함을 이야기하면 그것이 이치에 맞는 이야기인가? 이해관계를 극복하고 상호 간의 신뢰를 구축하는 건 위기를 넘기고 난 이후의 일이다. 지금은 확실한 해결책과 빠른 대응, 선택과 집중이 필요한 시간이다. 인간은 절대 이성적이지 않다. 보통 사람이라면 선택의 순간에서 30명을 희생시키고 부모를 구한다. 이권과 생존을 앞에 두고 이성적인 판단은 기대하기 어렵다. 양극화에서 공평함과 평등함이 필요하다고 이야기하지만, 인간의 본성은 이기적이고 비합리적이다. 대놓고 이야기하면 나에게 득이 되냐 안 되냐를 놓고 저울질하는 게 인간의 본성인 것이다. 옳고 그름은 그것에 부응하느냐 못하느냐로 갈린다. 누가 더 센지 힘자랑하는 시대는 끝났다.

자본이 권력이고 복지이며 산업이다. 자본이야말로 정직하고 합리적이다. 돈의 흐름은 교환가치가 없으면 성립되기 어려우므로 가치의 순수성과 효율 면에서 가장 합리적인 판단이다. 지나친 간섭은 성장을 방해한다. 모든 건 시장에 맡겨야 한다. 나이가 들면 늙고 죽으면 흙으로 돌아가는 건 지극히 자연스럽다. 불필요한 산소호흡기, 연명 치료를 이젠 끝내야 한다.

낡은 것은 버리고 새것만 추구하자는 건 아니다. 낡은 것이 더 경쟁력이 없다면 현실에 맞는 개선과 개조가 필요한 법이다. 이것을 깨우치지 못한다면 망해야 할 것이 망한 거고, 마땅히 죽어야 할 것이 죽은 것일 뿐이다. 질서라는 허울 앞에 순수한 경쟁을 방해하는 제도와 법들은 사라져야 한다. 온실 속에서는 단일 작물밖에 자라지 못한다. 커티스가 설국열차에서 벗어났더니 더 큰 세상이 펼쳐진 것처럼 우물 밖을 뛰어나와야 비로소 큰 세상을 마주할 수 있다. 세상은 절대 공평치 않다. 태어난 곳, 시간, 집안, 신체 능력까지 태어난 순간 공평한 건 아무것도 없다. 공평이란 능력에 우선순위를 매겨 질서 세우는 게 아니라 불리함, 부족함을 극복하는 일련의 과정이다.

4) 투잡, N잡의 탄생

투잡, 스리잡도 아닌 N잡이 새롭게 탄생했다. 국어사전에도 나오지 않는 이 단어의 뜻은 여러 분야에서 수익을 창출하는 사람을 뜻한다. 사이드 잡(Side Job)과 비슷한 개념으로 본업을 두고 여러 직업을 통해 수익을 창출하는 개념이다. 평생직장의 개념이 사라져 언제든지 더 좋은 조건으로 이직하길 희망하는 요즘, N잡은 사이드 잡의 부수입과 새로운 커리어 가능성을 실험할 좋은 기회다. 기술의 발전은 기존에 없던 새로운 직업과 기회를 만들었다. 아직도 대부분 직장에서는 본업 외 다른 직업을 허용하지 않지만, 기회의 가치는 규제로 억압할 수 없다. 유튜버가 대표적이다. 직장인 10명 중 8명이 유튜버를 꿈꿀 만큼 본 직업과 N잡의 경계는 모호해진 지 오래다. 과거엔 사람들 대부분이 경제적인 부분과 꿈을 놓고 저울질하다 경제적인 부분을 선택했다. 하고 싶은 일, 좋아하는 일은 돈이 되지 않았고 경제적인 부분을 해결하지 못하면 그 행위조차 지속할 수 없었다. 직업의 다양성은 없었고 살기 위해 일했던 게 현실이었다.

인터넷과 스마트폰의 발달은 그 간격을 좁혔고 불가능을 가능케 만들었다. 기회와 다양성이 생겼고 직장의 역할은 경제 문제를 해결함과 동시에 개인의 성장을 돕는 쪽으로 진화했다. N잡은 직업에 대한 지각변동을 의미하며 미래 직업의 비전을 대변한다. 목표와 성과 실적, 보상만으론 더는 사람들을 움직이게 할 수 없다. 직장 생활로는 소득 격차를 줄일 순 없어 충분한 매력이 없기 때문이다. 보상으로 측정되는 월급 자체도 적지만 세금에서 15~24%가 추가로 나가면 손에 남는 건 텅 빈 통장밖엔 없다. 매출이 얼마든 20% 세금만 부과되는 사업자가 과세 측면에서 유리한 부분이 많다는 건 누구나 알 수 있는 대목이다. N잡은 변화하는 가치관과 직업에 대한 인식 변화를 의미하며 새로운 근무 방식의 신호탄이다.

평범한 개인이 직장인이 된 건 자본과 기술, 인맥의 한계를 극복하지 못하기 때문이다. 그 때문에 사업에 관심이 있어도 결국 할 수 있는 거라곤 소자본 창업, 자영업이 전부였다. N잡은 평범한 개인이 사업자로 나아가는 다리 역할이다. 가능성을 실험하고 연결과 고립을 유동적으로 네트워킹하면서 효율성을 극대화하는 것이다. 미래 사업은 자본과 인력이 필수적이지 않다. 규모의 경제를 통해 치킨게임으로 승부 보는 시대는 끝났다. 개성과 가치가 다양해져 불가능의 범위가 좁혀졌고 스마트폰으로 연결된 세계 덕분에 좁은 범위의 수요라도 충분한 가치를 창출한다. BTS의 사례가 대표적이다. BTS가 주목받기 시작한 건 국내가 아니라 해외이고 유튜브를 통해 세계 각지의 팬들과 소통에 힘쓴 결과다. 중소기업에 불과했던 빅히트가 대형기획사들을 제치고 한국을 대표하는 아이돌을 배출한 방법이다.

조직의 목표를 위해 개인이 희생하는 시대는 끝났다. 변화와 유행이 빠른 만큼 사람을 고용해 평생 책임지는 것보단 필요에 따라 연결과 고립을 반복하는 게 훨씬 더 효율적이기 때문이다. 앞으로 직장에서는 정직원이라는 개념을 찾기 힘들어질 예정이다. 대신 연결과 고립을 도와주는 플랫폼과 프로젝트를 수행하는 기획 기업, 그것에 필요한 능력을 제공하는 다수의 개인 기업이 존재할 것이다. 일자리 지각변동을 지켜보며 미래 모습을 그려본다.

5) 퇴사가 부러운 시대

이직률 45.5%, 신입사원 조기 퇴사율 13.8%. 2023년 한국 직장의 모습이다. 정년에 가까운 직장인은 정년 60세를 꽉 채우기 힘들다며 조기 퇴직에 관해 하소연하는데 왜 신입사원과 경력사원들은 앞다투어 퇴직하는 것일까? 취업포털 잡코리아가 2023년 3월 신입사원들을 대상으로 한 설문에서는 87.1%가 직무 적성과 실제 업무가 달랐던 걸 이유로 꼽았다. 경력직원의 경우 78%가 급여 인상, 이직을 위함이라 답변했다. 신입과 경력의 주된 퇴사 사유는 매우 달랐지만, 퇴사에서 온도 차이는 비슷했다. 두 그룹의 퇴사 사유에서 찾아낸 공통분모는 '현재의 상태가 만족스럽지 못하다'라는 것이다. 직무 적성이 맞지 않는 건 생각했던 양질의 일자리가 아니라는 뜻이고 급여 인상, 이직을 위해 퇴사한다는 건 현재 근무 조건이 나쁘단 이야기다.

통계청 2022년 발표 자료에 의하면 한국 경제활동인구는 2,808만 9천 명이다. 이 중 자영업자가 전체의 20%, 기타 프리랜서가 3.4%, 직장인이 76.5%이다. 자영업자와 프리랜서는 번외로 놓고 직장인 숫자를 계산하면 2,148만

8,085명이다. 대졸 구직자들의 희망 연봉은 4,363만 원, 5~6년 차 대리급은 6,310만 원 수준이다. 문제는 한국 기업의 99.9%가 중소기업이고 전체 종사자의 76.2%가 중소기업에서 근무하는데, 중소기업 대부분이 이 연봉에 맞출 수 없다는 점이다. 신입사원이 희망하는 4,363만 원은 중소기업에서는 6년 차 대리급의 연봉이고, 5년 차 경력사원이 희망하는 6,310만 원은 중소기업에서 13년 차 차장급 연봉이기 때문이다. 희망과 현실의 차이가 25~30%에 달한다. 그럼 소위 말해서 괜찮은 직장은 몇 개나 될까? 취업포털 인크루트가 2022년 대학생을 상대로 가장 일하고 싶은 기업을 조사했는데 1위는 카카오, 2위 네이버, 3위 삼성, 4위 SK, 5위 아모레퍼시픽, 6위 제일제당, 7위 대한항공, 8위 현대자동차, 9위 SK이노베이션, 10위 LG화학 순이었다.

법무사, 세무사 같은 특수 직종을 제외하면 대기업에 취업해야 희망 연봉 달성이 가능하지만, 대기업 TO는 취업 희망 구직자 수를 따라가지 못하는 게 현실이다. 더 큰 괴리는 운 좋게 대기업에 입사해 원하는 연봉을 받아도 실수령액에는 큰 차이가 없다는 점이다. 소득세 과세 기준에 따라 높은 연봉은 더 많은 세금을 떼기 때문이다. 5천만 원까지는 15%만 과세하지만 5천만 원이 넘는 순간 24%의 세금이 청구된다. 연봉 8,800만 원이 넘으면 35%이고 연봉에 따라 최대 45%의 세금이 청구된다. 아무리 능력이 좋고 협상 능력이 뛰어나도 직장인이 벌 수 있는 금액에는 한계가 있을 수밖에 없다. 이야기를 들어보면 퇴사하고 싶은 마음은 중소기업 직장인이나 대기업 직장인이나 모두 같다. 이유는 앞서 설명한 유리 천장 때문이다. 물론 이 중에는 아무런 노력 없이 처우에 대한 불만만 늘어놓는 사람도 있을 것이다. 그런 사람들 때문에 고귀한 노동의 가치가 훼손되기도 하지만, 능력 있는 사람들이 자신의 능력을 한계만큼만 발휘해야 하는 사회 시스템 때문에 앞으로 나아갈 성장 동력을 잃는다.

목표를 정하려면 비전이 있고 희망이 있어야 하는데 비전의 한계치와 희망의 한계치를 정해놓은 상황에서 어떤 목표를 세워야 한다는 것일까? 개인이 직장 생활에서 가장 높은 효율을 만들 방법은 아무것도 하지 않는 것이다. 딱 시키는 것만 하는 수동적인 삶. 기업은 효율이 낮아지면 구조 조정이라는 러시안룰렛을 돌린다. 결국 악순환이다.

6) 정답과 해답을 찾는 시대

한국의 경제는 더 물러설 곳이 없다. 행정과 산업을 포함한 부분에서 전방위적인 개혁을 하지 못하면 일본의 잃어버린 30년을 따라가게 되어 있다. 경제는 행정, 문화, 성장 등 국가 행정에 필요한 모든 부분에 연결되어 있기에 한번 무너진 경제는 쉽게 회복할 수 없다. 문제 해결은 후세대의 몫이 아니라 현재를 사는 사람들의 몫이다. 행정 정책과 구조부터 시작해야 한다. 한국은 대통령제를 시행하고 있다. 정치 구조는 미국, 멕시코, 브라질과 같지만, 행정과 운영은 의원내각제를 시행하는 유럽 국가들과 비슷하다. 미국의 경제 원조를 받던 한국이 미국 정치 구조를 따라가는 건 이상할 게 없지만, 행정 운영에서는 독일, 프랑스, 이탈리아 같은 복지 국가 형태의 모습을 보인다. 복지 국가와 자본주의 국가는 그 형태와 성질이 많이 달라 대부분 한쪽 노선을 선택하는데 한국은 2가지가 혼합된 복합적 형태이다.

복지 국가는 노동계층을 유지하는 가족 중심의 사회 운영 형태다. 불평등을 완화하며 사회적 약자를 보호해 잠재적 위험을 분산하는 안정적인 국정 운영 형태이기도 하다. 흔하게 복지 국가라 하면 스웨덴, 노르웨이 같은 북유럽 국가를 떠올리곤 하는데, 북유럽 국가들은 사민주의 체제로 남유럽 복지 국가보다 높은 수준의 복지와 평등을 추구하는 체제이다. 자본주의는 복지 국가와 다르다. 시장 중심으로 운영하고 최적화와 효율성에 초점이 맞추어져 있다. 이 중 어느 쪽이 더 우수한지 딱 잘라 말하긴 어렵지만, 체제에 따른 국가들의 장단점은 분명한 편이다. 스웨덴, 노르웨이, 핀란드, 덴마크 같은 북유럽 국가를 분석해 보면 복지, 교육, 육아, 연금 등 삶에 필요한 모든 복지가 세계 최고 수준이다. 북유럽 중에서도 노르웨이는 주 37.5시간 근무제라 직장 스트레스가 적고 국민 행복지수가 높은 것으로 유명하다. 가족 중심 문화인 덕분에 출산, 육아를 회사 생활과 병행할 수 있다. 예를 들어 아이가 아프면 눈치 볼 필요 없이 출퇴근할 수 있다.

가족과 관련된 부분을 직장 업무의 일부로 생각해 주기 때문이다.

사회 약자, 장애인, 노약자, 난민에 관한 복지 정책도 세계 1등 수준이다. 장애 아동 1명당 특수 교사 1명을 의무적으로 지원하고, 의료 분야에서는 장애인 우선 채용 정책을 통해 이들이 차별받지 않고 사회적 역할을 할 수 있게 지원한다. 더불어 로컬 기업들이 장애인 기업들의 제품을 우선 구매하도록 국가적 지원을 하여 순환 구조 시스템이 완성되어 있다. 연금 역시 은퇴 전 받던 연봉의 70~80%가 확실하게 보장된다. 북유럽 국가들은 국부펀드를 별도로 운영해 연금을 마련한다. 타 국가들과는 다른 시스템이지만 북유럽에 거주하면 모아놓은 자금이 없어도 노후 걱정은 필요 없다. 국가가 마련해 놓은 시스템 아래 충분한 혜택을 누리기 때문이다.

그럼 한국도 노르웨이 같은 북유럽 정책 노선을 지향해야 하는 걸까? 결론부터 말하면 불가능하다. 2가지 이유가 있는데 첫 번째는 인구 때문이다. 노르웨이의 인구는 540만에 불과하며, 덴마크 585만, 스웨덴 1,042만, 핀란드 554만이다. 사민주의 형태의 복지 국가는 인구수가 최저라는 선행조건이 필요하다. 현재 한국 인구는 5,100만이라 이런 복지 형태를 모두에게 적용하긴 어렵다. 두 번째는 산업 포트폴리오다. 북유럽 산업의 포트폴리오는 관광, 운송 등을 제외하면 대부분 국영 석유, 가스 중심이다. 북유럽 복지의 기초 자본은 자원에서 시작한다. 그렇기 때문에 제조 산업처럼 높은 수준의 경쟁이 필요치 않다.

2부

조용한 퇴사

Me First 시대 프로 트렌드
덕질러가 바라보는 세상의 변화 루틴

01

꿈을 찾아 퇴사합니다

1) 직장인 나이, 평균 42세의 시대

　한국 직장인의 평균 나이는 42세이다. 첫 직장을 구하는 나이가 평균 28~32세이고, 근로자 평균 퇴직 나이가 49.3세다. 직장인의 나이는 평균을 이룬 셈이다. 문제는 정년 60세 퇴직을 기준으로 잡았을 때 평균 나이가 한참 젊다는 부분이다. 의료 기술의 발달로 평균 100세 시대를 바라본다. 취업 나이는 높은데 퇴직 나이는 빠르다. 평생 직장 생활을 하다가 평균적 퇴직 나이인 50세에 퇴직하면 무슨 일이 발생할까? 일반적인 사무직이 한 푼도 안 썼을 경우 퇴직 전까지 벌어야 8억 7천만 원을 손에 쥘 수 있다. 퇴직금까지 포함해도 최종 근무 연수를 20년으로 계산하면 1억 5천만 원(세전)이다. 직장에서 평생 버는 금액은 10억이 전부란 이야기다. 연애하거나 출산, 육아 같은 변수가 생기면 10억은 고사하고 5억이라도 건질 수 있을지 의문이다. 거주지가 수도권이라면 5억으론 주택 한 채도 구매하기 어려운데 노후 준비를 못 하는 건 당연하다.

통계청 자료에 의하면 사람들은 노후 소득 공백을 메우기 위해 조기 퇴직 후에도 72세까지 경제 활동을 이어간다고 했다. 평생직장, 정년, 연금, 안정적 노후 생활로 이어지는 공식은 이제 깨졌다. 버텨내도, 살아내도 세상이 허락한 유통기한은 20년이다. 연금 제도도 노인 한 사람이 삶을 지탱하기엔 충분치 않다. 미래의 모습이 어떨지 뚜렷하게 보이는 상황에서도 별다른 대안이 없어 그냥저냥 살아가는 게 우리들의 모습이다. 직장보단 개인을 우선시하는 MZ세대의 풍조가 막연하게 생겨난 문화가 아님을 인지해야 한다. 그들은 부모들이 '한 직장에서 몸 바쳐 일한 결과'를 눈으로 확인한 세대이다. 자신을 지킬 방법은 회사도 국가도 아님을 알고 있다.

회사는 당신의 미래를 책임지지 못한다. 국가는 당신의 노후를 책임지지 않는다. 현실을 바꿀 안전한 투자 방법은 자신에게 투자하는 방법뿐이다. 누군가에게 기대지 않고 스스로가 중심이 되어 시스템을 만들어야 한다. 그러려면 유능해야 하고, 개척 정신이 있어야 한다. '꿈을 찾아 퇴사한다'라는 말은 모순이다. 흔히 시간적 자유와 경제적 자유의 정의를 혼동하는데, 자본 없이 시간적 여유만 생긴다고 행복할까? 집, 차, 식비 등등 당신이 누리는 모든 것은 자본을 통한다. 돈이 없으면 이것들을 누릴 수 없고 아무것도 없는 자유는 진정한 행복이 아니다. 어떻게 살아야 할까? 시스템을 구축해야 한다. 기계의 부속품으로 사는 게 아니라 기계의 설계자가 되어야 한다. 설계에는 시간과 노력, 돈의 투자가 필요하다. 3가지를 동시에 투자할 여력이 있다면 빠르게 시스템 달성이 가능하지만 평범한 사람은 3가지 모두 넉넉지 않다.

오전 9시부터 오후 6시까지 회사에 매여 있고, 여기저기 치이다 보면 정작 자신을 돌볼 시간은 없다. 거기에 생활비를 제외하면 빠듯한 게 현실이지만 그렇다고 포기하면 달라지는 건 아무것도 없다. 시스템은 지식과 자본이 녹여진 에너지 결정체이다. 시스템을 만들려면 경험을 키워나가야 한다. 국가에 기대지 마라, 회사에 기대지 마라. 그리고 포기하지 마라. 절망의 반대말은 희망이 아니라 믿음이다. 자신에 대한 믿음을 키우는 게 시작이다.

2) 직장인 현실

직장인의 주머니는 통장이 아니라 텅장이다. 월급을 받기까지는 한 달이 걸리는데 소비는 빠르기 때문이다. 월세, 공과금, 식비, 차량 운행은 공짜가 아니다. 삶을 지탱하기 위해선 돈이 필요하고 상황에 따라 예상치 못한 비용이 발생하기도 한다. 병에 걸리거나 예기치 못한 사건에 휘말리면 의사, 변호사가 필요하고 그들의 능력을 이용하는 데에는 돈이 필요하다. 나를 온전히 보호하려면 목돈을 비축해야 한다. 만약을 대비할 실손보험과 연금상품이 있지만, 혜택을 유지하려면 돈이 필요하고 혜택 발생은 사고가 발생해야 효과가 있다. 실손보험, 연금 같은 상품은 불행을 예방하는 목적이라 관리, 보전, 유지를 위한 것일 뿐, 미래 가치를 바꿀 투자는 아니다. 여력이 없다 보니 포기하는 게 많아진다. 연애, 결혼, 출산, 집, 경력, 희망, 취미, 인간관계, 신체적 건강, 외모까지 너무 많은 걸 포기한다. 직장에 입사하는 게 최종 목표처럼 교육하는 초중고와 대학 교육엔 이런 내용이 빠져 있다.

대학교 동창 A의 나이는 올해 36살이다. 수도권 대학을 졸업해 현재는 삼성전자 1차 협력회사에 다니는 6년 차 직장인이다. 현재 A의 연봉은 4,300만 원, 현재 통장에 모인 돈은 1,500만 원이다. 왜 겨우 1,500만 원일까? 나태하고 무능력했기 때문일까? 그렇다고 매도하기엔 안간힘을 쓰며 살아온 A의 노력을 외면할 수 없다. A는 N포 그 자체였다. 지방에서 올라와 수도권 대학에 진학했는데, 집안의 지원이 없어 졸업과 동시에 학자금 대출 3천만 원의 빚이 있었고, 원룸 임대료 빚은 약 800만 원이나 있었다. 대학 졸업 당시는 28살이었지만 취업난 때문에 30세가 돼서야 간신히 취직했고, 아등바등 살다 보니 36살. 빚 3,800만 원을 해결하니 손에 남은 건 1,500만 원의 현금과 500만 원짜리 중고차가 전부였다.

A의 생활력과 절약 정신은 타의 추종을 불허한다. 월세를 아끼기 위해 경기

도 외곽에 있는 회사 기숙사에서 생활했고, 남들보다 일찍 일어나 생산직들과 같은 통근버스를 타고 출근했다. 식비를 줄이기 위해 점심과 저녁은 모두 회사 식당에서 해결했고 와이셔츠는 1만 원, 구두는 5만 원을 넘는 게 없을 정도로 검소했다. 삶의 무게를 지탱하기에 연애, 결혼, 출산, 집, 취미, 인간관계는 모두 사치였을 뿐이다. 결혼과 출산을 하면 경제 상황은 더욱 악화할 텐데 경제적 고립을 자발적으로 선택할 사람은 없다. 대놓고 이야기하면 직장인이 돈을 많이 벌 방법은 없다. 개인의 능력을 담아낼 기업들도 충분치 않지만, 조직 구조나 세금 구조를 살펴보면 유리 천장을 실감하게 된다. 노력하는 사람이 충분한 보상을 받지 못한다면, 노력해도 결과는 비슷하다면 노력할 이유는 어디서 찾아야 하며 삶의 원동력을 어디서 찾아야 할까?

노력의 가치를 헌신짝처럼 여기는 회사, 결과에 대한 보상이 최소한인 회사는 더는 필요가 없다. 20년 죽어라 일해도 노후 해결조차 불가능한데 목숨 바쳐 일할 필요가 없다. 최소한의 노력만 해도 충분하다. 대신 그 에너지를 자신에게 투자하고 시스템을 만드는 데 투자해야 한다. 자본이 부족하고 실력이 부족하면 시간이 훨씬 오래 걸릴 수 있지만, 본인 것이어야만 결과에 후회가 없다. 성공 시 보상은 비교 불가하고 실패해도 그에 상응하는 경험이 남기 때문에 후회는 없다. 최소한의 것만 보장하는 회사, 최소한의 노력만 하는 사람들. 일맥상통하는 흐름이다. 노력하지 마라. 직장은 원래 그렇게 다녀야 한다.

3) 라떼와 한판

사회적 갈등이 어느 순간보다 심한 요즘, 직장에서도 세대별 갈등이 극에 달하고 있다. 세대 간의 견해차도 있지만, 팀 단위로 운영되는 기업 특성상 어쩔 수 없는 희생이 강요되기도 한다.

옳고 그름을 떠나 나이별 직급별 온도 차이는 분명할 수밖에 없다. 팀의 실적을 캐리해야 하는 팀장과 실무 최전방을 맡은 대리, 업무 서포트를 하는 사원 입장은 다를 수밖에 없다. 예를 들어 팀장이 직원들의 편의를 최대한 배려해 주지만 잘못된 방향성으로 팀을 이끌어 제대로 된 실적을 만들지 못한다면, 그때도 좋은 팀장이라고 생각할 것인가? 진급 누락에 연봉, 인센티브까지 급여와 성과급이 걸려 있는 상황에서 사람만 좋은 사람을 마냥 좋다고만 평가하긴 힘들 수 있다. 개인별로 추구하는 바와 생각이 다르니 모두에게 만족스러운 팀장은 될 수 없단 이야기다. 실무를 처리하는 대리도 마찬가지다. 사실상 대부분의 실무는 대리급이 처리하는데 하는 업무 대비 급여가 적다고 느낄 수 있다. 윗선의 잘못된 지시로 중복된 업무를 처리하거나 아래 직급의 실수를 커버하는 것도 모두 대리의 몫이다.

대리로선 무거운 쇠사슬을 등에 짊어지고 산 위를 오르는 기분일 것이다. 그렇게까지 했는데 백두혈통의 등장으로 진급이 밀리거나 실적 몰아주기 같은 부당행위를 당하면 마음속은 활화산 그 자체이다. 불만이 있는 건 신입사원도 마찬가지다. 젊은 세대는 투명성, 공정함, 보상을 매우 중요시하는데 현재 대부분은 아직도 연공서열 중심이라 '공정하다'라는 느낌을 주지 못하기 때문이다. 이들이 배워온 세계는 인터넷, 스마트폰 접근성이 높았던 만큼 정보 습득량이 많았고, 개인의 가치와 공정성의 중요함을 배웠다. 전체주의가 주류인 한국 사회에서는 개인주의가 가득한 MZ세대의 사상이 문제인 듯 보이지만, 그동안 기울어진 저울에서 살고 있던 걸 다시금 생각해 볼 필요가 있다. 지금 구조에서 행복한 직원은 어느 직급에도 존재하지 않는다. 인간은 감성적이다. 생각을 결정하는 데 이성보다 감정이 앞서는 경우가 빈번하다. 그런 인간이 만든 시스템은 편협할 수밖에 없는 구조적 한계가 있다. 하물며 중앙으로 집중된 권력이 투명하고 공정하게 이뤄지기는 힘들다.

입사 제도를 공정하게 하겠다고 블라인드 면접을 도입하고, KPI 같은 성과지표를 만들어서 공정함을 추구하지만, 그것 또한 인간이 결정짓는 감정적 평가에 불과하다. 2004년 기아자동차 생산직 채용 인원 전체 1,079명 중 30%의 추천권을 노조에 줬었다. 노조 간부들은 거액의 사례금을 받고 사람들을 합격시켰는데 그중에는 학력이나 나이에서 부적합자가 많았다. 인간의 판단이 비이성적이라는 대표적인 증거 사례이다. 한국을 대표하는 기업의 생산직 채용에서조차 비리가 난무하는데 다른 조직은 오죽할까 싶다. 다들 전체주의의 모순, 투명하지 못한 시스템을 싫어하면서도 달걀로 바위 치기 격이라 아무것도 하지 못했을 뿐이다. 지킬 것이 많으면 투명한 결정을 하지 못한다. 챙길 것이 많아지면 합리적인 판단을 내리지 못한다. 모든 결정은 내 몫을 지키고 내 것을 챙긴 후에야 가능하기 때문이다.

너무 오랫동안 주인이 바뀌지 않았다. 물도 고이면 썩듯, 고인 물을 정화하는 건 새로운 물을 받아 내는 것보다 몇 배의 힘이 든다. 라떼는 아무런 잘못이 없다. 잘못이 있다면 오랫동안 바꾸지 못한 고정관념이다. 더 좋은 세상을 위해서 라떼와의 한판은 불가피하다. 하루아침에 바뀔 세상은 아니지만, 누군가에겐 도전이고 위협이겠지만, 발전된 미래를 위해 이런 갈등을 응원하고 싶다.

4) No Input, No Output: 애쓰지 않는 시대

결과는 '실력+노력'이다. 원하는 만큼의 결과가 나오지 않는 건 노력의 절대 시간이 부족했거나 절대 실력이 부족했단 이야기다. 인간의 시간은 모두에게 평등하지만 그 농도는 다르다. 현대 사회에서 결괏값은 돈의 가치로 환산된다. 편의점 아르바이트생은 시간당 1만 원을 벌지만, 서초동 변호사는 시간당 40만 원의 자문료를 받는다. 언제 어디서 어떻게 누가 정했는지 모르지만, 둘의 시급 차이에 반박하는 사람은 아무도 없다. 왜냐하면 아무나 변호사가 될 수 없다는 걸 알기 때문이다. 로스쿨에 진학하기도 힘들지만, 자격시험에 합격하기는 더욱 어렵다. 실력의 절댓값이 다른 것이다. 물론 아이큐 170쯤 되는 영재가 초중고 공부 한번 안 하고 서울대에 합격하고, 로스쿨 진학, 변호사까지 일사천리로 가는 예도 있지만 '그들이 사는 세상'을 제외하면 결과는 실력과 노력의 합이고 수요와 공급의 법칙으로 이뤄진다는 점에서 합리적이다.

변호사 자문료처럼 모든 게 실력과 노력이 합이면 좋겠지만 세상의 색은 투명이라기보단 탁한 회색이다. 알프스 샘물처럼 맑은 물을 가져와도 흙탕물이랑 섞이면 흙탕물이 되듯 세상의 색은 탁할 수밖에 없다. 일단 비를 피하고자 들어간 우산은 누군가가 들고 있던 기울어진 우산이다. 애초에 비를 피하려 했던 건 자신이니 결과를 놓고 탓할 건 스스로뿐이다. 맹목적인 노력의 시대는 끝났다. 앞으로 조직을 위해 개인을 희생하며 일할 사람은 없다. 가족을 지키기 위해, 자녀를 지원하기 위해 자신을 희생하던 시대가 아니다. 만약 기업이 노력만 강요하고 적절한 보상을 하지 않는다면 개인도 실력과 노력을 지급한 만큼만 제공한다. 줄곧 회사는 사람들에게 양질의 실력을 요구했다. 덕분에 양질의 사람들이 많아졌다. 토익은 기본에 제2외국어에 각종 자격증까지 질의 농도가 높아졌다. 질이 달라졌으면 보상의 범위도 커져야 하지만 보상은 20년째 제자리다.

이제 양질을 갖춘 사람들은 딱 보상만큼만 노력한다. 고통 없이는 얻는 게 없는 걸 No Pain, No Gain이라고 한다. 이 말의 반대말은 No Gain, No Pain이다. 아무것도 얻으려 하지 않으면 고통도 없다는 뜻인데, 지금 일반 직장을 다니고 있는 사람들이 갖춰야 할 생각이다. 어차피 말한다고 바뀔 세상이면 진즉에 바뀌었고 실력과 노력을 보상하는 사회였으면 예전에 바뀌었어야 한다. 평범한 보통 사람들은 목소리를 내봤자 오합지졸일 뿐이다. 계란으로 바위를 깨려면 한 세기도 부족할 수 있다. 효율이 필요하다. 바위를 한 번에 깨려면 다이아몬드 같은 단단함이 있어야 한다. 기울어진 우산이건 삐뚤어진 우산이건, 우산 주인의 의지가 있어야 고칠 수 있다. 주인은 관심도 없는데 삐뚤어진 걸 바로잡으려 노력할 필요는 전혀 없다. 정상적인 우산이 많아지면 자연스럽게 사라질 것들이기 때문이다.

날카롭게 갈아온 실력을 자신을 위해 발휘할 때이다. No Input, No Output의 시대, 애쓰지 않는 시대이다. 불투명한 결과에 투자하지 말고 확실한 결과에 투자해야 한다. 그러려면 모든 건 자신에서 시작해야 한다. 확실한 투자처는 비트코인도, 회사도, 정부도 아니다. 자기 자신이다. 시간은 모두에게 공평하게 흐른다. 시간의 값을, 농도를 더욱 진하고 무겁게 해야 한다.

5) 조용한 퇴직

전 세계는 지금 '조용한 퇴직' 중이다. 주어진 일 이상 일하지 않는다는 의미이다. 미국, 영국, 프랑스 같은 해외 여러 국가에서도 이런 현상이 빈번하게 나타나고 있다. 일이 끝나지 않아도 6시가 되면 칼같이 퇴근하고, 출근 시간도 정시까지 기다렸다 출근한다. 정말 최소한만 하는 것이다. 여태껏 경제적 부분을 해결하기 위해 회사를 다녔다면 이젠 이 돈 받고 자신을 소모할 필요가 없기 때문이다. 젊은 세대에만 국한된 이야기가 아니라 어쩔 수 없이 직장 생활 중인 모두가 그 대상이다. 목표 달성을 통한 이익은 역할 비중에 따라 재분배돼야 하지만 현실은 사장 좋은 일만 만들 뿐이다. 그럼 굳이 시간과 노력을 들여 에너지를 낭비할 필요가 있을까? 봉사활동 하러 간 게 아닌데, 전체 목표를 위해 개인을 희생할 사람이 있을까? 회식과 야근을 하지 않으면 퇴근 후 여가가 생긴다. 불편한 직장 상사와 마주 앉아 삼겹살 한 점 집어 먹는 것보다 운동, 공부, 투잡과 같이 개인을 위해 시간을 보내는 게 100배 더 유익하다.

회사 생활을 정년까지 계획한 사람 중에는 윗사람에게 밉보여 사회생활 꼬이면 어떡하냐는 걱정으로 늦게까지 남아 일을 마무리하고 윗선의 부탁은 거절하지 못하는 경우가 있다. 하나는 알고 둘은 모르는 생각이다. 회사는 힘들면 능력 없는 직원부터 내보낸다. 나이만 많고 할 줄 아는 것 별로 없는 직원은 연비 안 좋은 고물차인 셈이다. 회사를 위해 얼마나 희생했고, 얼마나 노력했는지는 절대 알아주지 않는다. 왜냐하면 그것은 개인이 아니라 조직이 판단하기 때문이다. 과거에 무슨 일이 있었는지 아무도 모르는 일이다. '라떼라떼' 하면서 목에 깁스를 해도 달라지는 건 아무것도 없다. 직장 생활을 지속하고 싶은 꼰대가 자존심 구기기 싫어 아등바등하는 모습으로 보일 뿐이다. 전문성 없는 꼰대들이 직장에서 어떤 결말을 맞이했는지 두 눈으로 보지 않았는가? 야근하면서 상사에게 아부할 시간에 공부를 더 하고, 회식하면서 쓸데없는 잡담할 바엔 운동 한 시간 더 하는 게 개인의 전문성과 경쟁력을 갖추는 데 훨씬 도움 된다.

회사에서 롱런을 하건, 사업을 시작하건 자신의 전문성과 경험을 쌓아야 한다. 조용한 퇴직은 일과 삶의 균형을 맞추는 미래의 인재상이다. 같은 시간을 투자한다면 소모적인 일보단 전문성을 갖추는 데 투자해야 한다. 일은 절대 삶이 될 수 없다. 기억의 모서리에서 어렴풋이 기억될 값싼 동정심 때문에 소중한 시간을 낭비하지 마라. 추억만 먹고 사는 사람에게 미래는 없다. 주어진 일 이상 열정을 가져도 돌아오는 건 미미하다. 주어진 일만 하는 건 합리적이며 효율적인 선택이다. 조용한 퇴직을 응원한다. 어차피 제대로 된 회사라면 당신이 잡아가는 균형을 응원할 것이다. 유능한 인재들이 많아지면 회사에도 이득이기 때문이다. 만약 조용한 퇴직을 트집 잡는 기업이 있다면 당신의 순수함을 돈벌이로 이용할 생각만으로 가득 찬 쭉정이들인 것이다. 농락에 놀아나지 않고 차분하게 대응해 절대로 손해 보는 일은 없도록 해야 한다. 일각에서는 조용한 퇴사 때문에 조직 전체의 근로 의욕이 떨어져 성과와 업무에 차질이 생긴다는 주장도 있다. 애초부터 근로기준법을 준수하지 않은 것이 잘못이지, 준수하는 게 뭐가 잘못인지 의문이다. 미국, 프랑스, 독일, 영국, 캐나다에서는 이미 주 4일제를 시행하고 있거나 검토를 도입하고 있다. 중요한 건 본질과 환경이지 시간의 총량이 아니란 의미이다. 조용한 퇴직이 퇴보하는 기업 문화에 참된 교육이 되었으면 한다.

6) 세대별 문제점

인간은 본래 이기적인 동물이다. 이해타산적이고 상황에 따라 의견을 바꾸기도 하며, 자기중심적이고 자신밖에 모르기도 한다. 자신에게 유익하다면 독약이라도 마시지만, 관계없는 일이라면 관심조차 없는 게 인간의 본성이다. '세상은 요지경'이라고 하소연하는 게 아니다. 특정 세대를 욕하면서 자신들은 정의로운 척 행동하는 모습이 위선적이라 격한 거부감이 느껴지는 것뿐이다. 양극화 문제를 이슈 삼기 전에 세대별 문제를 정확히 알아야 원만한 갈등 해결이 가능하다. 인간의 행동은 논리의 관점이 아니라 심리와 생각의 관점이다. 문제의 본질에 다가가는 건 인간의 심리와 생각을 파악하는 과정이다. 세대 갈등이 심각한 요즘 각 세대는 어떤 심리와 생각을 가지고 있을까?

20대의 고민은 진로, 취업, 연애, 학업이다. 지금 하는 일이 나랑 맞는 일인지 적성엔 맞는지 제대로 알고 있는 사람이 생각보다 없다. 주관과 생각이 뚜렷하지 않으면 부모가 원하는 삶을 살거나 성적이 허락하는 대로 몸을 맡기는 게 현실이다. 아무리 인터넷이 발전했어도 미디어에서 접한 것과 현실은 차이가 나기 마련이다. 원하는 직업을 물어보면 '연봉 많이 주는 회사' '워라밸 좋은 회사'라는 대답이 나오는 건 직업에 대한 깊은 고민이 없었다는 뜻이다. 20대에는 풍부한 경험이 중요하다. 이득만 생각하면 아무것도 시작할 건 없다. 좋고 나쁘고는 개인마다 차이가 있다. 누가 봐도 힘든 일이지만 사람에 따라 즐기는 사람도 있다. 적성은 글 몇 개와 영상으로 보편화할 수 없다.

30대가 되어도 고민의 종류는 크게 바뀌지 않는다. '시키는 대로 했는데' 왜 인생은 제자리인가 고민하게 된다. 꿈, 목표가 다 부질없게 느껴질 때쯤 진로와 목표는 방황하고 현실과 타협하게 된다. 결혼, 육아를 포기하고 혼자 사는 방법을 터득하는데, 월급을 모두 사용해서 원하는 걸 사버리는 '갓생족'부터 코인이나 아파트에 모든 자본을 털어 넣는 '영끌족'이 대표적인 혼생 라이프의 유형이다. 어차피 한번 사는 인생 남의 눈치 볼 필요는 없다. 문제를 외면하면 진로, 취업, 연애 문제는 그럭저럭 해소된다. 하나 이뤄내기도 벅찬 세상, 중간이 없는 건 이상할 게 없다. 선택과 집중의 문제였을 테니까.

40대쯤 되면 직장 경력이 제법 쌓인다. 회사 내에서 직급도 높아지고 신입에 비하면 연봉 수준도 안정된다. 하지만 50세엔 대부분 퇴직을 앞두기 때문에 이때부터 퇴직과 앞으로의 삶에 대해 고민하게 된다. 연봉, 나이, 직급은 높아지는데 하는 일은 크게 달라지지 않아 미래가 막연하고 불안해진다. 이렇게 소진되다가 끝나는 게 아닌가? 10년 뒤엔 퇴직을 생각해야 하는데, 새로운 걸 시도해 보고 싶지만 여의치 않은 상태가 된다. 경력과 실력이 비례하면 좋겠지만 회사 일은 반복적인 업무가 대부분이다. 예기치 못하게 발생하는 변수 상황도 몇 년 지나면 대부분 겪어보는 상황일 뿐이다. 이대로 바보가 되는 게 아닌지, 소모되는 건 아닌지 고민될 것이다.

각 세대의 공통 고민은 '어떻게 삶을 살지'에 대한 고민의 연속이다. 잘 살아내는 건 과연 어떤 모습일까? 삶의 진리를 찾는다는 건, 높은 수준의 책임과 의무를 해야 한다는 건 어른이 되었다는 뜻이다. 가랑비에 옷이 젖듯 시간만 훌쩍 지났을 뿐이다. 문제 해결의 첫 번째는 문제를 문제로 보는 것부터다.

7) 퇴사 로드맵

정년의 순간은 모두에게 공평하다. 퇴사는 갑작스럽게 찾아온 시련이 아니라 예견된 미래이다. 회사를 그만둬도 삶이 끝나진 않는다. 100세 시대에서 50세에 퇴직했다면 50년을 더 살아내야 하고, 60세에 퇴직했다면 40년을 더 살아내야 한다. 끝은 새로운 시작이다. 회사에서는 승승장구했어도 퇴직 후 삶은 어떻게 바뀔지 모를 일이다. 전 직장 차장님의 아버지는 소방공무원으로 재직하셨다. 인품이 훌륭하셔서 이웃들에게 인기 있는 분이셨지만, 퇴직 후 부동산

사기를 당해 평생 모은 돈을 잃고 말년에 이혼하셨다. 세상에는 논리로 설명되지 않는 많은 것들이 있다. 퇴직 후의 삶도 마찬가지다. 계산기는 숫자만 보여주지 옳고 그름을 구분하지 않는다. 준비가 필요하다. 퇴직 후의 삶을 어떻게 살 것인지 충분한 계획과 전략이 필요하다.

꼭 정년을 앞둔 사람에게만 해당하는 이야기는 아니다. 근로계약서는 당신을 지켜주는 보험이 아니다. 회사 사정이 안 좋으면 얼마든지 구조 조정 대상에 오를 수 있다. 실업급여, 퇴직금도 있지만 평생 보장도 아니고, 그 돈으로 삶을 지속하는 건 충분치 않다. 언제든지 퇴직할 준비를 해야 한다. 빠르면 빠를수록 좋다. 어차피 살날은 50세가 아니라 100세이다. 단거리 달리기가 아니라 마라톤이라면 조금이라도 빨리 성능 좋은 러닝화로 갈아 신는 게 더 좋은 성적을 내는 데 유리하지 않을까? 회사를 퇴직하면 가장 먼저 급여가 끊긴다. 주변의 만류, 따가운 시선은 무시하면 그만이지만 고정적으로 지출되던 생활비가 없어지면 순식간에 공황상태에 빠질 수 있다. 매월 필요한 생활비를 측정하고 그 돈을 어디서 벌어 올지 계획을 세워야 한다. 사업을 운영한다면 제일 좋겠지만 그렇지 않다면 프리랜서 커리어를 기획해도 좋다.

친한 지인은 현재 5년 차 프리랜서인데, 코팅 기술 하나로 월평균 700만 원의 순수익을 내고 있다. 발주처 대부분은 전 직장 협력업체나 지인에게 소개받은 업체들인데 입소문이 나면서 영업 활동 없이도 충분한 수익을 창출하고 있다. 준비만 돼 있다면 퇴사가 두렵지 않다. 월급보다 더 큰 수익은 물론이고 다양한 도전이 가능하다. 안정적인 그림은 월급 우산 안에 있을 때 이것저것 도전하고 경험하는 것이다. 하나라도 전문 분야가 뚜렷하면 좋겠지만, 가늘게 길게 두루두루 알아도 연결과 고립의 과정에서 얼마든지 유용하게 쓰일 수 있다.

지능이 높으면 문제 해결의 정확도가 높다. 정확도를 높이려면 변수를 없애면 된다. 퇴사 로드맵은 변수를 줄이는 과정의 연속이다. 감정에 휩싸여 계획 없이 하는 퇴사는 실패할 확률이 높다. 회사 생활에 질려 무작정 퇴사했다가 1년도 되지 않아 재취업하는 경우를 심심치 않게 볼 수 있다. 월급 우산에 있을 때 퇴사 시뮬레이션을 꼭 해봐야 한다. 한계를 실험하는 것이다. 자신 있는 일을 프리랜서로 시작하거나 새로운 일에 도전하는 것이다. 직장 생활과 병행하는 게 버겁기도 하겠지만, 세컨드 잡이 자리를 잡는 만큼 본업의 영향을 점차 줄이면 된다. 세컨드 잡 수입이 본업보다 높아지면 퇴직할 준비는 완료된 셈이다. 지능이 높은 사람은 자신의 운명을 개척하는 사람이다. 스스로 위하지 않고 돌보지 않으면 다른 사람은 더욱더 돌보지 않는다. 정년 나이는 정해져 있지만 그걸 다른 사람이 판단하게 두면 안 된다. 들어올 때 내 필요 때문에 들어왔듯, 나갈 때도 철저하게 나의 계획에 따라 움직여야 한다. 퇴사는 끝이 아니라 새로운 시작이니까.

02

번아웃 증후군

1) 평균 근속이 짧아진 이유

사오정, 이태백, 오륙도, 육이오는 직장인이라면 한 번쯤은 들어본 유행어다. 뜻을 풀이하면 사오정은 45세 정년, 이태백은 20대 태반이 백수, 오륙도는 56세까지 일하면 도둑, 육이오는 62세까지 일하면 오적이라는 뜻이다. 이젠이 말도 옛말이다. 사필귀정(40대 반드시 정년퇴직), 체온 퇴직(체감 퇴직 연령 36세), 잡노마드족(직업 유목민), 프리터족(아르바이트 백수), 나토족(직장생활 하면서 사업 구상)이라는 새로운 유행어가 생겼기 때문이다. 사람들의 일터에서 무슨 일이 발생하고 있는 것일까? 통계청 자료에 의하면 직장인 평균 퇴직 나이가 49.3세이다. 10년 전 자료엔 평균 나이가 53세였으니 은퇴 시점이 빨라지고 있는 건 분명한 사실이다. 이유는 명료하다. 사업 부진·휴폐업(33%), 건강 악화(18.8%), 가족을 돌보기 위해(14.1%), 권고사직(12.2%), 정년퇴직(7.5%), 경제적 여유가 많아서(1.9%) 순이었다. 내부 원인보단 외부 원인이 압도적으로 높다. 자발적인 퇴사가 아니라 회사 여건이 그렇게 조성된다는 이야기다.

한국은 치열한 경쟁 사회이다. 그게 나쁘다는 건 아니지만 모든 걸 경쟁의 관점에서 시작하면, 결과만 지향하는 구조가 된다. 흑백논리의 오류를 정정할 방법이 없는 것이다. 결과만큼 명확한 게 무엇이냐 반문하겠지만 결과만이 중요하다면 법과 규칙은 지켜질 필요가 전혀 없는 구색이다. 이기기 위해선 반칙도 용납되고, 불법을 해서라도 이기기만 하면 된다는 뜻이다. 인간관계도 필요 없다. 나를 제외한 모두는 잠재적 경쟁자인데 관계의 순수성이 지켜질 리 없다. 이런 환경에서 불안감, 스트레스는 높아지는 게 당연하다. 스펙으로 우선순위가 결정되는 회사 입사 제도부터 상대평가로 이뤄진 평가 제도까지 모든 환경이 경쟁적이며 치열하니, 결국 벼랑 끝에 몰리는 건 사람이다. 대놓고 이야기하자면 기업들은 매번 젊고 능력이 출중한 직원을 찾는다. 나이는 많은데 능력이 부족한 올드 직원들은 연비만 나쁜 중고차인 셈이다. 회사 사정이 어렵거나 원하는 직원을 채용할 TO가 부족하다면 이들부터 내보내는 것이다.

상황과 통계가 일치한다. 휴폐업, 정년퇴직, 권고사직 비율을 모두 합치면

52.7%. 회사에서 필요 없는 직원의 비중이다. 건강 악화(18.8%)는 경쟁에서 밀리거나 밀려날 위기에 처한 직원의 비율이다. 둘을 합치면 71.5%. 조직의 미래는 1%의 리더가 만든단 말이 있는데, 정확한 이야기다. 1%의 리더와 후방에서 그들을 지원하는 27.5%. 회사에서 버려진 71.5%는 꼭 필요하진 않다는 뜻이다. 대기업에서 공채를 폐지한 건 잉여 인력 71.5%를 없애는 작업이다. 기업이 여태 공채를 유지한 건 '두 얼굴의 늑대'라서가 아니라 여태 국가에서 시행하던 여러 이권 사업을 따내기 위함이다. 정부로선 고용률을 높여야 여론이 좋아진다. 악어와 악어새가 상부상조했을 뿐이다. 지금 와서 기업이 공채를 폐지하는 이유는 더 이상 정부에서 취할 이득이 많지 않음을 시사한다.

경쟁은 나쁜 게 아니다. 동기를 부여하고 성과와 성취를 극대화하기 때문에 가장 합리적이고 공평하다. 경쟁 덕분에 한국이 발전한 것도 사실이다. 하지만 그 효과는 한계를 한참 넘었다. 사회 곳곳에서 발생하는 문제가 그것을 증명한다. 정답이 아닌 해답이 찾는다면 그것은 균형을 잡는 것이다. 목표 달성 방식은 경쟁도 있지만 협동도 있다. 선택의 폭을 넓게 사용할 필요가 있다.

2) 열정페이

열정페이는 노동의 대가를 제대로 지급하지 않고 노동을 착취하려는 현상을 의미한다. 돈을 안 주고 일을 시키거나 일은 많이 시키고 돈은 정해진 것보다 적게 주는 것이다. 열심히 일할수록 열정페이의 강도는 심해진다. 기업으로선 깔끔하게 일이 마무리되는 것이 우선이며 그 과정이 어떤 식으로 진행되었는지는 중요치 않다. 열정이 있다면, 일을 잘한다면 그 사람은 열정페이의 희생자가 될 확률이 상당히 높다. 의사결정권자들은 '당신의 능력이 출중해서 그렇다, 우리가 당신 눈여겨보고 있다'면서 마치 당신이 조금만 희생하면 회사에서도 그것을 보상하겠다는 뉘앙스를 풍기며 가스라이팅을 시작한다. 당사자가 욕심이 많은 성격이거나 지킬 가족이 있어 월급 한 푼이 아쉬운 경우라면 악덕 사장의 가스라이팅은 100% 성공한다. 노력에 대한 보상은 당연히 없다. 처음부터 목적은 일을 처리하는 것이지 누가 했는지는 중요치 않았으니까.

불합리함을 따지는 건 아무런 소용이 없다. 보상 지급 의사결정 권한자는 당신의 능력에 아무런 고마움이 없고 희생을 당연시하기 때문이다. 아무리 노력해도 직원이라면 마땅히 해야 한다며 평가 절하하거나 눈여겨보고 있다며 희망 고문을 하는 게 대표적인 전개 과정이다. 기업의 규모가 크다고 다르지 않다. 일하는 사람은 정해져 있는데 결과는 팀의 공동 성과이기 때문에 열심히 하는 사람만 바보가 된다. 물론 인사평가 제도가 있어서 개인 성과를 세부적으로 배분하지만 평가 권한이 높은 보직에 집중되어 있어서 개인의 성과와 노력이 아니라, 누가 더 팀장과 친한지, 누구 라인을 탔는지가 중요시되는 게 현실이다. 열정페이 관행은 20세기 공산 국가들의 정책과 크게 다르지 않다. 소비에트연방이 1930년에 추진했던 '2+2 운동'은 노동자의 열정으로 2+2의 결과를 4가 아닌 5로 만들라 했다. 노동량을 쥐어짜서 생산성을 증진시키려면 마땅한 보상과 목적이 필요한데, 그런 전제 없이 희생과 착취만 반복한 것이다.

제대로 된 보상도 받지 못하는데 열정만 갖고 희생할 사람은 없다. 고용주는 이익을 나눌 생각이 전혀 없는데, 고용주를 배불려 주려고 개인의 노력과 시간을 소진할 이유가 없다. 21세기인 지금, 실패로 결론 난 공산주의 정책이 자본주의 사회에서 남발되는 게 현실이다. 퇴보적이며 소모적인 비이성적 정책이 뿌리를 내렸던 건 이런 생산 방식을 당연하게 수용한 기성세대의 무기력함에 따른 결과이며, 질서라는 명분으로 사람을 통제하고 감시하려는 파렴치한 정책일 뿐이다. 사회적으로 성공한 사람은 마땅히 존경받아야 하며 많은 사람의 본보기가 된다. 그렇지만 전제 조건이 있다. 착취, 열정페이, 불법을 통해서가 아니라 실력으로 이뤄낸 성공이어야 한다는 것이다. 이제 사람들은 사회적인 위치만 보고 사람을 판단하지 않는다. 과정이 중요하고 그것이 입증되지 않을 시 자신을 희생할 사람은 없다. 최근 MZ세대가 직장에서 만드는 사회적 갈등을 적극 지지한다. 이런 변화가 한참 전에 이뤄졌어야 했다. 과거의 사회적 분위기가 그렇지 못했다는 건 핑계가 되지 않는다. 희생 강요는 폐쇄적인 정책이며, 공산주의와 비슷한 정책인데 그런 정책이 옳다고 지지한다면 자본주의의 탈을 쓴 위선자일 뿐이다.

인간의 실력은 같지 않다. A는 똑똑해서 하루 3시간 일하고 30개의 일을 쳐내는데, B는 무식해서 하루 20시간을 일하고도 3개밖에 못 끝낼 수도 있다. 무식한 사람이 일 3개 하면서 20시간 일했다고 열정페이라 말한다면, 그것 또한 자본주의를 표방한 위선이며 파렴치한 사고방식이다. 합리적인 방식은 과정과 결과를 투명하게 하는 것뿐이다.

3) 빨래질 당하는 청춘

요즘 청춘은 바쁘다. 해결할 문제도 많지만, 밑 깨진 독에 물을 채우려 하니 힘은 힘대로 들고 얻는 건 없다. 피해자는 평범한 사람들이다. 아무리 노력해도 희망은 찾을 수 없다. 평범한 사람들의 노력엔 관심 없기 때문이다. 열정페이를 강요당했다면 당신의 능력이 평범하단 뜻이다. 유능한 사람, 똑똑한 사람, 금수저는 악인들로부터 자신을 지켜낼 힘과 능력이 있다. 이용당하거나 일방적인 손해를 감수할 일이 적다. 만약 당신이 한국에서 손꼽히는 흉부외과 의사인데 소속된 병원에서 제대로 된 보상을 하지 않는다면 제대로 보상하는 병원으로 이직하면 그만이다. 실력은 좋고 대안을 찾을 수 없으므로 높은 보수와 합리적인 보상을 제시할 병원은 많기 때문이다. 만약 한국에 마땅한 곳이 없다면 미국, 영국, 프랑스 등 당신의 능력을 높게 인정해줄 곳은 세계적으로 널렸다.

진짜 문제는 평범한 사람들이다. 고만고만한 능력, 학벌, 재산을 갖고 있다면 불합리한 처우와 부당함에 적절히 대응할 수 없다. 대체할 사람이 많은 상황에서 협상 조건은 성립될 수 없다. 부당함을 감내하지 않으면 퇴직시키고 다시 구하면 그만이기 때문이다. 아쉬운 건 고용주가 아니라 고용인이다. 고용인은 직장이 없으면 생활고에 시달린다. 다른 직장에 취직하면 그만이지만, 급하게 직장을 구하면 전과 같은 급의 회사에 다니거나 오히려 안 좋은 조건으로 다녀야 하는 경우가 대부분이다. 이것은 수요와 공급의 법칙이다. 아이폰이 유일한 스마트폰이었던 2007년엔 아이폰이 좋든 싫든 스마트폰을 사려면 아이폰을 구매해야 했다. 이후 안드로이드가 나오고 갤럭시가 출시되면서 스마트폰의 선택권이 넓어졌지만, 여전히 스마트폰 시장은 애플과 삼성의 독점 무대이다. 스마트폰 제조사가 몇 개 없기 때문이다. 애플, 삼성이 둘 다 싫은 사람도 있겠지만 선택권은 없다.

청춘의 노력을 빨래질하고 불법을 저질러서라도 사적 이익을 좇는 사람은 사회를 좀먹는 악인이 분명하다. 그렇다고 실력도 없는데 노력만 많이 했다고 인정해줄 순 없다. 노력에 들어간 시간은 전체를 대변하는 구성이고 과정임에는 분명하지만, 그것이 총 질량의 크기를 의미하지는 않기 때문이다. 지금까지 한국은 악인들의 시대였다. 결과 좋으면 모든 게 용서되니, 그것을 이행하는 과정에서 도덕과 진리는 소외되었다. 열정페이도 결과주의 맥락이다. 결과만이 중요하다면 법, 도덕, 논리 그 아무것도 필요 없다. 사람의 능력을 쥐어짜고 불법을 저질러서라도 결과만 좋으면 그만이었다. 그렇지만 이런 개념은 바뀌어야 한다. 결과주의의 끝은 파국이며 과정은 양극 대립이다. 사회 곳곳에서 양극화 문제가 절정을 달리고 있다. 이건 현재의 사회가 법, 도덕, 논리로부터 얼마나 많이 소외되었는지 입증함과 동시에 그 신뢰가 깨졌음을 의미한다.

미래의 한국에 더 이상 '빨래질 당하는 청춘'은 없어야 한다. 실력과 노력과 결과의 값이 투명하고 공정하게 평가되어야 한다. 그러려면 한쪽으로 치우치면 안 된다. 결과만 중요시하거나 과정만 중요시하면, 그에 걸맞은 악인들만 탄생할 뿐이다. 1%의 능력이 있는 사람과 1%의 재력이 있는 사람은 걱정하지 않는다. 세상을 더욱 밝게 만드는 건 99%의 평범한 사람들이다. 결과와 과정이 모두 중요시되는 균형 잡힌 성장이 되어야 한다.

4) 갓생 살기

갓생은 'God'과 '인생'을 합친 신조어이다. 대단하고 좋은 인생을 산다는 의미를 담은 이 단어는 코로나 이후 사용빈도가 높아졌다. 갓생 살기 열풍인 한국엔 무슨 일이 일어난 걸까? 사람들은 코로나로 인해 자가 격리, 거리 두기를 경험하며 혼자 지내는 시간이 많아졌다. 예측 불가능한 상황이 연속되자 사람들의 불안은 높아졌고 작은 성취를 이루는 것으로 불안을 이겨내는 방법들이 널리 퍼지게 되었다. 대표적으로 미라클 모닝, 챌린지가 있다. 욜로족이나 영끌족처럼 극단적인 성향을 띠지 않고 소소한 자기계발에 집중된 삶의 방식은 생산적이며 발전적이다. 덕분에 다재다능한 사람들이 많아졌다. 없던 기술과 취미를 만들고, 나아가 보디 프로필 같은 구체적인 성과를 만들기도 한다.

갓생은 코로나가 만든 유행이다. 외출에 제한이 생기고 사회적 성공이 어려우니 자신을 돌아보게 되면서 마지막에 찾아낸 해법이 아니었을까? 말이 좋아 도전이지 절규란 생각이 든다. 2019~21년 부동산 열풍이 한창일 땐 영끌족이 한창 인기였다. 영혼까지 끌어모아서라도 집 한 채 마련해야 한다며 대출을 최고치로 받아 너도나도 아파트를 구매했다. 그 결과 2023년 고금리의 늪에 빠져 아파트를 지키지 못하고 헐값에 재판매해야 하는 상황이 발생했다. 물론 기본 소득 수준이 아주 높거나 현금 유동 자산이 높아 금리 부담이 없는 경우에는 문제 될 것이 크게는 없지만, 그렇지 않은 사람들은 한동안 적지 않은 손해를 감수해야 하는 상황이다. 이들을 두고 분수에 맞지 않는 투자를 했다며 자업자득이라 말하는 사람도 있다. 성인인 이상 자신의 결정에 본인이 책임지는 건 마땅하다. 그렇지만 마음은 그들을 응원하게 된다. 모든 인간에게는 성공의 욕구가 있다. 직장에서 평생 모아도 수도권에 집 한 채 구할 수 있을지 모르는 상황에서 아파트 가격이 매월 몇억씩 오르고 있다면 이성적인 판단을 내릴 수 있을까?

사회적 현상을 반영한 문화라는 점에서 갓생도 비슷한 맥락이다. 유행은 현재도 진행형이지만 얼마나 지속될지 다음엔 어떤 유행이 생길지도 기대된다. 욜로도, 영끌도 답이 아닌 상황에서 코로나까지 유행해 행정이 마비되니 절망과 불안함은 상당했을 것이다. 모든 것이 결핍되었지만 오히려 이것은 축복이었다. 오프라인 사회가 온라인을 경험하고 효율을 맛봤기 때문이다. 학원에 가야만 수업을 수강하고, 비싼 수업료를 지급하고 PT를 받아야만 운동할 수 있다고 여기던 고정관념이 깨지는 순간이었다. 동기와 의지만 있다면 온라인으로도 충분한 지식과 노하우를 습득할 수 있었고 이것은 시공간의 한계를 뛰어넘게 했다. 갓생을 사는 방법은 다양하다. 행복을 느끼는 관점, 기준, 성취가 사람마다 다르고 환경에 따라 그것을 성취하며 느끼는 감정이 다르다. 엄청 배고플 때 먹는 빵과 엄청 배부를 때 먹는 빵이 같은 빵이라도 전혀 다르게 느껴지듯, 갓생 열풍은 불안한 사람들의 심리가 투영된 결과이다.

파도가 칠 때마다 이리저리 쓸려 다니는 사람이 있다. 남들과 끊임없이 비교하고 견주는 습관을 버려야 한다. 비교의 끝은 열등감에 빠져 불행해지는 것뿐이다. 모든 시작을 '나'에서 출발하면 비교할 필요가 없어진다. 단점이라 생각했던 것들이 때론 장점인 경우가 있고 그러면 단점을 장점으로 승화시킬 곳에

나를 위치시키면 되기 때문이다. 타인에게 피해를 주는 행위가 아니라면 인생에서 버릴 건 아무것도 없다. 회사가, 정부가, 단체가, 다른 사람이 당신의 가치를 함부로 평가하는 시대는 끝났다. 갓생 살기의 시작은 불안감에서 출발했지만, 그 결과는 스스로가 중심이 되는 사람들의 삶으로 마무리됐으면 좋겠다.

5) 주 52시간의 농락: 재능 시간?

근로시간을 두고 기업과 근로자의 갈등이 심하다. 법정 근로시간을 두고 바라보는 시각과 입장의 견해인데, 인력난에 시달리는 중소기업은 근로시간을 늘려 노동의 폭에 여유를 두려는 입장이며, 더 이상의 열정페이는 용납되기 힘들다는 게 근로자들의 입장이다. 정부는 중재자의 입장을 자처했지만, 일자리 확보와 민생 안정을 동시에 추구하는 처지라 어느 쪽의 손도 들어주기 힘들어 보인다. 김기문 중소기업중앙회장 말에 의하면, 2022년 중소기업 부족 인원은 60만 5천 명으로 적극적으로 구인해도 18만 5천 명을 채우지 못했다고 한다. 현재 다수의 중소기업은 성수기에 유연하게 대처하기 위해 근로시간을 유연하게 유지해야 한다는 의견이지만 그것에 동의하는 근로자는 없는 것으로 보인다. 자업자득이다. 무급 야근, 주말 출근, 열정페이를 경험한 근로자가 기업의 주장을 있는 그대로 받아들이긴 어렵다. 법으로 정해놓은 수당조차 주기 싫어 온갖 편법을 동원하며 고용주의 배만 불려왔던 게 현실이지 않은가?

기업의 경영이 어려워지면 일자리가 줄어든다는 말은 모순이며 궤변이다. 편법까지 써가며 근로자의 노동력을 착취해야 유지되는 상황이라면 경쟁력 측면에서 자영업 수준도 넘지 못함을 증명하는 셈이다. 시간을 시급으로 계산하면 무급으로 일하는 야근, 주말 출근은 열정페이가 아니라 현대판 노예제도이다. 21세기에 아직도 이런 기업들이 존재한다는 사실이 믿기지 않는다. 물론 근로기준법을 제대로 준수하는 기업도 많지만, 악덕 기업들이 여태 쌓아온 이력 때문이라도 절대로 물러설 수 없는 게 근로자의 입장이다. 이미 경쟁력 없는 기업을 살리기 위해 호흡기 붙여 수명을 연장해주는 게 무슨 의미가 있을까? 이들을 살리기 위한 노력과 시간을 좀 더 의미 있는 데 사용해 경제적 가치를 극대화해야 한다는 생각이다.

상생, Win-Win이라는 프레임은 잠시 접어둬야 한다. 세상의 모든 부분이 Win-Win의 가치를 따르진 않는다. 아무리 좋은 마음을 먹고 베풀어도 그것을 이용만 하는 사람이 있는가 하면 Win-Win의 참된 의미에 동참하는 사람이 있다. 그렇기에 모든 일에는 적정한 선이 있고 선택과 집중이 필요하다. 모든 일을 진행하는 과정에서 계산기를 두드려 보란 이야기가 아니다. 공과 사를 분명히 하고 그것에 어긋나는 것을 분명히 하라는 의미이다. 미국, 캐나다는 주 4일제를 이미 시행했으며 한국도 대기업을 중심으로 주 4일제를 도입하거나 시범 운행 중인 기업들이 많다. 카카오, 토스, 우아한형제들, CJ E&M, SK, 삼성 등 대기업을 중심으로 주 4일제가 보편화되는 추세이다. 물론 아직까진 격주로 4일을 운영하거나 사실상 4.5일을 지향하는 수준이지만 근로시간을 줄이는 모습은 확실하다. 삼성, SK와 같이 공장 가동률을 중요시하는 제조사들조차 이런 정책에 동참했다는 건 근로시간과 생산성은 일치하지 않다는 걸 입증하는 대목이다.

주 4일제는 아직 시범 운영 단계이다. 그 결과가 생산성에 어떤 영향을 미칠지는 2~3년이 지나봐야 알 수 있다. 그렇지만 이런 노력은 지속해야 한다. 일과 여가의 균형을 맞추고 기업의 경쟁력을 높인다는 측면에서 미래지향적인 방향임은 확실하다. 생산성을 올리는 방법에는 여러 가지가 있다. 제품 마진을 높여 이익을 늘릴 수도 있고, 특허 운영권을 통한 부가 이익을 창출할 수도 있다. 박리다매만 지향하는 일차원적인 생각만 하니까 공장 가동률이 줄어 생산성이 떨어진다는 주장을 당당하게 하는 것이다. 19세기에나 있었을 법한 이런 기업들은 체질의 변화가 불가피해 보인다. 개혁하거나 자연 소멸하게 시장에 맡길 때이다.[12]

6) 기생충

2019년 5월 세계적 관심을 받은 한국 영화가 있다. 아카데미 4관왕을 차지한 이 영화 제목은 <기생충>이다. 외국 사람들이 무슨 흥미가 생겨 한국 영화를 시청했을까? 영국의 BBC와 미국의 CNN은 신선한 주제와 내용에 주목했다. 빈부격차라는 내용은 신선했고 충격이었다. 오롯이 빈부격차에 초점을 맞춘 영화가 흔하지 않기도 하지만, 세계가 공감하는 문제를 거침없이 표현해 국제적 공감을 얻고 많은 찬사를 받았다. 가난한 사람들과 부자들의 삶을 대조하는 연출은 그들의 생각을 가까이서 지켜보는 느낌이었다. 'No Plan이 무계획이야' '어차피 이게 근무인 거죠?' 같은 명대사는 한동안 밈이 되어 인터넷상에서 유행하기도 했다. 잃을 게 아무것도 없는 사람이 실제로 했을 것 같은 말이다. 영국 보수 언론사 이코노미스트는 기생충에 대해 "One Country, Two Systems"란 제목의 기사를 내보냈다. 학위를 위조해서라도 부잣집 과외교사를 자처하는 모습과 명문대생 친구의 추천으로 자격 검증도 없이 과외교사가 되는 장면을 집중적으로 설명했다. 도덕과 공정함이 없고 학벌, 인맥이면 모든 게 통용되는 한국 사회의 불편한 모습이다.

한국은 대놓고 족벌사회다. 가족이라는 이름으로 수많은 악행이 통용되고 사실이 왜곡되고 있다. '2005년 현대차 생산직 채용 비리' '서울교통공사 친인척 채용 비리' '근로복지공단 심사위원 부정심사' '한국기계연구원 합격자 순위 조작' '원자력연구원 연구원 채용 비리' '국토정보공사 면접심사 비리'. 너무 흔하게 발생해 일일이 나열하기도 벅차다. 공공기관만의 문제가 아니다. 2018년엔 '네이버 친인척 채용 비리', 2017년은 신한은행, 우리은행, 국민은행, 하나은행에서 인사채용 비리가 발견되었다. 비리를 저지른 인사담당자는 300만~1천만 원 정도의 벌금을 받고 사건은 종료되었다. 물 위에 올라온 게 이 정도라면 수면 아래 밝혀지지 않는 비리는 얼마나 많을지 상상하기도 어렵다. 비리를 저질러서라도, 불법을 해서라도 나에게 결과만 좋으면 그만이라는 식이다. 정말 이게 괜찮은 거라면 도둑질을 해도 안 걸리면 그만이고 강도질해도 안 걸리면 그만이다.

체질부터 개선해야 한다. 한국 재벌 1세는 정부가 줄 세운 특혜를 받으며 편하게 성장한 세대이다. 악어와 악어새의 관계처럼 서로의 필요 때문에 끈끈하게 공생 관계를 유지했다. 특혜에 보답하듯 일부 기업은 유능한 기업이 되어 한국 산업의 한 축으로서 경제와 민생에 도움을 주고 있다. 하지만 사람들의 기억엔 부정부패로 가득한 정부와 기업뿐이다. 부정, 비리 사건이 너무 많아 이젠 놀랍지도 않고, 예상했다는 분위기가 지배적이다.

영화에서 기택 가족은 "박사장은 부자인데 착하기까지 해"라고 한다. 실제로 요즘 부자들을 보면 이미 날 때부터 부를 거머쥔 경우가 많다. 그들에게 그럴 만한 이유가 있을까? 어려서부터 철저한 교육을 받고 부족한 것 없이 자라 큰 노력 없이도 이미 부와 명예를 이뤘다. 비리까지 저지르며 손가락질당할 리스크를 감수할 이유가 없다. 삐뚤어진 사고와 뒤틀린 생각을 갖는 건 적당히 높게 올라간 사람들이다. 비리, 청탁으로 사회 이면에 오르내리는 인물은 대부분이 약간의 권력을 맛본 보통 사람들과 재벌 1~2세가 대부분이다. 한국에서 권력과 권한이 주어졌을 때 바르게 사용할 사람이 몇이나 될까? 전체주의, 결과주의의 폐해이다. 내로남불은 멈추고 체질 개선이 시급하다. 결과와 과정을 모두 중요시하는 사회로 가야 한다.

7) 올드보이의 올드스쿨: 라떼사장

'나 때는 이랬는데'. 자기중심적이며 과거 영광에 갇힌 표현이다. 심리적 관점에서 살펴보면 모든 세상의 기준을 '나'로 잡고 이야기한다는 의미이며, 과거 본인이 성공한 경험 일부가 최고라 은연중에 어필하는 뉘앙스이다. 미래를 안다면 실패할 사람이 몇이나 있을까? 건질 게 하나 없는 모난 이야기다. 간단한 예시로 시간을 일주일 전으로 돌릴 수 있다면, 로또 번호를 외워 1등에 100% 당첨될 수 있다. 단 하루만 돌릴 수 있어도 미리 급등할 주식 종목을 외워 영끌해 매입하면 된다. 진짜 실력자들은 그것을 예측하고 영광을 실현한다. 과거의 영광을 들먹거리며 자기 생각을 기준 세우는 사람은 속 빈 강정일 뿐이다. '라떼'는 기성세대들이 자주 쓰는 '나 때는 이랬는데'를 비꼬는 말이다. 멸시와 혐오가 적절히 배합된 이 단어는 젊은 세대가 기성세대를 어떻게 바라보는지 정확히 알려준다.

이유는 명료하다. 부정부패한 사회를 바꾸기 위해 무슨 노력을 했느냐는 것이다. 재벌 1~2세가 비리를 저지를 땐 앞장서서 욕했으면서 막상 그것을 바꿀 힘과 지위가 생기면 그들과 똑같이 비리를 저지르거나 침묵으로 일관한다는 것이다. 내로남불이다. 전체주의, 계급사회, 서열사회를 만들어 표현의 자유를 막아놓고 막상 서열이 높아지니 눈앞의 이익이 중요해진 것이다. 타협은 발생 가능한 문제를 회피해 자신에게 다가올 피해를 최소화하려는 방어적 행동이다. '문제 해결'이 중심이 아니라 자신의 이익을 챙기기 위한 방어기제란 의미이다. 라떼들의 행동을 옹호할 생각은 0.1%도 없지만, 그들의 잘못만은 아니다. 만약 당신 상사가 채용 비리를 저질렀는데 그분이 사장 아들이라 문제 삼을 시 오히려 당신이 실직할 위험이 있다면 당신은 어떻게 할 것인가? 다음 달이 승진 발표 날이고 승진 결정권은 사장한테 있는데, 사장이 말단 직원들을 무보수로 야근시키고 매일 감시해서 보고하라고 시킨다면 어떻게 할 것인가?

극단적인 예시가 아니다. 실제로 현업에서 발생하는 일들이다. 21세기에 아직도 이런 문화가 남아 있다는 게 믿어지지 않는다. 라떼들의 행동을 응원하진 않지만, 행동에 대한 동기는 충분히 이해된다. 50세가 평균 퇴직 나이라는데, 자식들 키우며 노후 대비 하는 처지에서 직장은 벼랑 끝에라도 설 수 있는 마지막 버팀목인 셈이다. '나 때는 말이야'라고 말하는 사람 중에 능력 좋은 사람은 한 명도 없다. 나이가 50이든, 60이든, 70이든 1%의 능력자는 어디서든 불러준다. 일할 곳은 넘치고 삶이 충만하다. 현재가 이미 영광스러운데, 과거의 영광까지 끌어와 장황하게 설명할 필요가 없다. 라떼 대부분은 특별히 내세울 게 없어 퇴직 날만 기다리는 사람들이다. 수요와 공급의 법칙에서 밀려난 상황에서 힘의 균형이 유지되지 않는 건 당연하다. 앞으로도 지금과 같다면 '젊은 세대'의 미래도 과거 추억만 먹고사는 꼰대로 성장할 확률이 상당히 높다. 세상의 색은 흑과 백이 아니라 회색이다. 라떼들도 알고 보면 피해자란 의미이다. 맹목적으로 미워하기보단 그들의 결론이 왜 그렇게 도출되었는지, 중간에 어떤 수가 놓였는지를 먼저 살펴야 한다.

문제는 전체주의다. 리더를 중심으로 효율을 극대화한다는 이 이론에는 모순점이 많다. 모든 권력이 집중돼 있어 리더가 잘못된 생각, 판단을 하면 바로잡을 방법이 없다. 부정부패, 비리가 끊이지 않는 이유는 이것 때문이다. 힘과 권력은 자격 있는 사람에게 주어져야 한다. 나이, 직급, 학교가 아니라 실력으로 평가되어야 한다. 한국 문화 전반에 구글 같은 수평적 문화가 널리 퍼져야 한다. 진정한 힘은 감시와 통제가 아니라 창의력과 아이디어에서 나온다.

8) 사회적 비용

사회적 비용은 사적비용(Private Costs)과 외부적비용(External Costs)를 합친 개념이다. 사적비용은 기업이나 생산자가 생산 활동을 하는 데 사회에 미치는 비용을 의미하고, 외부적 비용은 공공의 문제를 해결하는 데 필요한 비용을 의미한다. 기업과 개인이 사회에 미치는 직간접 영향을 해결하는 데 필요한 비용인 셈이다. 국가가 나서서 이것을 해결하는 대신 그것에 드는 비용을 세금 형태로 청구한다. 종합소득세, 원천징수세와 같이 소득에 세금을 징수하기도 하고 자동차세처럼 물건 보유에 세금이 붙기도 한다. 물건을 살 땐 10%의 부가세가 징수된다. 이렇게 모인 세금은 행정을 집행하거나 각 기관의 운영비로 사용된다. 대표적으로 국세청, 특허청, 기상청, 검찰청, 산림청, 질병관리청 등이 있다. 사회적 비용과 행정의 질은 비례한다. 1년에 100억 원을 예산으로 투입하는 지역과 1천억 원을 투입하는 지역의 행정 서비스는 같지 않다. 여유 비용이 많아진 만큼, 인력 설비 등 모든 부분에서 더 많은 투자가 가능해지기 때문이다.

행정의 질이 높아지면 삶의 질은 높아지겠지만, 예산에 필요한 자금은 세금에서 나온다. 세금이 부족해지면 기업이나 개인이 감당할 세금 부담은 높아질 수밖에 없다. 복지가 꼭 좋은 것만은 아닌 이유다. 앞으로 한국은 예산을 늘리고 줄이는 부분을 갖고 줄다리기할 상황이 많다. 들어갈 예산은 많은데 벌어들일 방법이 마땅치 않아서다. 고령화와 저출산 문제는 높은 사회적 비용을 야기하고 좁혀진 중국과의 기술 격차로 경쟁력을 잃어버린 제조업 중심의 산업은 확보할 세금이 부족함을 의미한다. 해결 방법은 단순 명료하다. 세금 확보율을 높이고 예산 활용에 효율성을 더해 불필요한 예산을 낭비하게 하지 않으면 된다. 세금 확보 방법은 물건에 부과하는 세금과 물건 보유 세금을 높이는 방법도 있지만, 세금 부과가 가능한 기업의 숫자를 늘려가는 방법도 있다. 시민 증세는 세수 확보에 큰 효과가 없지만 좋은 기업들이 많이 나와 고부가가치를 만들면 큰 증세 없이도 효과적인 세수 확보가 가능하기 때문이다.

문제는 기업이다. 건실한 기업을 늘리려면 국내 기업으론 역부족이다. 정부에서 신기술 관련 사업을 지원하고 관련 기업 육성에 비용을 지원하고 있지만, 그럴싸한 형식만 갖췄을 뿐 우물 안 개구리 신세다. 인식부터 바뀌어야 한다. 어느 나라의 기업이건 기업이 유치되면 고용효과부터 세금효과까지 부가적인 경제적 효과는 상상을 초월한다. 만약 마이크로소프트 본사가 한국 판교로 이전한다면 그 경제 효과는 어떨까? 마이크로소프트의 2021년 매출액은 1,689억 달러 순이익은 445억 달러이다. 한화로 계산하면 매출 200조 946억 원에 순이익은 52조 원이다. 괜찮은 기업이 생기면 그 존재만으로 경제적 가치가 높은 것이다. 사회에 정해진 정답은 없다. 물건에 부가세를 높이고 물건 보유세를 높여 개인 증세를 늘려도 되고, 사회적 비용을 최소화하는 대신 세수를 줄여서 개인이 직접 필요로 하는 데 비용을 치르게 해도 된다.

노력의 결과를 값지게 하려면 행동의 무게를 높여야 한다. 노력과 정성을 다해 장작을 패기만 하는 것보단, 효율적인 수단과 방법을 통해 장작도 패고 나무도 옮기는 효율이 필요하다.

굵직한 기업이 많아지면 예산과 소비를 동시에 추진할 수 있다. 과거에 얽매인 경직된 사고와 편협한 생각으론 그것들을 이행할 수 없다. 실리콘 밸리처럼 한국도 해외 유망 기업들과의 공존이 필요하다. 규제를 위한 규제부터 줄이는 게 시작이다. 법에 의존할 필요가 없다. 그렇게 개입하지 않아도 시장에서 질서는 자연스럽게 잡히게 되어 있다. 지금 필요한 법의 해방이다.

9) 믿고 거르는 회사 Top 8

조직에서 시스템을 만드는 이유는 구조화 역할을 명확하게 해 효율을 극대화하기 위함이다. 조직의 규모가 커질수록 시스템이 촘촘하게 구축되어서 소수의 엘리트가 아니라 시스템이 일하는 구조가 되고 회사 운영에 효율과 안정을 더한다. 거창한 관점에서 생각할 필요는 없다. '입사 면접 진행 방식' '영업 방법' '결제 승인 방법'과 같이 회사가 운영되는 데 필요한 모든 규칙과 방법은 시스템이고 조직 운영을 위한 초석이다. 사업가는 시스템을 만드는 사람이다. 이것의 중요성을 모른다면 그 사업은 노동력에 기댄 저부가가치 산업이다. 부가가치가 낮으면 이익률이 줄어 노동자에게 돌아갈 혜택도 줄어든다. 미래 전망이 어두운 음지에서 백 번 천 번 노력한다고 크게 달라지는 건 없다. 삽으로 참호를 만들면 한 달이 걸리지만 포클레인을 이용하면 반나절에도 가능하다. 열심히 하는데도 결과가 좋지 않은 건 그것을 진행하는 방식이 적절치 않았음을 의미한다.

아등바등 살아봤자, 더 열심히 살아봤자 삶은 버겁기만 할 뿐이다. 문제 파악이 우선이다.

노력의 결과를 값지게 하려면 시간의 가치를 높여야 한다. 우리에게 필요한 건 야전삽이 아니라 포클레인이다. 도끼 한 자루 쥐여주고 전쟁터로 내보내는 무능력한 사령관의 말은 들을 필요가 없다. 노동력을 갈아 넣어야만 이익이 개선되고 회사 운영이 가능하다는 건 반대로 말하면 그만큼 이익률이 적고 부가가치가 낮다는 이야기이다. 이익 자체가 발생하지 않는데 혜택이 돌아올 일은 없다. 수익률을 올리는 방법에는 여러 가지가 있다. 기술력을 높여 높은 부가가치를 만들거나 설비 투자를 통해 생산성을 향상해도 된다. 대체 원자재를 찾아 원가를 절감하는 것도 방법이다. 권리엔 책임과 의무가 따른다. 직원들의 노력을 값지게 하지 못한다면 그만한 권한도 내려놓는 게 맞다. 능력도 없는 사람이 권력을 쥐고 내려놓지 않으면 스스로 판단하게끔 하면 된다.

2020년 포브스, 한국경제연구원 자료에 의하면 한국 주요 제조업의 평균 영업이익은 5.4%, 세계 평균은 9.4%였다. 원인은 부가가치를 만들 기술이 부족한 탓이다. 단기 성과에 목매고 개발에 소홀하니 당연한 결과다. 악순환의 고리를 끊는 방법은 문제를 제대로 인식하고 그것에 관심을 주지 않는 것이다. 닭이 먼저냐 달걀이 먼저냐를 말할 순 없지만, 닭이건 달걀이건 윤회하지 못했다면 예전에 멸종했다. 사회에 이익을 주지 못하는 기업이 설 곳은 없다. 노력을 값지게 하려면 시간이 아니라 본질에 투자해야 한다. 그러려면 좋은 기업과 안 좋은 기업을 분석할 해석 능력이 필요하다. 믿고 걸러야 하는 기업 10가지 종류의 기업이 있다.

믿고 걸러야 하는 기업 체크리스트

1. 가족 회사
2. 퇴직률 높은 회사
3. 부정행위, 비리, 세무조사 대상 회사
4. 체계가 없고, 만들 생각도 없는 회사
5. 기술, 사람에 투자 없는 회사
6. 근무 평균연령이 높은 회사
7. 평균 근속 연수가 낮은 회사
8. 배울 게 없는 회사

03

사라진 아이들

1) 아기는 사치다

　한국 정부는 지난 15년간 저출산 문제에 280조 원을 들였다. 결과는 여성 1인당 0.78명. 15년의 전체 그래프를 보면 1995년에 1.63을 기록한 이후 매년 감소 중이다. 한국보건사회연구원이 19~49세 미혼 성인 남녀 2천 명을 대상으로 한 조사에 의하면 출산하지 않는 원인의 44.7%는 '경제적으로 안정되지 않아서'라고 했다. 인간 아이는 절대 스스로 자라지 않는다. 현대 사회에서 보살핌과 관리는 비용이고 경제적 부담으로 직결된다. 경제력과 생활력이 안정을 찾지 못하는데 다른 것을 돌볼 여유가 없는 건 당연하다. 야생 동물은 생명에 위협을 느끼면 임신을 하지 않는다. 새끼가 있는 경우 자신의 새끼를 직접 물어 죽이기도 한다. 인간의 세계도 마찬가지다. 삶이 평탄치 않은데 출산까지 하면 삶의 질은 급속하게 떨어진다. 이걸 감수하면서 출산을 강행할 사람은 없을 것이다.

이런 환경에서 태어나면 애들도 불행할 것 같다는 의견도 있다. 아이를 낳기 두렵고 잘 기를 자신이 없다는 뜻이다. 요즘의 성인은 대부분 1자녀 가구에서 자랐다. 부족한 것 없이 자라고 경험과 지식이 풍부한 세대다. 그렇게 해주기 힘들다면, 지원하는 사람과 지원받는 사람 모두 불편해질 뿐이다. 참된 부모라면 자식에게 최고로 좋은 것만 해주고 싶은 게 인지상정이다. 어설프게 할 거라면 시작조차 하지 않는다. 국제적인 관점에서 인구가 많은 국가를 살펴보면, 부유한 국가보단 평균 소득이 적은 국가들이 많다. 대표적으로 인도, 인도네시아, 파키스탄, 나이지리아, 방글라데시는 과거서부터 인구가 많은 지역이기도 했지만, 출산율이 높아 인구의 평균 연령이 계속 젊게 유지되는 나라들이다. 한국보다 평균 GDP가 훨씬 낮은 국가들이 출산율은 훨씬 높다는 건 '경제적 안정'이 원인이 아니라 상대적 빈곤이 원인이라는 뜻이다.

열심히 사는 사람은 너무 많다. 투잡 하는 직장인을 흔하게 보는 시대인데 그렇게 노력해도 소득 격차를 따라잡긴 어렵고 열심히 살아도 매번 제자리걸음이다. 열심히 일해서 월급이 올라도 물가가 그만큼 오르면 실질적으로 삶의 질은 달라지지 않는다. 애도 태어나면 힘들게 살 텐데, 가난까지 물려주며 살게 하고 싶지 않을 뿐이다. 개인들의 소득을 일대일로 맞출 순 없다. 개인의 능력과 노력이 다른데 결과(소득)가 같다면 역차별이기 때문이다. 진정한 의미의 공정함이 필요하다. 돈과 인맥으로 기회를 독점해 실력 있는 사람이 설 자리를 잃고, 과도한 형식과 규율을 만들어 인간의 창의성을 제한하는 사회에서 희망을 찾기는 힘들다. 모든 자본이 부동산으로 흐르는 것도 문제다. 유동성도 떨어지지만 경제 활성화 관점에서 부가가치가 낮다. 물론 보유세도 나오고 양도세, 취득세에서 세금을 징수하지만, 그것의 비중이 기업에서 징수하는 세금을 뛰어넘진 못한다. 경제적으로 취할 부분이 가장 높은 방법은 양질의 기업을 키우는 것이다.

참된 공정함을 지향하고, 심각하게 부동산에 치중된 자본이 새로운 기업을 창출하는 방향으로 흘러야 한다. 낙후된 기업들을 심폐 소생하잔 이야기가 아니다. 구글, 테슬라 같은 신생 기업, 신생 아이템, 신생 모델을 기반으로 한 새로운 성장 동력을 찾자는 의미이다. 많은 자본으로 부동산을 많이 매입한 사람이 아니라, 새로운 도전을 과감하게 진행해 창의적인 기업과 아이템을 만든 사람이 더 많은 혜택을 받는 게 진정한 의미의 공정함이라 생각된다.[13]

2) 노인 세상

2023년 통계청 발표에 의하면 65세 이상 노인 인구는 949만 9,933명이다.

한국 전체 인구가 5,142만 1,479명이니 전체의 18.4%가 노인이라는 의미이다. 인구 5명 중 1명은 노인, 현재 고령화 사회 한국의 명암이다. 현재의 추세대로라면 10년 뒤 2033년에는 전체 인구의 28.1%, 20년 뒤 2043년에는 전체 인구의 36.1%가 된다. 40년 뒤 2063년은 전체의 45.6%. 한국을 노인국가라 표현하는 데 전혀 어색함이 없다. 고령화 사회가 되면 국가 성장이 둔화한다. 개인들의 소득이 줄어들어 소비가 줄어들고 내수 경기가 위축된다. 의료 기술의 발전으로 기대수명이 늘어나 미래를 대비하기 위해 지출을 극한으로 줄이는 상황은 고령화로 평균 나이가 많아질수록 심해질 가능성이 크다. 시중에 돈이 순환되지 못하니 경기가 위축되는 것이다. 어떤 상품을 내놓아도 시장에서 반응이 없는 상황에서는 기업들의 투자도 위축될 수밖에 없다. 한마디로 기업이 시장에서 수익을 벌어도 투자를 하지 않고 저축자산으로 쌓아놓는다는 의미이다.

기업이 투자하지 않는데 금융자본이 시장투자를 결정할 일은 없다. 금융회사나 펀드회사는 미래 가치와 수익률을 보고 투자하기 때문에 신기술 개발이나 새로운 시스템을 도입하는 회사에 투자금이 몰린다. 그러므로 투자를 중단하는 기업이 많아지면 투자 자본도 잠식될 확률이 높아진다. 국가부채도 문제다. 고령화 사회로 진입할수록 복지 지출이 늘어 국가의 부채가 늘어난다. 65세 이상 인구 비율이 높은 일본, 이탈리아, 그리스, 포르투갈, 미국 등은 GDP보다 높은 부채를 갖고 있다. 이들의 선행지표를 보면, 정부 부채가 커질수록 저금리를 강제한다는 걸 알 수 있다. 정부가 갚아야 할 돈이 많아지므로 저금리 정책을 통해 이자 부담을 줄이고 양적 완화까지 감행한다. 강제로 저금리를 시킨 대가로 금융기관들의 수익성은 곤두박질칠 테고 국가는 경기 침체 국면으로 접어든다.

65세 이상 인구 비율 및 GDP 대비 정부 부채 비율 상위 5개국

65세 이상 인구 비율	GDP 대비 정부 부채 비율
일본 28%	일본 237.6%
독일 22.7%	그리스 176.6%
이탈리아 21.9%	이탈리아 133.1%
그리스 21.4%	포르투갈 117.5%
포르투갈 20.2%	미국 106.2%

자료: US census Bureau; IMF

이미 고령화의 중심에 선 국가들의 선행지표는 밝지 않다. 이곳들을 여행만 해봐도 얼마나 경기가 둔화했는지 알 수 있다. 한국과 전체 인구가 비슷한 이탈리아(5,911만)은 인근 유럽 국가인 프랑스, 독일, 스페인의 관광 인구가 없으면 내수 시장 부양이 어렵고, 인구 1,033만의 포르투갈은 독자적인 국가 운영이 힘들어 산업, 경제, 정치 부분에서 많은 부분 스페인과 협력 관계를 구축 중이다. 한국 지방 거주 젊은이들이 일자리를 찾아 서울로 몰려오듯, 포르투갈

의 젊은이들은 일자리를 찾아 문화, 언어가 비슷한 브라질로 몰려든다. 고령화와 저출산으로 인구 소멸 속도가 빠른 한국의 미래는 현재의 포르투갈이나 이탈리아의 모습과 다르지 않다. 이미 오래전에 고령화에 진입한 유럽 국가들이 그러했듯 이웃 국가들과 협력을 통한 상생을 지향하며 경기 침체를 지연할 고민이 필요한 시점이다.

3) 소비 패턴 변화

요즘 한국 경제는 상당히 안 좋다. 자영업 폐업률은 87.9%에 육박하며, 취업시장도 어려워 젊은 층, 중간층, 고령층 가릴 것 없이 취업난에 허덕이고 있다. 대기업 대부분이 공채를 폐지해 양질의 일자리 구하기가 상당히 어렵다. 코로나와 러시아—우크라이나 전쟁의 여파가 경기 악화에 영향을 미친 것은 분명하지만 그것들이 아니더라도 이미 한국 경제에 경종을 울리는 신호는 여기저기서 나타나고 있다. 한국의 주요 산업인 제조업은 중국과의 기술 격차가 5년 내외로 좁혀져 경쟁력을 잃고 있고, 수출 중심인 산업구조 때문에 수출 의존도가 높은 중국과 미국의 눈치를 30년째 보고 있다. 인구는 본격적으로 감소 중이며 정확히 47년 뒤인 2070년엔 인구 3,800만의 시대를 마주하게 된다. 많은 부분에서 변화를 경험하고 있는 만큼, 현재를 살아내는 것으론 미래를 대비하기 충분치 않다.

나비효과는 한곳에서 일어난 작은 나비 날갯짓이 거대한 태풍을 만들 수 있다는 뜻이다. 현재를 가장 적절히 대변하는 말이다. 현재 한국에서는 무엇을 해도 잘 안 된다. 기존의 사고와 방식으로 문제를 해결하기 때문이다. 거주 형태, 사고방식, 생활 방식까지 현실에 맞게 다 바꿔야 한다. 대표적인 사례가 아가방앤컴퍼니이다. 아가방은 1979년 설립된 유아 옷 제조 회사이다. 연간 매출액은 2천억 원쯤 되어 규모가 크진 않지만, 재무 상태가 탄탄해 알짜기업으로 인지도가 있었다. 베이비붐 세대에 힘입어 매년 성장하던 기업이지만 저출산의 여파로 최근까지 중국과 유럽 등 해외 수출 시장에 집중하다가 2014년 중국 랑시랑그룹에 매각됐다. 건실한 기업이 해외에 매각된 건 가슴 아픈 일이지만, 시기적으론 적절했다는 생각이다. 어차피 한국에서는 유아용품 판매가 부진하다. 미래의 출산율은 더욱 하락할 예정인데 유아용품 회사를 굳이 운영할 이유는 없다. 유아 시장이 넓은 인도, 인도네시아, 중국, 브라질 같은 해외 시장을 공략하기에도 한국의 지정학적 위치는 좋은 편이 아니다.

현재 일어나는 모든 일상의 변화는 미래 소비 패턴이 어떻게 바뀔지 알려주고 있고, 무엇을 해도 잘 안 되는 현실은 과거의 해결책이 아무런 효과가 없음을 증명하고 있다. 변화에 적절하게 대응하지 못한다면 망할 일만 남았다. 한국의 고령화 속도만 보더라도 어느 때보다 변화가 빠른 시대이다. 낡은 규제와 복잡한 관습은 잠시 내려놓고 실용적인 삶의 태도를 지향해야 한다. 이미 한차

례 극심한 고령화와 인구절벽을 겪어낸 국가로는 유럽과 미주권 국가들이 있다. 미국을 중심으로 영국, 캐나다, 호주는 이민 정책을 적극적으로 수용하고 생명공학, 로봇공학, 인공지능, IT 같은 고부가가치 산업을 집중적으로 육성하면서 인구절벽에서 발생하는 부채, 인구 문제를 해결했다. 독일, 프랑스, 스페인을 중심으로 북유럽과 동유럽 국가들은 유럽연합 내 이동 규제를 완화하고 협력을 강화해 상호 간의 이윤을 극대화하는 방법으로 문제를 해결하고 있다. 덕분에 현재 유럽은 여러 개의 국가가 한 개의 국가처럼 운영되는 모습을 보이기도 한다. 독일, 프랑스가 유럽의 수도 역할을 자처하고 나머지가 지방자치단체의 역할을 하는 셈이다.

한국 수출 실적의 35%는 중국과 미국에서 발생한다. 한국의 딜레마는 중국과 미국에 너무 많은 수출을 의존한다는 점이다. 이들은 철저한 '자국 우선주의 국가'들이다. 미국이건 중국이건 자신들의 이익에 반하는 행동은 절대 하지 않고, 앙숙인 이들 사이에 낀 한국의 장래는 밝다고 할 수 없다. 그렇다고 한국의 내수 시장 규모가 중국이나 미국만큼 큰 것도 아니므로 독자 노선을 걷는 것도 불가능하다. 유럽 방식의 협동 패턴을 아시아 시장에 적용할 시기이다.

4) 잃어버린 성장 동력

동북아시아에 있는 한국의 성장 동력은 수출이다. 천연자원이 없는 한국이 살아남는 방법은 원자재 가공을 통해 부가가치를 창출하는 방법이 유일하다. 덕분에 제조업이 발달했고 석유, 구리, 아연, 철강 등을 수입한 뒤 재가공을 통해 수출하는 방식으로 부가가치 창출이 이뤄졌다. 과거엔 한국도 기술력이 부족한 국가였지만 일본과의 공조와 자체 개발을 통해 현재의 발전을 이뤄냈다. 문제는 수출에 너무 많은 부분을 의지한 나머지 수출을 제외한 나머지 분야의 체질이 약하고 중국과 미국에 대한 의존도가 지나치게 높다는 점이다. 코트라 자료에 의하면 한국 월평균 대외 수출액은 540억 달러 수준이다. 여기서 100억 달러가 중국 수출 분량이고, 90억 달러가 미국이다. 중미를 합치면 전체 수출액의 35.1%이다. 중국, 미국 수출 실적을 제외하면 한국은 무역 적자국이 된다. 이는 즉 한국 경제가 중국, 미국 경제의 영향을 많이 받는 허약체질이라는 뜻이다.

한국 제조업은 중공업 기술이 발달한 일본, 독일을 벤치마킹해 비슷한 기술력을 확보하고 이들 국가보다 합리적인 가격을 앞세워 세계 시장의 점유율을 늘려가는 방식이다. 덕분에 삼성, SK, 현대 같은 기업이 탄생했고 대외 수출을 중심으로 국가 GNI를 견인하며 효자 노릇을 확실히 했다. 그렇지만 더 이상의 실적은 기대하기 힘들다. 세계 최대 시장 규모를 가진 중국과의 기술 격차가 5년 미만으로 좁혀졌고, 자국 우선주의로 돌아선 미국은 IT, 로봇공학, 생명공학, 우주공학 등 보다 높은 차원의 기술을 앞세워 세계 굴지의 기업들을 머리부터 꼬리까지 미국 안으로 불러들이고 있다. 이 모습은 마치 국내 대기업들이 수주 양을 앞세워 하청기업들을 줄 세우고 단가 경쟁을 부추기는 모습과 맥락이 비슷하다. 한국 산업은 발전보다 내실 없는 치킨게임을 반복적으로 했을 뿐이다.

국뽕에 차올라 현실을 직시하지 못하는 건 무능함을 입증하는 것이다. 5~6년 전 갤럭시가 아이폰의 판매량을 넘어섰다며, 이제 한국이 스마트폰 시장에서 미국을 뛰어넘었다고 좋아하던 일간지 기사들과 사람들 반응을 기억한다. 시장조사기관 IHS마킷의 조사에 의하면 갤럭시의 판매 수익은 대당 7만~8만 원, 아이폰의 판매 수익은 대당 30만 원이다. 삼성은 박리다매고 애플은 고가 판매 전략을 추구해서 그런 게 아니다. 원가의 비밀은 소프트웨어에 있다. 갤럭시에는 구글사의 안드로이드가 들어가고, 아이폰은 애플에서 제작한 자체 소프트웨어가 들어간다. 갤럭시를 팔면 삼성전자가 취하는 이득보다 구글이 취하는 이득이 훨씬 높다는 뜻이다. 삼성과 애플의 싸움이 아니라, 삼성을 방패로 세운 구글과 애플의 싸움이 정확한 표현이다. 국뽕 마케팅으로 인지도를 높이려 한 언론사나 그것에 쉽게 현혹된 사람들 모두 잘못이다.

앞으로도 지금과 같다면 한국에 미래는 없다. 대외 수출 1위인 중국으로선 한국 제품이 품질과 가격 측면에서 매력이 없고, 대외 수출 2위인 미국은 미래 선도 사업을 앞세워 한국을 하도급으로 세울 것이기 때문이다. 한국 중소기업의 근무여건이 열악한 이유는 벌어들이는 순이익이 적은 탓이다. 마찬가지로 미국의 하청 수준에만 머무른다면 심각한 경기 침체를 겪고 있는 일본의 사례를 답습할 수밖에 없다. 중미 대외 수출 실적 하락은 예견된 수순이다. 기본 체질부터 개선해야 한다. 중미 수출 의존도를 점진적으로 낮추고 수출 판로를 다양화해 경제 리스크를 줄여야 한다. 인도, 인도네시아같이 거주 인구가 많고 수출 시장이 넓은 나라를 공략해 수출 점유율을 높여가는 것도 좋은 방법이다.

5) 공간의 힘

인구 감소, 사회적 비용 증가, 대외 수출 실적 감소가 예정된 한국이 선택할 카드는 많지 않다. 젊은 사람이 다치면 회복이 빠르지만, 노인이 다치면 회복이 느린 법이다. 노령 국가 한국에는 단 한 번의 실패도 회복하기 힘든 치명상일 수 있다. 기존 원칙들만 고수한다면, 세계 최대 시장을 보유한 중국, 미국이 정한 규칙 안에서만 살 수 있다. 이대로 무너지는 걸 원치 않는다면, 역사 속 패권 국가들의 선행 사례를 살펴볼 필요가 있다. 규모가 항상 힘과 비례하진 않는다. 18세기 청나라 인구는 세계 전체 인구의 36%였다. 하지만 세계 패권 국가는 영국이었다. 인구와 시장 규모는 경제를 지탱하는 큰 축이지만, 그것만이 전부는 아니라는 걸 입증하는 사례이다.

역사 속 패권 국가들은 공간을 장악했다는 공통점이 있다. 미국이 세계 1위 패권국인 이유는 대서양과 태평양이라는 대양을 소유했기 때문이다. 지리적 특성상 아무 방해 없이 대서양과 태평양에 진출하니, 바다 점유에 유리해 해상 무역을 장악한 것이다. 전 세계 무역의 85%는 해상을 통해 운반된다. 바다를 점유했다는 건 전 세계 무역을 점유했다는 것과 같은 뜻이다. 19세기 영국이 청나라보다 강했던 건 대륙보다 넓은 바다를 지배했기 때문이다. 21세기 신대륙은 인터넷이다. 전 세계 인터넷 정보의 60%는 영어로 되어 있다. 그다음은 러시아어 5.4%, 스페인어 4%, 독일어 3.3%, 튀르키예 3%, 프랑스어 3%이다. 한국어는 0.6%로 사용빈도가 거의 없다(W3Techs 2022 자료). 자료 대부분이 영어란 의미는 인터넷 공간의 주인이 미국을 포함한 영미권 국가란 뜻이다.

다음 공간은 우주다. 미국의 미래도 우주 공간을 얼마큼 장악하느냐에 달려 있다. 인공위성의 궤도만 장악해도 지구 전체의 인터넷을 장악할 수 있다. 전쟁 중 EMP 공격으로 대부분의 통신시설이 마비된 우크라이나에서 스타링크의 효과는 이미 검증된 사례이다. 나아가 다른 행성의 자원을 선점한다면 그 효과는 천문학적이다. 스페이스X가 적자 회사라도 일론 머스크가 우주 산업을 포기하지 않는 이유이며, 미국이 우주 산업에 천문학적인 금액을 사용하는 이유이다. 공간을 장악하려면 선행 투자가 필연적이다. 도로가 먼저 깔려야 차량이 운행되고, 철도가 먼저 깔려야 기차가 운행된다. 도로를 건설하는 행위는 적자겠지만, 그걸 통해서 더 많은 부가가치가 만들어진다면 과감히 투자할 수 있어야 한다.

한국과 일본은 새로운 것에 도전하지 않는다. 매번 기존에 있던 것을 더 좋고, 더 싸게 만들어 시장성을 확보하는 전략만 사용한다. 토요타 자동차가 포드 자동차보다 연비가 좋지만, 전기자동차, 자율주행기술은 테슬라가 압도한다. 삼성전자가 세계 스마트폰 시장에서 점유율이 가장 높지만, 갤럭시에 들어가는 소프트웨어는 구글 안드로이드이다. 열심히 한다는 것은 노력의 가치를 더욱 값지게 만드는 것까지 포함되어야 한다. 그러려면 기존의 규칙과 고정관념은 이제 내려놓아야 한다. 현재의 전략이 5년짜리 전략이라면, 공간을 장악하면 한 세기를 장악할 수 있다. 당장 먹고사는 생각만 하면 하루살이를 벗어날 길이 없다. 적자가 난다고 도로를 깔지 않으면 도시는 영원히 발전할 수 없다. 마찬가지로 적자가 나더라도 미래 인프라에 투자하지 않는 국가는 영원히 발전할 수 없다. 한국 경제가 힘든 건 그 과도기를 지나고 있기 때문이다. 이 시기가 끝나면 새로운 질서가 생기고, 그 질서는 오랫동안 바뀌지 않는다. 생각과 사고의 확장이 필요하다.

6) 다문화 사회

미국은 압도적인 세계 최대 소비자 시장이다. 전체 규모에서 미국은 26.7%,

유럽연합은 25.2%, 중국은 7.7%로 단일 국가 중 미국의 소비력을 따라올 곳은 지구상에 없다. 수출 규모는 전 세계 3위로 공산품부터 중공업, IT까지 다양한 분야에서 수출이 이뤄지고 있다. 맥도날드, 코카콜라, 아이폰, 테슬라, 포드, GM, 마이크로소프트, 메타, 구글, 화이자 등 셀 수 없을 만큼 많은 기업이 모두 미국 기업이다. 그렇다고 미국 기업만 미국에서 활동하는 건 아니다. TSCM (대만), 사우디아람코(사우디아라비아), 텐센트(중국), 네슬레(스위스) 등 해외에 뿌리를 둔 기업들도 있다. 한국 기업인 삼성, SK, KB금융그룹, 쿠팡도 미국 증시에 진출해 활발히 활동 중이다. 미국으로선 글로벌 기업들이 들어와 일자리 수요를 창출하고 세금을 징수할 수 있으니 좋고, 미국에 상장하는 기업으로선 양질의 투자를 유치하기 좋고 판로 개척에 유리해 서로에게 도움이 된다.

경쟁이 치열해도 도시에 사람이 몰리는 이유는 양질의 효율을 만들기 위해서이다. 하나의 채널에 트래픽이 몰리고, 빈익빈 부익부 현상이 일어나는 건 그게 더 효율적이기 때문이다. 예를 들면 택배기사가 물건을 배송할 때 아파트가 몰려 있는 서울 도심에서는 하루에 400개까지도 배달할 수 있지만, 거주 이동 간격이 넓은 전남 곡성에서는 하루 30곳도 배송하기 힘들다. 뭉치는 것 하나로 경쟁력이 생긴다. 뭉치려면 다양함을 먼저 수용해야 한다. 미국이 다양함을 수용한 결과 양질의 이민자와 자본이 미국으로 들어왔다. 무역 경쟁 국가인 중국의 이민자도 자격만 있다면 차별 없이 수용하는 게 미국의 정신이다.

한국도 이제 다양함을 수용해야 한다. 중국이나 인도처럼 내수 시장만으로 운영 가능한 국가 규모도 아닐뿐더러 지정학적으로도 아시아는 정치, 지형 문제로 유럽연합처럼 협력을 이루기 힘든 상황이다. 또한, 미래의 한국은 인구 3,800만의 노인 국가이다. 단일민족과 내수 시장만으로 국가 운영을 지탱한다는 건 불가능하다. 인구 감소를 막기 위해 출산율을 높여 경기를 부양하겠다는 생각은 일차원적인 생각이다. 양질의 일자리가 없어 애를 부양할 능력이 없는데 과연 누가 애를 낳을 것이며, 설령 낳는다 해도 그게 제대로 지탱될 리가 없다. 복합적인 원인이 문제인데 출산율이라는 프레임에 갇혀서 바라보니 예산을 아무리 써도 효과가 없는 것이다.

한국이 가야 할 길은 출산 정책이 아니라 이민 정책이다. 한국에서 돈 벌어 본국으로 송금하는 이민자 말고 한국에 정착해 뿌리를 내려줄 사람들을 적극적으로 포용하고 이들의 재산이 전부 한국 시장으로 유입될 수 있도록 규제를 완화하는 것이다. 새로운 자본이 들어오면, 없던 시장도 창출되고 자본의 순환이 빨라진다. 부동산 시장에 올인된 자본들이 경제 곳곳에 투입되어 새로운 활력을 찾는다는 의미이다. 고령화 문제도 해결되고 부족한 노동 인력도 대체할 수 있다. 물론 단점도 있다. 미국에서는 남미 난민들이 대량 유입되어 문화적 갈등을 겪기도 하고 마약 카르텔이 들어와 사회적 혼란을 초래하기도 했다. 신분 문제나 언어적 문제도 상당하다. 이민자들은 사회에 적응해 도움을 주기도 하지만 피해를 주기도 한다. 그렇다고 이민 정책을 배제하고 생각할 이유는 없다. 빠르고 효율적이게 인구 부양을 할 수 있는 정책이기 때문이다. 규제를 완화한 이민 정책을 다시 한번 검토해 볼 시간이다.

7) 인류 VS 로봇

21세기의 최고의 발명품은 인터넷과 스마트폰이다. 새로운 사업과 일자리가 생기고 수많은 기회가 함께했다. 네이버, 카카오, 아프리카TV 같은 기업들은 한국 인터넷 발전의 산물이다. 이들의 플랫폼에 트래픽이 몰려 블로거, 유튜버, 웹툰 작가 같은 새로운 직업이 탄생했다. 스마트스토어는 네이버가 무료로 제공하는 서비스 중 하나로 아이템이 있는 개인이 웹사이트를 구축하지 않아도 온라인 판매를 가능케 했다. 차세대 산업은 로봇이다. 로봇이 배턴을 이어받으면 로봇회사, AI프로그램을 만드는 회사들이 생긴다. 이 말은 즉 대규모의 일자리가 이곳에서 창출된다는 이야기다. 대학에는 로봇공학, 프로그래밍, AI 관련 학과들이 늘어날 것이고 이와 관련된 로봇 관리자, 프로그램 관리자, 로봇 교육 강사 등의 수요가 발생한다. 인건비 부담이 줄어드니 자본이 부족한 개인도 얼마든지 사업에 도전하고 부족한 일손은 로봇의 힘을 빌릴 수 있다.

현재 세계는 자연 파괴와 인구 부양이라는 문제를 놓고 인구수에 민감하게 대응하고 있는데, 만약 로봇이 인간의 일을 대체한다면 환경을 파괴하지 않고 부족한 노동력에 적절히 대응할 수 있다. 현재 인간이 하는 대부분을 로봇이 대체하고, 로봇 프로그램을 만들고, 명령값만 인간이 발행하는 것이다. 이렇게 되면 식량 문제, 기아 문제, 결핍 문제에서 인간의 고통을 해방하고 나아가 지구 환경 보존도 쉬워진다. 문제는 시점이다. 넓은 관점에서 기술 발전은 많은 사람을 이롭게 하겠지만 그것이 반갑지 않은 집단도 존재한다. 자율주행이 보편화된다면, 드라이버로 근무 중인 대부분은 일자리를 잃게 될 것이다. 로봇 기술이 활성화되어 인간의 단순 노동을 대체한다면 편의점, 식당, 편집숍 같은 대부분의 자영업 아르바이트 자리는 사라질 확률이 상당히 높다. 지금까지는 로봇 팔이 음식을 조리하고 테이블로 옮기는 용도로만 사용되었다면 앞으론 안경, 약국, 편의점 등 확정 범위가 무궁무진하다. 시력검사를 스스로 하고, 고객 스스로 하고 진열장에서 안경테의 제품번호를 입력만 하면 집까지 배송되는 서비스를 예상할 수 있다.

일자리가 줄어들 걱정은 할 필요가 없다. 인간이 진화를 거듭했던 것처럼 기술 발전은 선택 불가능한 부분이다. 일자리가 줄어드는 게 아니라 부가가치가 낮은 산업이 높은 산업으로 편입되는 것일 뿐이다. 지각변동을 있는 그대로 받아들이고 발전된 산업 인프라를 활용해 높은 부가가치를 창출하는 방법을 고민하면 그뿐이다. 프로그래머가 아니더라도, 로봇공학자가 아니더라도 얼마든지 실천할 수 있다. 현재 나오는 최신 로봇 기술, AI 기술을 누구보다 빠르게 경험하고 도입해 보는 것이다. 개발과 접목은 별개의 부분이다. 그렇다면 그것을 다뤄보는 경험이 충분한 접목의 단계인 것이다. 접목은 빠를수록 좋다. 기회는 언제나 개척자의 편이기 때문이다. 유튜버, 블로거, 웹툰 작가는 네이버를 만들거나 유튜브를 만든 개발자가 아니다. 네이버나 유튜브가 없었다면 평범한 인생이었을 확률도 높다. 그것들을 모두 극복한 계기는 도전하는 자세이다.

도전이 항상 100%의 승률을 보장하진 않는다. 막상 해보면 생각과 다른 부분도 있고, 보완해야 할 부분도 생길 것이다. 전진을 위한 밑거름일 뿐이다. 두 번째에 성공한다면, 세 번째에는 성공한다면 그건 실패가 아니라 과정이다. 실패를 반복한다고 해도, 다음 도전의 성공 확률은 높아지기 때문에 실패는 성장의 밑거름이다.

04

신인류 1.5세 등장: 영끌족, 파이어족, 욜로족

1) 빈익빈 부익부

　빈부격차가 매년 심해지고 있다. 상위 20%와 하위 20%의 자산 격차가 64배에 달한다. 22년 기준 한국 상위 20%의 평균 자산은 16억 5,457만 원, 하위는 2,584만 원이다. 가장 큰 원인은 저성장시대로 진입해 자산 형성이 어렵기 때문이다. 양질의 일자리는 부족한데, 부동산 가격이 너무 높아 대출이자를 감당하기 버겁다. 투잡, 스리잡을 하는 것보다 부동산 가치가 오르는 게 훨씬 빠르다. 노력해도 딱히 달라질 게 없으니, 체념하고 현실에 안주하거나 투기 과열 현상이 나타나고 있다. 욜로족, 파이어족, 영끌족 모두 빈부격차에서 소외된 자들의 절규 섞인 행동이다.

문제는 돈이다. 돈이 돌지 않는 가운데 삶의 질은 매번 하락하니 즐거울 일이 없는 건 당연한 수순이다. 중산층, 서민층은 소득 대부분이 삶 자체에 소비된다. 월급을 받으면 저축보단 생활 전선에서 대부분 소진된다는 뜻이다. 2022년 1인 가구의 월평균 소진액은 140만 원이다. 세부 내용을 살펴보면 주거에 19.5%, 음식·숙박 16.7%, 식료품 13.7%, 교통 9.5%, 보건 8.9%이다. 연소득을 3천만 원으로 잡으면 월평균 실수령액은 223만 원에 불과하다. 월급의 62.8%가 숨만 쉬어도 나가는 셈이다. 이 와중에 여가를 즐기거나 취미생활을 한다고 가정한다면 모을 수 있는 건 한 푼도 없다. 1인 가구가 지출한 내역 대부분은 거주, 식료품같이 의식주에 필요한 것들이 대부분이다. 물가가 올라 돈이 돈값을 못하기 때문에 돈을 버는 의미가 퇴색된 것이다.

이런 문제가 한국만의 문제는 아니다. 선진국으로 분류되는 미국, 영국, 프랑스, 독일도 양극화 문제가 사회적 문제로 주목받았으며 부의 흐름을 완화하기 위해 각자의 지지를 받는 방식으로 문제를 해결하고 있다. 한국은 현재 갈림길에 서 있다. 미국식 자본주의를 받아들이기엔 지정학적 경쟁력이 높지 않고, 유럽식 복지를 지향하기엔 기업 세수 부담이 높아져 안 그래도 위축된 국내 시장 경기에 더 큰 위협이 되기 때문이다. 합리적인 방법은 가구 소득을 끌어올려 개인의 소비 여력을 높이는 것이다. 여기에 더불어 식료품, 주거와 같이 의식주에 관련된 생활 물가를 최소로 낮출 수 있다면 금상첨화다. 양극화의 가장 큰 문제는 소비 심리가 위축되어 경기 침체로 이어진다는 점이다. 의식주가 불안하다는 건 사회가 불안한 것이다. 사회가 불안하면 소비 심리 위축은 연결된 수순이다.

식료품 수입국인 한국이 원자재 가격을 조절하는 건 어렵겠지만, 양질의 일자리를 만들어 가구 소득을 끌어올리는 건 별개의 부분이다. 소득 자체가 많아지면 물가 상승분에 대한 부담을 완화할 수 있고 부 창출의 전체 호흡을 길게 가져갈 수 있다. 소비 여력이 상승하면 문화, 예술, 여행 등 국가를 지탱하는 여러 산업에서 활력을 띨 확률이 높아지고 여러 시장에서 기회가 창출될 확률이 올라간다. 양질의 기업이 많아지려면, 규제를 완화해 괜찮은 기업들이 한국에서 활동할 수 있도록 여건을 만들면 된다. 한국 같은 경우 해상 경로를 이용하면 동남아 시장 공략이 쉽고, 북쪽으론 러시아 동쪽 끝인 블라디보스토크와 하바롭스크와 연결된다. 허브 역할을 자처하려면 이들과의 관계를 확보하면서 부가가치가 높은 산업을 집중적으로 육성하고 투자처를 늘리는 노력에 각별히 신경 써야 할 것으로 보인다.

2) 영끌족의 탄생

2017년부터 한국엔 투기 광풍이 불었다. 인기 가상화폐 가격이 개당 8천만 원까지 오르고 엘살바도르, 중앙아프리카공화국에서는 이를 법정화폐로 받아들이며 투기 열풍에 휘발유를 들이부었다. 불길은 부동산 시장으로 번졌고 대출 규제가 또 한 번 부채질하니, 매물 수요는 없는데 사려는 사람은 몰려 부동산 가격이 급등했다. 10억짜리 아파트를 산다고 가정하면, 이자를 3%로 잡았을 때 연간 3천만 원의 이자를 감당해야 한다. 개인마다 느끼는 온도 차이는 있지만 사회초년생 월급에 가까운 이자를 부담하면서도 부동산을 매입하려던 것은 월급보다 부동산 시세차익이 훨씬 효율적이라는 생각 때문이었을 것이다. 당시 수도권 아파트는 매주 상한 가격을 갱신했고, 1년 기준 30% 시세차익이 발생했다.

예전부터 수도권 아파트의 가격 터울은 높았는데, 가격이 급등하니 이젠 서울에 아파트 한 채도 마련하기 힘든 처지였을 것이다. 1년에 2~3억이 왔다 갔다 하는 상황에서 대출이자 3천만 원을 아끼는 건 미련한 상황이었다. 인생역전을 꿈꾸며 사돈 팔촌의 돈을 빌리고 여러 금융사의 대출을 최대치로 끌어올려 주택 자금을 마련한 2030. 끝은 결국 빈익빈 부익부였다. 금수저, 사업가, 특수 직종에 근무하는 게 아닌 이상 평범한 2030이 직장 생활로 열심히 모아봤자 1억~2억 원이 전부이다. 10억짜리 집을 산다면 최소 8억의 대출이 필요한데 이자를 3%로만 계산해도 2,400만 원이다. 월급만으론 의식주까지 위협받는 수준이다. 영끌의 목적은 시세차익을 통한 이윤 창출이다. 월급을 이자 부담에 사용해야 하므로 부동산 시세차익이 발생하지 않으면 이자는 부메랑이 되어 돌아온다. 혹여나 부동산 가격이 하락이라도 하면 이자에 원금까지 손실액은 눈덩이처럼 불어난다.

투자가 잘못되면 반등이 올 때까지 버텨낼 여력이 있어야 하는데, 1~2년도 아니고 수년씩 이자 2,400만 원을 내는 건 일반인이 감당하기엔 버거운 게 현실이다. 매물을 전세로 내놓고 월세 생활을 자처한다고 해도, 시세가 급락해 전세금 상환이 어려워지면 소송당하거나 매물이 경매에 넘어가는 것도 감수해야 한다. 2023년 정부의 부동산 대출 완화 정책과 함께 부동산 버블이 일부 꺼지는 모습이다. 시장 경제의 관점에서 살펴보면 거래량이 늘어나야 한다. 매도할 때 발생하는 양도소득세와 지방소득세 그리고 구매 시 발생하는 인지세, 종합부동산세는 세수 확보가 쉬울 뿐 아니라 투자 자본이 없어 부가가치가 높은 세금 사업이다. 역설적인 건 거래량이 많아지자 주택 가격이 일부 안정세로 돌아섰다는 것이다. 대출 규제가 완화되었다고 투기 열풍이 꺼진 거라 생각되진 않는다. 한국 부동산은 아직도 뜨겁다. 영끌족들이 버티지 못하고 토해내는 매물들 때문에 시세 조정이 찾아왔을 뿐이다.

역사는 반복된다. 1990년, 2002년, 2006년도에도 부동산 급등이 있었고, 영끌하는 사람도 매번 있었다. 그중에는 부자가 된 사람도 있고 오히려 가난해진 사람도 있다. 차이는 분석력에 있다. 남들이 하면 무조건 따라 하고 시작하니 매수 적기와 매도 적기에서 미스가 발생하는 것이다. 최근 일련의 사건을 중심으로 매도와 매수의 적기를 논한다면, 대출 규제가 심했던 2021년 당시가 매도 타이밍이고, 급매물이 쏟아지는 지금이 매수 타이밍이다. 감정이 없는 부동산은 아무런 잘못이 없다. 이성적이지 못한 판단은 인간의 머릿속에서 시작한 것이다. 작은 희망이라도 품어보려던 마음을 질타하고 싶진 않다. 오히려 영끌만이 희망인 현실에서 평범한 사람은 어떻게 살아가야 할지를 고민하게 된다. 14)

3) 욜로족의 탄생

영끌이 있으면 욜로도 있다. 아는 사람 중 한 명은 욜로족이다. 광화문 인근의 호텔에서 총무로 근무했고 현재는 실업급여를 받으며 욜로 생활을 이어가고 있다. 호텔에서 근무하며 진급이나 월급은 조금도 욕심낸 적 없다. 돈이 모이면 제주도, 하와이, 베트남 등으로 해외여행을 다녔고 고가의 수입 외제 차를 타고 다닌다. 그는 절대 금수저가 아니다. 월급을 받는 족족 사용하는 욜로족일 뿐이다. 올해 나이 36살인 그는 7번 직장을 옮겼는데 실업급여를 받은 횟수만 6~7회이다. 미래가 불안하지 않으냐고 물었는데 이런 답변을 했다. '열심히 일해 봤자 푼돈이다. 인생이나 즐겨라'. 퇴사의 순간마다 실업급여가 지켜주고, 부모님 찬스로 한 번씩 용돈까지 받으니 일하지 않고서도 충분히 인생을 즐길 수 있었다.

고용보험 가입일이 180일이 지나면 비자발적인 퇴사를 전제로 횟수에 상관없이 실업급여를 받을 수 있다. 이것 외에도 고용노동부에서 시행하는 청년구직활동지원금이나 지자체에서 지원하는 청년실업 지원사업을 잘만 활용하면, 일하지 않고도 얼마든지 생활비를 벌 수 있다. 그의 청사진은 이렇다. 근무 환경이 열악한 회사를 찾아 6~12개월을 버티면서 실업급여 조건에 부합하는 자료를 수집한다. 그런 다음 적당한 시기에 고용노동부를 찾아 실업급여 수급 조건을 충족시키고 퇴직금이나 명절 수당을 받는 시점에 퇴직해 삶을 즐기는 것이다. 실직이 반복되면 불안할 법도 하지만 근무 환경이 열악한 곳은 널렸고, 그런 곳은 취직하기도 쉽다는 게 그의 논리이다. 실업, 퇴직, 진급, 연봉에 얽매이지 않는 삶이 정말 자유로워 보이고, 정부가 남발하는 지원금을 100% 활용한다는 측면은 영리해 보이기도 한다.

요즘엔 욜로를 넘어 캥거루족, 월광족까지 욜로의 형태는 다양하고 복합적인 형태를 띠고 있다. 뜻을 풀이하면 캥거루족은 직장에 나가거나 별다른 활동을 하지 않고 부모님에게 용돈을 받아 생활하는 사람들을 말하고, 월광족은 돈을 버는 족족 사용해 없애는 사람들을 말한다. 미래, 목표를 생각하기보단 현재의 안락함과 재미를 추구하는 게 욜로족이 지향하는 삶의 방식이다. 평생을 모아도 수도권에 집 한 채 구하기 어렵고 양질의 일자리는 구하기 힘든 상황에서 욜로는 일종의 출구 전략인 셈이다. 지금 필요한 건 비난도, 이해도 아니다. 실질적인 대안이 필요하다. 대학의 역할이 축소되는 부분과 비슷한 맥락이다. 대학을 졸업해도 변변한 직장을 구하지 못하니 그 위상이 예전만 못하고 대학 진학을 포기하는 사례가 늘었다. 욜로도 마찬가지다. 아등바등 살아도 삶에 달라지는 게 없으니 현재라도 즐기며 살겠다는 욕구가 표출된 것이다.

경제, 사회, 문화, 세대의 복합적 문제이다. 어설픈 위로가 아니라 확실한 해결책이 필요하다. 그러려면 문제의 핵심적 본질에서 시작해야 한다. MZ세대는 이전과 다른 사회적 상황을 앞두고 있다. 어느 때보다 풍요로운 환경에서 자랐지만, 기회가 원천 차단된 시대에 살고 있기도 하다. 과거 세대의 성공 방식은 철 지난 자랑이며 현재 시대에 맞는 해결 방안도 되지 못한다. 현재 세대가 가장 잘 이해하는 IT와 미래 산업 위주의 산업 재구성이 필요하고 그것에서 파생될 수많은 기회를 육성해야 한다. 교통 산업은 도로 정비에서 시작한다. 미래 핵심 산업인 IT, 로봇, 우주, 생명공학에서 선행 핵심 사업이 무엇인지 찾아내는 게 해결책의 실마리가 될 것이다.

4) 소비 패턴 변화

1인 가구가 증가하자 가족 중심의 소비 패턴이 1인 기준으로 바뀌었다. 식료품이 1인에 맞게 달라지고 대형마트가 아니라 가까운 편의점이나 인터넷으로 물건을 주문한다. 아기용품 판매는 저조하지만, 반려동물 시장은 매년 커지고 있다. CJ, 하림 같은 국내 식품 기업들도 이런 수요에 맞게 반려동물 식품을 쏟아내고 있다. 신제품 출시가 거의 없는 유아 식품과는 대조적이다. 시장은 환경을 따라간다. 중동 국가에서 에어컨이 잘나가고, 험지가 많은 남미에서 SUV 수요가 많은 이유다. 환경을 제대로 분석한다는 건 시장을 이해했다는 의미이고, 시장을 이해하면 소비 수요를 예측할 수 있으므로 소비 분석은 시장 관점에서 경제적 가치가 높다.

그럼 미래 한국 시장은 어떻게 바뀔까? 경제, 정치, 행정에 가장 큰 영향을 미치는 양극화, 저출산, 중미 무역 전쟁을 고려하면 3가지 시나리오를 예상할 수 있다. 첫 번째, 생산가능인구가 급격한 속도로 줄어 마이너스 성장을 지속하는 장기 침체로 이어진다. 두 번째, 중미 무역 분쟁이 장기화하면서 원달러 환율이 상승해 석유, 철강, 식료품 등의 주요 수입 원자재 가격이 정점을 찍는다. 내수 경기는 더욱 위축되고, 정부는 수출 기업을 중심으로 세수 확보의 돌파구를 찾아보지만 높아진 원자재 수입 가격 때문에 기업은 제대로 된 이익을 내지 못한다. 세 번째, 노인 인구는 빠른 속도로 늘지만, 연금과 노후 대비가 부족한 세대가 많아 고독사 같은 사회적 문제가 부각되고, 노년 파산이라는 새로운 경제 문제가 전체 성장률을 끌어내린다.

위의 이야기는 현재 상황을 미래에 접목한 미래 예측 시나리오이다. 하지만 앞으로 10년 뒤 미래를 분석한다면 가능성 큰 이야기이기도 하다. 한국의 경제는 중국과 미국의 대외 수출 실적이 전부이다. 한국이 자랑하는 반도체, 자동차, 석유화학 분야는 중국과 기술 격차가 5년 미만이다. 앞으로 5년만 지나면 기술 격차는 1~2년 내로 좁혀지거나 추월당할 확률이 상당히 높다. 중국은 최대 수출국이지만 최대 경쟁국이기도 하다. 우주, IT, 생명공학 같은 첨단 기술은 이미 미국, 중국이 세계를 리드하고 있다. 냉정하게 한국 산업 포트폴리오는 더 이상 매력적이지 않다. 찬란했던 전성기는 끝났다. 앞으로 한국이 살길은 해외 협력뿐이다. 자본력이 부족해 중미처럼 시장이나 선도 기술을 앞세운 싱크탱크 역할은 힘들다. 호주, 캐나다처럼 자원이 있는 것도 아니므로 자체적인 경기 부양도 어렵다. 유럽 국가들처럼 협력을 통해 효율성을 극대화해야 한다. 인구 밀도가 낮고 고부가 산업이 부족한 노르웨이, 핀란드, 스웨덴 등이 살아남은 방법은 주변 유럽 국가들을 하나의 시장처럼 사용했기 때문이다.

지리적으로 한국은 동남아시아, 인도를 포함해 유럽연합과 같은 아시아 협력을 이뤄야 한다. 물론 중국, 미국은 빼놓을 수 없는 중요한 시장이지만 앞으로는 이들의 영향력이 더욱 중요하다. 아세안과 인도를 이해하는 건 한국의 미래가 걸린 숙원 사업이다. 동남아에서 시장 규모가 가장 큰 국가는 인구 2,738억 명의 인도네시아고, 중국 다음으로 촉망받는 시장은 인구 14억 시장 인도이다. 새로운 친구를 가족처럼 받아들일 차례이다. 이들의 문화, 언어, 사고방식이 한국과 융합되어 새로운 시장을 만들고 그곳에서 새로운 성장 동력을 얻어야 한다. 앞으로 한국 생산성의 소비는 이들로부터 이뤄질 것이기 때문이다.

아시아 연합의 선도 역할은 한국이 해야 한다. 미래 소비의 중심인 경제력은 이들에게 있다. 철저하게 이들의 입맛을 분석해야 한다. 중국과 국경을 맞댄 인도, 동남아 국가들은 중국과 사이가 나쁘고 한국엔 우호적이다. 이 점을 기회로 삼아야 할 것이다.

5) 코로나가 바꾼 세상

한국은 자영업의 나라다. 경제활동인구 중 24.6%가 자영업에 종사한다. OECD 35개국 중 6위고 위로는 콜롬비아, 멕시코, 그리스, 터키, 코스타리카가 있다. 국민소득이 높아지면 자영업 비중은 줄어들지만 한국은 매년 증가하고 있다. IMF 실직 인구가 자영업으로 몰렸고 취업난, 양극화로 양질의 일자리를 찾지 못한 청년층도 자영업으로 꾸준히 유입되고 있다. 진짜 문제는 내수 경제의 4분의 1을 차지한 이들이 지금 몹시 흔들리고 있다는 점이다. AT 통계에 의하면 2020 자영업 폐업 현황은 7만 7,862개, 2022년에는 8만 2,986개다. 3년 동안 폐업이 눈에 띄게 늘었다. 코로나 이후에 발생한 일이다. 대출, 투잡, 정부지원금으로 근근이 버티던 게 한계에 이르렀기 때문이다. 통계청이 발표한 자영업자 대출 추이를 살펴보면 2017년 549조 원에서 2018년 624조, 2019년 684조, 2020년 803조, 2021년 909조로 빚이 꾸준히 증가 중이다. 2023년 대출 추정액은 1천조 원이다. 이 지표는 자영업자들의 재무지표가 급속도로 악화하고 있음을 나타낸다.

코로나는 근근이 버티던 자영업자들을 한 번에 날려버린 빅 이벤트였다. 위드코로나가 시행될 때만 해도 억눌렸던 소비 심리가 폭발해 기저효과의 순풍이 부는 듯했다. 그렇지만 얼마 지나지 않아 침체 국면으로 접어들었다. 일반 소비자, 기업 가릴 것 없이 돈이 부족해 긴축재정 중이기 때문이다. 자영업자들이 망하면 그다음은 부동산 시장이다. 최근 강남역, 가로수길만 지나도 비어 있는 공실이 눈에 띈다. 버티던 자영업이 폐업하면서 공실이 발생한 것이다. 공실이 늘면 임대료가 떨어지는 건 예견된 순서다. 국토교통부 지역별 상가 공실률을 보면 전체 평균 13.2%이다. 부동산 경기가 침체 되면 다음 순서는 금융 시장이다. 임대사업자 대부분은 은행에서 돈을 빌려 사업을 시작한다. 월세 수익이 발생하지 않으면 대금 상황이 지연되거나 부실채권이 발생할 확률이 높다. 부실채권이 높아지면 금융위기로 연결되는 건 시간문제다. 원화 가치가 폭락하면 수출입에 의존하는 한국 경제에는 치명상이다.

한국 치킨집 숫자는 전 세계 맥도널드 매장 수보다 많다. 한국 치킨집이 8만 7천 개, 맥도날드는 3만 8천 개다. 한 동네에도 비슷한 치킨집이 적게는 3~4개, 많게는 6~7개까지 있다. 치킨집에서 현실판 치킨게임을 하는 것이다. 빼앗고 빼앗기고 누군가 망해야 비로소 해피엔딩이 될 수 있는 그런 시장이다. 코로나 이후 가스비, 식재료비, 인건비는 적게는 5%, 많게는 12%까지 급등했다. 제품 가격도 시세에 맞게 올려야 하지만, 치열한 경쟁 때문에 올리지 못하고 있는 게 현실이다. 자영업자들의 부채가 느는 건 당연한 순서이다. 부채는 자영업자들에서 끝나지 않는다. 이들이 망해서 대출을 갚지 못하면 부실채권이 늘어나 금융사 운영이 힘들어지고 산업 전방위에 금융 위험성이 발생한다.

물론 자영업도 체질 개선 중이다. 높아진 인건비를 대체할 키오스크와 로봇을 도입했고, 동선을 최적화한 1인 매장이 많아지고 있다. 높아진 비용엔 대응했지만, 진짜 문제는 소비자다. 고물가, 고금리 정책으로 고정비가 높아졌고 소비 여력이 없어진 것이다. 한마디로 사람들이 돈이 없다. 가난해진 것이다. 소비력이 없는 시장에서 내수 경기의 4분의 1을 차지한 자영업을 구하는 방법은 관광 수요를 끌어올리는 방법뿐이다. 문제는 아시아엔 한국보다 물가가 저렴하고 관광을 즐기기 좋은 나라가 많다는 점이다. 코로나 이후 위축된 내수 시장을 살려낼 뾰족한 방법은 없어 보인다. 확실한 건 자영업자들만의 문제가 아니라, 경기 전체에 영향을 미친다는 점이다.[15]

6) 양극화의 미래

한국은 벤츠 공화국이다. 2023년 벤츠코리아 발표에 의하면 한국 판매량은 8만 대로 중국, 미국, 독일에 이어 4번째로 높다고 했다. 벤츠뿐 아니라 포르쉐,

벤틀리, 롤스로이스 같은 초고가 브랜드도 항상 최상위권 판매량을 기록한다. 경기 불황이라는 단어가 무색하다. 한국경제산업연구원이 발표한 2023년 한국 경제 전망은 러시아 전쟁 사태와 고물가의 영향으로 부채가 늘고 경기는 더욱 위축된다고 했다. 서민 음식인 치킨은 3만 원을 넘었고 고금리의 영향으로 가계 부채는 더욱 늘었다. 경제는 어렵다는데 고가의 사치품 판매는 세계 수준으로 높다는 게 아이러니컬할 뿐이다.

주변에 부자가 많아 보이는 건 중산층이 대부분 고소득층과 빈곤층으로 양분되고 있기 때문이다. 계층별 빈익빈 부익부 현상은 시간이 지날수록 뚜렷한 양상이다. 복합적인 원인이 있지만 가장 큰 이유는 일자리의 변화를 꼽을 수 있다. 고숙련과 저숙련 일자리는 계속 증가했지만, 중간 숙련 일자리는 줄었다. KB금융지주 경영연구소의 2022년 한국부자보고서에 의하면 금융자산 10억 원 이상인 사람은 42만 4천 명으로 전체 인구의 0.82%이고 2020년보다 8% 늘었다 발표했다. 부자 인구는 꾸준히 늘고 있다. 그럼 불경기라는 뉴스의 보도는 거짓된 것일까? 그렇지 않다. 양질의 일자리가 줄어 많은 사람이 자영업에 내몰리거나 빈곤층으로 전락했으며, 물가 상승률은 연평균 3~4%대를 유지하고 있다. 최저시급 포함, 직장인 평균 연봉 인상률이 연평균 3% 수준인 것을 고려하면 매년 제자리걸음인 것이다.

일자리 지각변동에서 중산층이 저소득층과 고소득층으로 양분되었다. 한국 상위 10%는 전체 소득의 50%를 차지한다. 상위 10% 고소득층 소득이, 하위 90%의 소득과 같다. 어떤 직종에서 근무하느냐에 따라 소득의 명함은 극명하게 나뉜다. 제조업 일자리는 꾸준히 줄고 있는데 생산성은 오히려 높아지는 이유가 있다. 산업 전반에 자동화가 도입되고 있기 때문이다. 자동화는 이제 생산직에만 국한되지 않는다. IT 프로그램이 개발되어 사무직의 손을 거치지 않아도 얼마든지 통제 지휘가 가능하기 때문이다. 과거엔 자료를 조사하고 분석하는 사무직이 100명 필요했다면, 지금은 2~3명이 100명의 일을 처리할 수 있다. 국내 대기업이 사무직 공채를 폐지한 이유도 여기에 있다. 대기업의 사회적 책임을 운운하는 건 일차원적 생각이다. 대기업 대부분 글로벌 무대에서 경쟁하는 만큼 효율을 통한 경쟁력 확보가 중요하기 때문이다.

자본주의는 노동력이 돈의 레버리지를 뛰어넘을 수 없게 설계되어 있다. 노동 시간을 높여 투잡, 스리잡을 뛰어도 부동산 또는 주식 가치가 높아지는 속도를 따라잡을 수 없다. 금수저가 아닌 평범한 대부분이 이를 극복하려면 노동 시간의 가치를 올리는 방법이 유일했다. 연봉을 많이 주는 대기업을 선호하는 이유가 여기에 있다. 문제는 대기업에 더 이상 중간 숙련자가 필요 없다는 점이다. 과거의 시스템에 얽매여서는 현재의 역경을 헤쳐 나갈 수 없다. 양극화가 심해지는 이유는 새로운 시스템에 적응한 사람과 적응하지 못한 사람의 차이이다. 빈곤층으로 전락하는 걸 원치 않는다면, 미래 가치가 유망한 분야를 공부하고, 중간 숙련 일자리를 대체한 자동화 기술, AI를 역으로 활용할 수 있어야 한다. 자동화의 발전이 노동자로선 위협이지만, 사업자로선 축복이기 때문이다. 21세기에 유독 제프 베이조스(아마존 전 대표) 같은 천문학적인 부자가 나올 수 있는 이유가 여기에 있다.

일자리 구분

고숙련 일자리	중간 숙련 일자리	저숙련 일자리
기업 임원, 변호사, 의사, 판사, 회계사, 경제학자, IT개발자, 엔지니어, 로봇공학자, 생명공학자	영업직, 마케팅, 생산직, 총무직	계산원, 전화상담사, 청소부, 하우스키퍼, 간호조무사, 배달원

7) 양극화, 정답이냐 해답이냐

자영업 시장은 사면초가 상황이다. 금리 인상으로 자금 운용은 빠듯한데, 구인난으로 사람 구하기도 어렵기 때문이다. 코로나로 자영업 시장에 노동력을 제공하던 외국인 인구가 빠졌고, 저출산과 인구 감소 문제로 아르바이트 근무 연령층이 줄었다. 원하는 시간만 자유롭게 일하려는 사람이 늘어 아르바이트 근로자 대부분이 배달업으로 유입된 것도 주요 원인이다. 자영업 인력 운영이 어려운 상황이지만 대응 방식엔 차이가 있다. 일본처럼 점포 크기를 10평 남짓으로 줄이고, 주방과 홀을 일체화한 것이다. 이렇게 하면 서빙 직원을 별도로 두지 않아도 동선 효율이 올라가 1인 매장 운영이 가능하다. 로봇을 도입한 사례도 있다. 주문은 테이블마다 설치된 키오스크로 받고 서빙 로봇과 주방 로봇을 이용한다. 극한의 코너로 몰리자 해답을 찾았다. 결핍의 축복이다.

농림축산식품부 조사에 의하면 푸드테크 국내 시장 규모는 2017년 27조 원에서 2020년 61조 원으로 매년 30%씩 급성장 중이다. 제조업 공장에서만 사용하던 기계들이 자영업 가게 안으로 들어왔다. 국내 로봇 시장은 현대그룹의 현대로보틱스가 리드하고 있다. 현대로보틱스의 과거 포트폴리오를 보면 대부분 산업용 로봇과 스마트팩토리(자동화 라인)에 집중된 것을 확인할 수 있다. 이제는 산업용뿐 아니라 푸드 로봇에까지 영역이 확장된 것이다. 관련 기사를 찾아보니 지난 3~4년간 관련 인재 채용도 활발했다. 대기업 대부분이 공채까지 폐지하며 일반 사무직 자리를 없애는 판국에 채용이 활발한 분야가 생긴 것이다. 현대로보틱스 관계자 말에 의하면 공장 로봇과 푸드테크 로봇뿐 아니라 가정용 로봇, 배달 로봇 등으로 사업 분야를 확장할 예정이라고 한다. 대기업 일반 사무직 수요는 없어도, 로봇 분야의 채용 수요는 꾸준히 늘 것이라는 이야기다.[16]

판교테크노밸리의 주요 IT기업들만 보더라도 개발자 채용이 활발하다. 오히려 인력을 구하지 못해 기업 간 채용 경쟁 속에 연봉 1억이 넘는 개발자도 수

두룩해졌다. 매년 찬바람 부는 일반 사무직 채용과 대조적이다. 기존의 개념을 탈피하는 과정은 쉽지 않겠지만 변화에 대응하지 못한다면 극빈층으로 전락할 뿐이다. 변화에 대응하는 건 시대의 흐름을 읽는 것이다. 일련의 현상을 두고 왜 그런지를 고민해 볼 필요가 있다. 아무 이유 없이 발생하는 일은 없기 때문이다. 정답은 없지만 해답은 있다. 정답은 문제를 풀면 끝이지만, 해답은 문제를 해결하는 과정이다. 지금은 정답이 아니라 해답을 찾아야 한다. 단순히 흐름에 올라타는 것으로도 충분하다. 앞으로의 시대는 스스로 강해져야 하는 시대다. 21세기 중 가장 큰 변화 앞에 놓였기 때문이다. 뉴스에서는 항상 중산층이 몰락하고 빈곤층이 많아진 것만 부각하는데, 중산층이 몰락하는 건 맞지만 중산층이 빈곤층이 된 건 아니다. 대응력에 따라 고소득층으로 이동하기도 하고 빈곤층으로 떨어지기도 하는 것이다.

양극화 문제는 한국만의 문제가 아니다. 미국, 영국, 프랑스, 독일 등 대부분의 선진국이 공통으로 겪고 있는 문제이다. 대놓고 말하면, 한국의 경제지표는 이들 국가보다 훨씬 취약하다. 인구 감소 문제부터 고부가가치 산업 부족까지 해결해야 할 문제가 너무 많다. 그렇지만 인간은 결핍할 때 진가가 발휘된다고 했다. 자영업자들이 노동 인력을 구하지 못해 푸드테크 산업이 성장한 것처럼, 결핍은 꼭 불행을 야기하지 않는다. 때론 결핍에서 해답을 찾을 수 있기 때문이다.

05

앞으로 어떻게 살아야 할까?

1) SK그룹의 마지막 공채

2021년을 끝으로 SK그룹이 공채 채용을 폐지했다. 앞으로 인력을 충원하지 않겠다는 의미이다. 대기업 하나만 바라보던 대학 졸업생들은 '닭 쫓던 개지붕 쳐다보는' 신세가 되었다. 2023년 기준 공채를 유지하는 기업은 삼성 한 곳뿐이다. 직장 커리어 앱 블라인드의 글을 보면 삼성도 2~3년 내 공채를 폐지할 수도 있다는 이야기가 있다. 취준생은 제대로 망했다. 고등학교 3년, 대학교 4년을 합해도 변변한 직장 하나 얻지 못한다. 대학교에 진학하면서 이미 학자금 대출과 생활비 대출 빚이 생기는데, 취업까지 못하니 어떻게 살아야 할지 막막할 것이다. 이들에게 죄가 있다면 부모님이 시키는 대로, 세상이 요구하는 대로 충실한 잘못밖에 없다. 그렇다고 부모님 잘못도 아니다. 부모님이 살아온 시대가 그런 시대였기 때문이다. 당시만 해도 좋은 대학만 가면 대기업에 입사하는 건 어렵지 않았고, 대학 졸업생 대부분을 대기업에서 흡수하던 시절이다.

컴퓨터도 제대로 발달하지 않았던 1980~90년대에는 대부분의 사무 일을 사람이 수기로 작성했다. 변변한 프로그램도 없어 사람이 직접 자료 수집부터 분석까지 해야 했다. 기업으로서도 인력이 많이 필요했다. 당시만 회상하는 어른들은 왜 이렇게 고용 시장이 얼어붙었는지 이해하기 어려울 것이다. 컴퓨터 기술, 프로그램, 생산 시스템까지 고효율화가 되었음에도 어른들의 시간은 여전히 1980~90년대에 머무는 것이다. 최근 주요 기업들을 살펴보면 영업이익은 매년 증가하는데, 인력 규모는 계속 줄이고 있다. 과거처럼 많은 노동력이 필요치 않기 때문이다. 1997년 IMF 이후 생산 분야에 국한되었던 이야기가 이제는 사무직까지 포함되었다는 의미이다. IMF 때 발생한 대규모 실업자가 중소기업, 자영업으로 흡수되었던 것처럼, SK의 마지막 공채는 또 한 번의 대규모 실업 사태를 의미한다. 청년실업자 100만 명이 그것을 증명한다.

IMF 이후 발생한 현상은 비정규직이 생기고 일자리의 양극화가 더욱 뚜렷해졌다는 것이다. 대기업이 프로젝트를 총괄하고 하청업체가 그것을 이행한다. 지금의 아웃소싱 개념도 이 당시에 생겨난 개념이다. 이후 결과는 모두가 알고 있다. 일자리 양극화가 발생해 대기업과 중소기업 간 심각한 임금 격차가 일어나면서 중소기업 기피 현상이 생겼다. IMF 이후 자영업이 많아진 이유도 양극화된 임금 격차와 대기업 채용 인원의 TO 감소 등이 원인이었다. 당시엔 자영업 시장이 실업 인구를 흡수해 대규모 실업 사태를 막았다면 이번엔 상황이 다르다. 자영업 시장도 포화 상태이기 때문이다. 대학, 회사, 정부가 미래를 책임지지 않는 세상이다. 스스로 강해져야 한다. 기업 종사자의 81.3%가 근무하는 중소기업의 초봉이 2,800만 원인데, IT 개발자 절반은 억대 연봉임을 기억해야 한다.

스스로 강해지는 방법에는 2가지가 있다. 첫째는 현세 파악을 정확히 해 미래 전망이 뚜렷한 분야를 개척하는 것이다. 우주공학, 생명공학, 로봇공학, IT가 이에 해당한다. 두 번째는 현존하는 기술을 200% 활용하는 것이다. 자영업이 어려운 와중에도 인스타, 블로그 등을 통해 맛집으로 인정받은 곳은 여전히 줄 서서 먹는다는 점을 잊지 말아야 한다. SNS를 대체할 새로운 기술은 앞으로도 계속 나올 것이기 때문이다.

2) 직장인 투잡 시대

요새 투잡을 뛰는 직장인들이 정말 많다. 2023년 통계청 발표에 의하면 부업 인구는 63만 명으로 청년취업자 10명 중 4명은 투잡을 하는 것으로 나타났다. 투잡 인구 중 70%는 경제적 이유로 투잡을 병행한다. 가파르게 오르는 물가에 대응한 것이다. 이것을 가속한 사건이 플랫폼의 발전이다. 배달의 민족, 쿠팡 등의 플랫폼이 생기면서 집단에 소속되지 않고, 시간의 틀에 얽매이지 않게 근무할 환경이 조성되었고, 노동의 유연화는 투잡 인구를 빠르게 흡수했다. 재능 판매도 가능하다. 크몽, 탈잉, 숨고 같은 플랫폼을 통해 개인의 재능을 건별로 판매할 수도 있다. 얽매이기 싫어하는 청년층의 니즈와 정확히 맞아떨어진다. 매년 구인난을 겪고 있는 중소기업, 자영업과는 대조되는 분위기이다.

경제가 아닌 산업 측면에서는 새로운 근무 방식을 이야기한다. 플랫폼 노동의 전성시대가 열린 것이다. 배민, 쿠팡, 유튜브 같은 플랫폼이 더욱 다양하고 세분된다는 의미이다. 그렇게 되면 사무직 같은 기존의 일자리가 대폭 사라지고 플랫폼 기업에 일자리 대부분이 흡수된다. 기업으로서도 매년 강화되는 근로기준법을 준수하고, 고정인건비를 지출하지 않아도 된다. 정직원을 채용하는 것보다 필요시마다 재능을 구매하는 방식이 더 효율적이라는 입장이다. IMF 당시 정직원 TO를 대폭 줄이고 비정규직 일자리를 늘린 것과 같은 맥락이다. 차이점이 있다면, 당시에는 기업이 원해서 비정규직이 늘었지만, 지금은 기업과 근로자 모두 플랫폼 노동을 원한다는 점이다. 앞으론 9 to 6의 근무 개념이 사라질 것이다. 정규직이 아니라 소속되지 않고 여러 개의 직업을 병행하는 프리랜서 직업이 보편화할 것이다.

플랫폼 시장만큼 공평한 시장은 없다. 학벌, 나이, 재산으로 서열을 매기는 기존 시스템과 다르게 실력과 노력으로 평가받는 게 플랫폼 시장이다. 평범한 사람들이 유튜브나 인스타 같은 플랫폼을 활용해 억대 수입을 만들고, '개천에서 용 나는' 사례를 두 눈으로 확인했다. 누군가의 위성으로 사는 게 아니라 작더라도 개인만의 행성을 키워나가는 게 미래의 노동 시장의 추세이다. N잡을 중심으로 확장된 현재의 투잡 문화는 그것이 벌써 절반쯤 이뤄졌음을 의미한다. 물론 단점도 존재한다. 자율성이 보장된 만큼 고용과 임금 측면에서 불안하다. 국세청에서 발표한 자료에 의하면 유튜버 상위 10%가 전체 수입의 68%를 차지한다고 했다. 하위 50%의 연간 수입은 1인당 108만 원이다. '일하는 사람만 일하는' 기업 근무 형태의 모순이 없는 대신 실력만으로 살아남는 시대인 것이다.

현재 정규직에 종사하는 근무자도 예외는 없다. 100세 시대로 수명은 늘었지만, 평균 정년퇴직 나이는 50세이기 때문이다. 한눈팔지 않고 회사에만 충실하면 50세 때 할 수 있는 게 치킨집 창업밖엔 없다. 사람은 나이를 먹을수록 새로운 걸 배우거나 받아들이는 걸 힘들어한다. 인기 프랜차이즈 치킨집을 창업하려면 인테리어, 가맹비에 2억 원 정도가 필요하다. 임대 보증금과 임대료를 포함하면 퇴직금을 모두 소진해야 한다. 어렵게 차렸는데 힘만 들고 수익적인 결과가 따르지 않는다면, 정규직 생활 20년의 노력은 한순간의 물거품이다. 긴 호흡을 가져가야 한다. 시선을 돌려 먼 곳을 바라볼 필요가 있다. 선행조건은 앞으로 변화될 노동 시장을 미리 체험하고 익숙해지는 것이다. 나아가 N

잡 근무 형태로 자리까지 잡는다면 금상첨화다. 끝은 새로운 시작이다. 21세기는 가장 불공정한 시대지만 이것이 지나면 가장 공정한 시기가 된다. 학벌, 집안, 재력이 아니라 실력과 본질이다.

3) 월급 마약의 한계

월급은 노예들을 조종하기 위한 마약이다. 자본주의 구조에서는 노동을 통한 수익보다 자본을 통한 수익이 높기 때문이다. 노동자는 자신의 시간을 갈아 넣어 수익을 만든다. 하지만 자본가의 자본에는 노력이 필요치 않다. 시간이 지나면 가치는 자연히 상승한다. 복리효과 때문이다. 100억대 자본가가 100억짜리 빌딩을 매수해 임대를 놓으면 임대수익 3%가 발생한다. 자본가는 100억을 투자해 매월 2,500만 원의 임대수익을 벌지만, 시간이 지나면 빌딩의 가치도 높아져 시세차익까지 발생한다. 이것이 복리효과다. 월급쟁이로 아무리 열심히 살아도 자본가를 이기지 못한다. 평생 노예처럼 일해도 수도권에 집 한 채 못 구하는 이유가 여기에 있다. 태어날 때부터 세상의 주인공은 정해진 것일까? 불편하겠지만 대답은 '그렇다'이다. 대놓고 이야기해서 100억 정도의 자산이면 평생 일하지 않고 하고 싶은 것만 하고 인생을 즐기며 살아도 삶에 아무런 부족함이 없다.

선택받지 못했다고 좌절할 필요는 없다. 조금 더 힘들고 조금 더 돌아가겠지만 방법이 없진 않다. 시스템을 만들어 자본과 비슷하거나 앞서는 효과를 만들면 된다. 시스템 안에서 움직이는 노동자가 아니라 시스템을 만드는 운영자가 되는 것이다. 시스템은 자본보다 높은 성장을 보장한다. 앞서 100억대 자본가가 자본을 통해 월 2,500만 원의 임대수익과 건물의 시세차익을 만들었다고 예를 들었다. 만약 시스템을 통해 기업을 운영하면 매월 판매 상품의 매출수익, 인력을 운영하며 발생하는 노동수익, 기업의 주가가 올라가며 발생하는 시세차익까지 3개의 루트에서 수익이 들어온다. 물론 자본가의 자본수익은 시간적 노력에 품이 들지 않고, 시스템 운영자는 시스템을 만들기까지 시간과 노력이 필요하다. 따라서 절대적 가치를 놓고 어느 것이 우수하다고 단정 짓기는 어렵지만, 평범한 개인이 계층이동 할 수 있는 유일한 방법인 것은 분명하다.

주식투자의 개념과는 또 다른 개념이다. 주식은 선행투자가 필요하므로 '돈 넣고 돈 먹기'의 자본가 영역이다. 시스템 운영자는 0의 가치를 100으로 만드는 사업가의 영역이다. 시스템을 통해 교환가치의 우위를 점유하고 그것을 바탕으로 수익의 연속성을 만드는 것이다. 사회 시스템도 이들에게 압도적으로 유리하다. 국세청이 법인 사업자에 부과하는 세금은 20%로 고정이지만 근로노동자는 연봉 8,800만 원이 넘어가면 35% 세금이 부과되고, 1.5억 원이 넘으면 38%를 부과하기 때문이다. 기업들의 신용 보증 또한 개인보다 압도적으로 높아 대출을 통한 효율적 자산 운용도 유리하다. 기업이 창출되면 일자리 창출과 세수 효과가 우수하므로, 국가에서도 기업가들에게 혜택을 주는 것이다.

지금은 100세 시대이다. 평균 퇴직 나이 50세인 시대에, 자본주의 시스템을 이해하지 못하면 극빈층으로 전락할 뿐이다. 기업과 정부에 사회적 책임을 요구해도 현실에서 달라지는 건 아무것도 없다. 이윤 추구를 목적으로 하는 경제 체제가 '자본주의'이기 때문이다. 자본가들은 이런 사실을 절대 말해주지 않는다. 노예들이 마약에 취해 오랫동안 일을 해줘야 자신들의 자본이 불어나기 때문이다. 스스로 강해져야 한다. 순서는 자신의 장단점을 냉정히 판단하고 시스템을 하나씩 쌓아가는 것이다. 재산, 재능을 갖고 시작한다면 훨씬 수월하겠지만, 평범하다고 낙담할 필요는 없다. 사업은 아이큐가 100인지 160인지가 중요한 게 아니다. 누구의 시스템이 더 촘촘한가의 대결이다. 유능력한 부하 직원이 무능력한 사장 밑에서 월급쟁이 생활 하는 걸 생각해 보면 된다.

4) N잡과 디지털 노마드

N잡의 탄생은 단순히 새로운 근무 형태가 아니다. 평범한 개인이 사업가로 변신할 수 있는 초석이기 때문이다. 많은 사람은 아직도 사업이라 하면 자영업을 떠올린다. 은퇴 후 대부분은 치킨집 아니면 편의점을 창업한다. 사업에 대

한 정의를 어떻게 내렸는지 알 수 있는 부분이다. 물론 자영업자에게는 사업자 등록증이 있다. 원천징수가 아니라 종합소득세를 낸다. 그렇지만 사업가와는 근본적인 본질이 다르다. 자영업은 직장인처럼 노동력을 갈아 넣어 수익을 발생시키지만, 사업가는 시스템으로 수익을 창출하기 때문이다. 자영업자와 사업자의 차이는 영화 <파운더>를 보면 알 수 있다. 맥도날드의 창업자 맥도날드 형제는 포드자동차의 컨베이어 벨트 시스템을 햄버거에 적용해 압도적인 햄버거 생산 효율을 만든다. 여기에 차량에서 내리지 않고 음식을 테이크아웃 할 수 있는 드라이브인 시스템을 만들었다. 사람들은 열광했고, 맥도날드 형제는 순식간에 그 지역에서 큰 부자가 되었다.

맥도날드 형제가 자영업으로 최상위의 권위를 보여줬다면 레이 크록은 사업자가 무엇인지 명확하게 보여줬다. 30초 만에 나오는 햄버거에 감탄한 레이 크록은 맥도날드 형제에게 찾아가 프랜차이즈 사업을 제안한다. 하지만 맥도날드 형제는 프랜차이즈로 품질관리에 실패했던 경험이 있어 이를 거절한다. 레이 크록의 끈질긴 설득 끝에 결국 프랜차이즈를 수락하지만, 점포 확장을 원치 않던 맥도날드 형제는 레이 크록과 갈라선다. 맥도날드 형제는 사업이 커지면서 생기는 복잡한 문제와 마주하고 싶지 않았고, 규모가 커지면 품질관리가 어렵다고 생각했다. 이후 레이 크록은 별도 회사를 설립하고 맥도날드 프랜차이즈 점포들의 토지를 소유해 사업을 장악한다. 그래서 레이 크록의 맥도날드는 전국적인 사업이 되었지만, 맥도날드 형제는 점포 하나만 소유하게 된다. 결국 270만 달러와 연 이익 1.9%를 받는 조건으로 맥도날드 프랜차이즈 사업권을 크록에게 판매하고 자신들의 점포는 '빅엠'이라는 이름으로 새롭게 시작하지만 얼마 못 가 망하고 만다. 바로 옆에 맥도날드 점포가 생겼기 때문이다.

영화 <파운더>는 노동력 없이 자본을 만드는 시스템을 이야기한다. 레이 크록이 맥도날드를 창업한 나이는 53세로 창업 당시 그는 젊지도 않았고 그렇다고 자본가도 아니었다. 그가 억만장자가 된 비결은 자본을 만드는 시스템 즉 사업가 정신에 있다. 맥도날드 형제가 만든 시스템은 자본을 만드는 시스템이 아니라 노동력 효율을 높이는 시스템이었다. 본질의 중심이 자본이냐 노동이냐에 따른 차이다. 우리의 지향점은 노동자, 자영업자가 아니라 사업자이다. 노동이 아니라 시스템으로 돈 벌 방법을 생각을 해야 한다.

N잡이 사업가로 변신할 초석인 이유는 시간 활용이 유연하기 때문이고, 기업을 위한 능력 향상이 아니라 자신의 다양한 능력을 끌어올려 능력의 한계를 시험할 기회이기 때문이다. 플랫폼 덕분에 자본이 없어도 효율적인 인사 관리가 가능하고, 투자의 리스크를 줄일 수 있다. 나아가 연결이라는 가치를 만들면 스스로 플랫폼이 되는 것이다. 여기에 상품을 입혀 자본 시스템을 만들면, 아이큐가 높지 않아도, 자본이 없어도 얼마든지 계층이동을 할 수 있다. N잡은 부업이나 프리랜서를 뜻하는 명칭이 아니다. 예비 사업가란 표현이 적절하다.

근로자의 관점에서 고용 환경은 날이 갈수록 악화하고 있다. 비정규직이 많아지고, 양질의 일자리가 없는 게 그것을 증명한다. 하지만 플랫폼의 발전 덕분에 사업을 하기엔 어느 때보다 좋은 시대이다. 자신이 평범할수록 사업가 정신을 갖춰야 하는 이유이다.

5) 회사보단 개인

평범한 개인이 할 수 있는 사업은 한정돼 있다고 반문하는 사람도 있다. 자동차 장인이라도 혼자서 자동차 회사를 차리는 건 불가능하고, 반도체 제조법을 정확히 아는 연구원도 혼자서 반도체 회사를 설립할 수는 없는 노릇이다. SK하이닉스에서 20년간 근무하고 은퇴해서 나 홀로 반도체 회사를 설립했다는 이야기는 들어본 적이 없다. 현대자동차에서 20년간 근무했다고 나 홀로 자동차 회사를 설립했다는 이야기는 들어본 적이 없다. 그럼에도 불구하고 할 수 있는 사업이 있고, 할 수 없는 사업이 존재한다는 의미이다. 설립 단계부터 천문학적인 금액이 필요하고 인적, 지적 자산도 많이 필요하기 때문이다. 회사를 은퇴하면 너도나도 치킨집을 차리는 이유가 여기에 있다. 평생 근로자로 지낸 사람이 갑자기 사업가가 되는 케이스는 대기업에서 임원을 마치고 전관예우 차원에서 하청업체 하나 정도 받는 게 전부일 것이다. 이것도 아주 잘 풀린 케이스를 이야기한 것이고, 대부분은 계열사나 하청기업에서 월급쟁이 사장으로 임기 수명을 연장하는 게 전부이다.

더 큰 문제는 계열사나 하청기업이 없는 기업의 경우 '수명연장' 조차 불가능하다는 것이다. 대부분 중소기업이 이 상황에 해당하며 전체 기업 종사자의 81.3%에 해당한다. 미래가 불투명하지만 무턱대고 퇴사했다간 더 큰 낭패다. 숨만 쉬어도 통신료, 가스비, 관리비 같은 고정비용이 나가기 때문이다. 삶을 지속하는 데에는 반복적으로 자본이 소모된다. 나가기 싫은 회사에 가기 위해 매일 아침 지옥철에 몸을 싣는 이유다. 악순환의 연결고리를 끊을 방법은 없을까? 원하는 일만 하고 살 순 없을까? 대놓고 말하면 그럴 방법은 없다. 모두가 하고 싶은 일은 일이 아니라 여가이고 여가는 단순한 취미의 영역이기 때문이다. 사람들은 단순히 취미로 즐기는 영역에 지갑을 열지 않는다. 그들이 지갑을 열게 하려면 가격에 맞는 충분한 교환가치를 제공할 필요가 있다. 교환가치는 여러 가지가 될 수 있다. 시간을 절약시켜주거나, 능력을 향상해주거나, 돈을 벌게 해주거나, 행복감을 주거나 등등 정말 많다.

예를 들어, 여행 유튜버가 여행 영상을 올리면 사람들은 그 콘텐츠를 통해 여행지의 정보를 미리 알아볼 수 있어 관광지 자료 검색 시간을 줄일 수 있다. 대리만족을 통해 기쁨을 주거나 특별한 경험을 간접 체험할 수도 있다. 인기 연예인, MC, 스타강사, 인플루언서 모두 충분한 교환가치를 지불한 사람들이다. 줄 수 있는 능력의 가치가 높은 사람에게 트래픽은 쏠릴 수밖에 없다. 여행 유튜버는 놀면서 돈 버는 것 같지만, 실상은 한 편의 완성된 영상을 제작하기 위해 여러 번의 컷을 재촬영하고 관광지 정보를 미리 찾는 수고스러움을 대신한다. 취미로 하는 여행 농도가 유튜버 여행과 같지 않은 이유다. 국선변호사와 세종, 율촌, 김앤장 같은 로펌 변호사의 수임료는 같지 않다. 교환가치가 다르기 때문이다.

자신의 제품, 자신의 능력에 대해 과대평가하는 사람도 있다. 실력이 없고 가치가 부족한데 가격만 무턱대고 높여서 프리미엄이라 홍보하는 것이다. 이들은 마케팅으로 부족함을 숨길 수 있다고 생각하는데, 과장 광고는 사기이고 지속성이 없다. 운 좋게 딱 한 번은 속여도 바보가 아닌 이상 연속해서 당하진 않기 때문이다. 본질의 그릇을 키우는 방법은 자신을 벌크업하는 것이다. 공부만 하라는 게 아니다. 경험을 통해 습득하는 게 효율적인 사람도 있고, 책을 통해 배우는 게 효과적인 사람도 있다. 남 눈치 보지 말고, 자신만의 방법을 찾아 뚝심 있게 밀고 나가면 된다. 한계는 없다. 해보지도 않고 미리 포기하면 세상에 패배하고 만다.

6) 가늘고 길게

회사에서 얻는 가장 큰 혜택은 인적 네트워크이다. 회사라는 집단에 소속되는 순간 회사가 마련한 인적 네트워크에서 일하게 되기 때문이다. 물론 회사의 필요로 채용을 했기 때문에 그들이 전부 당신의 인맥이라 말할 순 없지만, 공동의 목표를 달성하며 사람들과 교류할 수 있고 목표가 달라져 서로 다른 환경에 놓이더라도 끈끈한 유대감은 이어진다. 평생을 회사에 몸담는 사람은 없다. 임원이 되어 60~70세까지 근무하는 사람도 있겠지만, 통계청이 발표한 정년퇴직 나이를 보면 직장인 대부분이 50세를 전후로 퇴직하게 된다고 한다. 퇴직 후 안정적인 비즈니스모델을 구축하려면 회사에 근무할 때 얻을 수 있는 모든 것을 챙길 필요가 있다.

회사에 출근하는 건 시간과 에너지를 돈과 교환하는 일이다. 시간과 에너지를 돈과 맞교환하는 이유는 삶을 지탱하는 데 돈이 필요하기 때문이다. 의식주를 해결하기 위한 주거, 식품, 교통은 모두 비용이다. 회사에 나가기 싫은 이유는 하기 싫어도 어쩔 수 없이 해야 하기 때문이다. 대부분 사람은 살기 위해 회사에 나갈 뿐, 별다른 의미를 두지 않는다. 취업 준비생, 대학 졸업생에게 무슨일을 하고 싶으냐고 질문하면 '대기업이요' 또는 '연봉 많이 주는 곳이요'라는 대답이 돌아온다. 금수저로 태어난 게 아니라면, 원하든 원치 않든 회사가 삶을 지탱하게 되어 있다. 캥거루족, 히키코모리도 부모님과 평생 함께할 순 없다.

살기 위해서 하는 일이지만, 어떤 생각을 하고 접근하느냐에 따라 결과는 크게 달라진다. 한 푼이라도 많이 버는 게 좋긴 하겠지만, 근로자에게 할당된 세금은 월급이 높아질수록 높게 측정된다. 구간별로 따져보면 연봉이 8,800만 원 미만일 때에는 연봉이 200만 원 인상될 때마다 실수령액이 약 5만 원 인상된다. 400만 원이면 10만 원, 600만 원이면 15만 원, 800만 원이면 20만 원 차이다. 연봉 총액 8,800만 원이 넘어가면, 세금은 35%로 급상승한다. 실수령액 기준 월 152만 원이 세금으로 공제된다. 노력의 대가만큼 월급을 받지 못하는 이유다. 대놓고 말하면 월급을 아무리 열심히 저축해도 부자가 될 수 없다. 연봉을 올리려는 노력은 정부와 회사에만 좋을 뿐 당신에게 좋은 건 아무것도 없다.

'얼마를 주는 회사에 다녀야 하는지'가 아니라 '어떤 마음으로 회사에 다닐지'가 더 중요하다. 노력의 가치가 값지게 나오려면 단순히 열심히 하는 게 아니라, 어떤 방식으로 노력해야 효과적인지 먼저 파악해야 한다. 회사는 단순히 돈 버는 수단이 아니다. 오전 9시부터 오후 6시까지 24시간 중 9시간이 이곳에서 흐른다. 시간의 흐름을 회사 중심이 아니라 개인 중심으로 바꿔야 한다. 일을 그만두지 않고도 시간의 흐름을 자신에게 바꿀 방법이 있다. 경험과 인맥이다. 자신의 경험에 도움 되는 일 위주로 일을 하고, 괜찮은 사람을 찾아서 동료보다 깊은 유대감을 형성하는 것이다. 50세에 퇴직한다면 남는 것은 이것뿐이다.

회사에서 일할 때 대부분은 손해 보기 싫어서, 힘들어서, 쉬고 싶어서 힘든 일은 피한다. 이럴 때 한 번 더 생각해 보면 된다. 이 경험이 나에게 도움 되는 경험인지, 아니면 소모적인 경험인지 정확히 알고 대응하는 것이다. 만약 정확한 구분이 어렵다면, 이것이 나의 실력 향상에 도움이 되는지 아닌지를 생각하면 된다. 괜찮은 동료가 있다면 취미활동을 같이 하거나 정기적으로 식사를 같이 하는 것도 좋다.

7) 진급보단 인플루언서

만약 당신이 당신을 복제할 수 있다면, 당신이 무슨 일을 하든 현재 당신의 월급을 2배로 만들 수 있다. 현재 월급이 200만 원이라면 클론과 함께 2배의 일을 처리해 400만 원의 부가가치를 만들 수 있기 때문이다. 다른 예시로 모두가 하루 24시간을 보낼 때 나의 시간만 48시간이라면 2배의 시간을 노동에 쏟을 수 있으므로 큰 노력 없이도 현재보다 2배의 연봉을 벌 수 있다. 가난한 사람은 더욱 가난해지고, 부자는 더욱 부자가 되는 현상이 바로 이런 것들 때문이다. 기술이 발전할수록 자본가들은 적은 비용으로 노동력을 복제한다. 자동화 생산설비, 프로그램을 통해 적은 인력으로 수백 명의 고용효과를 발생시킨다. 효율이 올라간 만큼 자본가의 이익은 증가하지만, 그것이 노동자들에게 돌아가진 않는다. 기술에 투자한 주최가 자본가이기 때문이다. 추가 이익은 자본가들이 독식하거나 비즈니스모델의 경쟁력을 높이는 데 사용된다.

자본가들은 회사 주식을 사거나 투자하는 방법으로 배당수익이라도 발생하지만, 노동자들의 노동보단 시스템을 도입하면서 발생한 이익이 훨씬 높으므로 이익에 대한 배분을 요구하기 어렵다. 회사와 국가는 당신 편이 아니다. 아니, 당신 편일 수가 없다. 평범한 개인이 사회에 미치는 영향은 고작 1명의 노동력이 전부지만 회사가 사회에 제공하는 영향력은 수많은 일자리와 세금이기 때문이다. 억울하겠지만 '계란으로 바위 치는 것'보단 자본가들의 복제 기술을 벤치마킹해 강력한 1인으로 나아가는 방법이 훨씬 효율적이다. 사업에서 사용되는 복제 기술은 수익모델, 프로그램 딱 2가지다. 예를 들면 전구 만드는 회사는 전구가 수익모델이고, 하루 수십만 개씩 찍어내는 자동화 공장이 프로그램이다. 법률 회사라면 법률 자문이 수익모델이고 그것을 이행하는 소속 변호사들이 자동화 프로그램이 된다.

먼저 수익모델을 찾고 그것에 맞는 프로그램을 찾아 복제 기술을 이행하면 된다. 수익모델은 문제 해결이라는 공통점이 있다. 수익모델을 찾는 방법은 사람들의 문제에서 시작하면 된다. 밝게 비추기 위해 전구를 구매하고, 법적 손해를 보지 않으려 변호사를 고용한다. 아프지 않기 위해 의사를 찾고, 자격증에 합격하기 위해 학원을 등록한다. 돈을 지불하는 일련의 과정이 문제 해결이라는 공통된 교환가치를 갖고 있다. 수익모델이 없다고 고민할 필요는 없다. 순서를 바꿔 프로그램에 먼저 익숙해지고 수익모델을 찾아도 되기 때문이다. 수익모델이 없으면 다양한 시도가 가능하다. 취미, 좋아하는 것, 관심 분야, 전공 등 다양한 분야에서 자신의 한계를 시험할 좋은 기회이다.

플랫폼의 발달로 평범한 사람이 큰돈 들이지 않고 프로그램에 익숙해질 기회가 열렸다. 프로그램의 종류는 다양하다. 경리나라, 크몽, 배민 같은 업무 지원용 프로그램부터, 유튜브, 인스타, 블로그 같은 마케팅 프로그램 등이 있다. 진급보다 인플루언서를 지향하는 것은 시스템의 일부가 되어 노예처럼 살지 않고, 시스템의 주인으로서 산다는 의미이다. 회사가 정해놓은 진급, 성과급 같은 모든 건 시스템을 운영하기 유리하게 설계된 장기판임을 잊지 말아야 한다. 설탕 같은 달콤함에 속아 중요한 것을 놓친다면, 진짜 필요한 기술을 습득하는 데 실패할 뿐이다.

8) 이직하거나, 창업하거나, 포기하거나

잡코리아가 MZ 직장인 1,114명을 대상으로 '회사 생활을 하며 임원으로 승진하고 싶은가?'라는 질문에 54.8%가 아니라고 대답했다. 이유는 다양하다. 부담스러워서(43.6%), 현실적으로 어려울 것 같아서(20%), 일과 삶의 균형이 불가능해서(13.3%) 등이 있었다. 회사 생활을 오래하고 싶지 않다는 의견도 9.8%나 되었다. '회사 생활을 얼마나 하고 싶은지'에 대한 답변은 평균 9.1년으로, 회사에 대한 MZ세대들의 가치관이 어떤지 보여줬다. 근무 중인 직장에 대한 만족도 조사에서는 만족스럽지 못하다는 의견이 가장 높았고(42.8%), 이정도면 만족할 만하다(41.4%), 매우 만족스러운 비율은 6.1% 수준이었다. 만족하지 않는 이유는 미흡한 복지(43.1%), 낮은 연봉(37.9%), 비전(35.1%), 일에 대한 회의감(28.7%) 등이었다.

회사 생활 만족도 조사는 근로자들의 장기근속 여부와 연결되기 때문에 인력자원이 중요한 기업에서는 매번 정기적으로 만족도 점검을 하고 있다. 설문조사에 나온 MZ세대의 의견은 대체적으로 근로 환경에 대한 부분이다. 한마디로 근로 환경이 열악해 일하기 싫다는 의미이다. 일에 대체로 만족했던 그룹은 그 이유를 일에 대한 만족감(33.3%), 복리후생(24.7%), 삶의 균형(23%)이라고 대답했다. 젊은 층이 원하는 회사는 일과 삶의 균형을 맞출 수 있고 개인의 발전을 추구할 수 있는 일이라는 걸 알 수 있다.

연봉이 제일 중요한 3040 세대와는 사뭇 다른 분위기다. 3040 세대의 의사결정 요소는 연봉에 대부분 치우쳐 있어 고연봉 회사에 인력 쏠림 현상이 있다. 이럴 경우 전공, 재능, 관심사는 선택 우선순위에서 밀려나게 된다. 반면 고연봉 회사는 전공, 재능, 관심사에서 본인들의 입맛에 맞는 지원자를 뽑으려하므로, 경력직 채용에서는 미스매치가 빈번하게 발생하게 된다. 연봉, 나이, 직급이 높아질수록 새로운 회사에 이직하기 힘들고, 업종 전환을 하는 사례는 더욱더 찾아보기 힘든 이유이다. 한국의 산업 풀은 다양하지 않다. 예를 들어 삼성전자 직원이 이직하게 되면, 국내에서 이직할 곳은 LG전자가 끝이다. 신한은행 직원이 이직하게 되면, 국내에서 이직할 곳은 국민, 하나, 기업 정도가 끝이다. 연봉을 제대로 받으려면 경력 기간을 살려야 하는데 그 방법은 동종업계 이직밖엔 없기 때문이다.

사람들은 이직이라는 단어를 보면 경력직 채용을 먼저 떠올린다. 공채가 없어 신입 채용 자체가 없기도 하지만, 이직을 할 땐 보통 3~4년의 경력을 기반으로 한 연봉 점프가 목적이기 때문이다. 하는 일의 만족도가 기대했던 것과 일치한다면 문제 될 것은 없다. 하지만 대부분의 일은 보는 것과 하는 것의 차이가 심할 수 있다. 살면서 후회 없이 사는 방법은 자신이 하고 싶은 일을 원 없이 해보는 것이다. 그러려면 다양한 경험을 해봐야 옳고 그름을 명확하게 판단할 수 있다. 이직하거나, 창업하거나, 포기하는 건 삶의 끝자락에 가까워질 때마다 진행하는 단계가 아니라 20대 때 충분히 경험해야 한다. 괴테는 이런 말을 남겼다. '인생은 속도가 아니라 방향'이라고. 잘못된 방향으로 길을 걸으면 그 사실을 알게 되었을 땐 2가지 선택만 남게 된다. 길이 잘못된 걸 알면서도 직진하는 것과 왔던 길을 되돌아가는 것이다. 만약 속도까지 내고 왔다면 되돌아가는 길은 더욱 고달프다. 많은 사람이 말년으로 갈수록 불행해지는 이유는 방향이 아니라 속도에 집중했기 때문이다. 인생의 방향을 알기 위해선 정확히 알기까지 이직하고, 창업하고, 포기하는 경험을 최대한 많이 해봐야 한다. 실패를 두려워할 필요도, 속도가 늦다고 조급할 필요도 없다. 토끼와 거북이의 승자는 거북이이기 때문이다.

3부

4차 산업
혁명의 미래

Me First 시대 프로 트렌드
덕질러가 바라보는 세상의 변화 루틴

01

22세기의 이해

1) 미래엔 어떤 일이 일어날까?

역사를 보면 기술 발전 뒤엔 새로운 근무 형태가 탄생했다. 19세기 통계학자 찰스 부스의 '영국인 직업 기록'을 보면 1841년에는 사람들의 직업을 17개로 분류했다. 19세기 직업을 '군주와 농부'라고 단조롭게 생각하지만, 실제론 직업의 다양성과 종류, 기능 측면에서 21세기의 직업과 크게 다르지 않다. 차이가 있다면 방식의 차이뿐이다. 증기기관이 발달하기 전에는 모든 물류가 수로를 통했다. 대량의 물건을 싣고 이동하기 위해선 마차보단 물 위에서 움직이는 게 효율적이고, 풍력의 힘을 이용할 수도 있었다. 그 결과 세계 주요 도시는 수로를 따라 발전했다. 런던, 파리, 마드리드, 로마, 뉴욕, 시카고 등 주요 도시들은 모두 넓은 강과 인접해 있다. 조선과 화약 무기가 높은 수준으로 발전했고, 유럽 열강들의 항로를 개척하면서 전 세계의 풍부한 천연자원을 발굴해 제조업 발전의 경제 기반을 마련했다.

찰스 부스 '영국 사람들의 직업'(1801~1881)

Class 1	황실, 지방정부에서 근무하는 공무원
Class 2	군인
Class 3	성직자, 의사, 변호사
Class 4	예술가, 학자, 교육자
Class 5	주부
Class 6	숙박업자, 가사도우미
Class 7	은행가, 상인
Class 8	운전수, 운반업자
Class 9	농부
Class 10	어부, 가축업자
Class 11	건설 인부, 기계 제조원, 공구 제조원, 선박 제조원
Class 12	가축, 나무, 옷 판매 종사자
Class 13	식품, 가공식품, 종이, 면 판매 종사자
Class 14	광부
Class 15	비숙련 노동자
Class 16	자본가
Class 17	범죄자, 극빈자, 거지

전 세계 풍부한 천연자원을 손에 넣은 결과는 증기기관의 발달이었다. 자원을 원료로 하는 엔진은 18세기부터 빠르게 성장해 모든 산업을 자동화했다. 효율성이 급속도로 좋아져 공산품, 생활용품이 풍족해졌다. 자동화 효율을 유지하기 위해선 더 많은 자원이 필요했고 열강 사이에서 식민지 쟁탈전이 발생해 세계대전으로 번진다. 1차 세계대전을 거치며 양보다 질의 중요성이 높아졌고 군비 기술 경쟁 덕분에 항공, 무기, 전자, IT 등 첨단 기술과 신기술이 산업 전반에 팽창했다. 통조림은 2차대전 당시 보관이 쉬운 군용식을 개발하면서 만들어졌고, 탱크, 전투기, 장갑차량의 기술 경쟁은 상용 자동차, 항공기의 발전으로 이어졌다. 20세기 대표 기술인 인터넷 기술도 세계 2차대전 당시 핵 공격에 의한 통신 장애를 극복하기 위해 만들어진 것에서 시작했다.

20세기에 비약적으로 발전한 컴퓨터, 인터넷, 전자제품은 전쟁에서 축적된 기술 융합의 결과이다. 21세기 초반부까지 살펴보면 블루투스 기술, 스마트폰, 전기차, 자율주행 자동차를 꼽을 수 있다. 역사를 통해 살펴보면, 산업이 발전하는 방향은 2가지 사실을 전제로 한다. 첫 번째는 결핍을 극복하기 위해서이고, 두 번째는 경쟁을 통해 발전한다는 것이다. 15~17세기 부족한 마차의 한계를 극복하기 위해 항해기술이 발전했고, 발전한 항해기술 덕분에 대항해시대가 열린 것이 이것을 증명한다. 2차대전 치열했던 군비 경쟁 덕분에 통신, 전자 기술이 크게 상승한 것이 이것을 증명한다. 산업은 결국 부족함을 극복하는 과정의 연속이다. 일자리는 산업의 발달에 맞춰 조금씩 변형될 뿐이다.

　미래에 일어날 일을 알아맞히려면 현재의 인류가 어느 지점에 와 있고, 어떤 부분을 가장 결핍하다고 느끼는지 파악하는 게 시작이다. 찰스 부스가 정리한 '영국 사람들의 직업'은 21세기의 직업과 19세기의 직업이 얼마나 다른지 확인할 수 있는 서류이다. 당시의 직업이 현재에도 이어지는 경우가 빈번하다. 직업은 없어지는 게 아니라 장기간에 걸쳐 조금씩 형태만 변화한다. 산업의 수축과 팽창은 기회의 연속이다. 흥망성쇠가 공존하기 때문이다. 봉건제도가 몰락했듯 영원한 건 이 세상에 없다. 세상은 생각보다 공평하다. 끊어진 사다리는 전체를 놓고 보면 순간의 조각일 뿐이다. 역사의 개척자들이 누렸던 넘치는 기회들을 잊지 말아야 한다. 시대를 앞서가는 사람이 승리자이기 때문이다.

2) 새로운 부의 시대

　돈의 속성은 효율에 있다. 현대 사회에서 인구 대부분이 도시에 몰리는 이유이기도 하다. 예를 들면 아파트가 밀집한 서울에서 택배를 배달하면 하루 1천 가구도 거뜬하지만, 주택과 주택 사이 간격이 넓은 시골이라면 하루 150가구 배송도 버겁다. 커피전문점을 운영한다고 했을 때, 하루 평균 440만 명이 지나는 강남에서 운영하는 것과 하루 평균 300명이 이동하는 전남 곡성에서 운영하는 것은 효율 면에서 비교할 수 없다. 서울 부동산 가격은 매년 상승하지만, 지방 부동산의 상승은 제한적이다. 돈은 언제나 효율이 높은 곳에 몰리기 때문이다. 2000년대 IT 버블, 2017년 암호화폐 버블은 우연이 아니다. 개척자들은 효율을 앞당길 가치에 기꺼이 투자한다.

　새로운 부의 시대를 대비하는 것은 부의 흐름을 이해하는 것과 일맥상통한다. <제3의 물결>이라는 책을 출간했고, 세계에서 가장 유명한 미래학자 엘빈 토플러는 이제껏 세상은 3번의 큰 변화를 겪었다고 말했다. 첫 번째는 인간이 농경사회로 진입한 사건이다. 농경사회 덕분에 인간은 정착 생활을 시작했고 부족이 생기고 다음엔 마을, 국가를 탄생시켰다고 했다. 두 번째 변화는 산업사회의 진입이다. 기계라는 도구를 활용하기 시작하며 인간은 생산 능력의 한계를 뛰어넘었다. 세 번째는 정보화 혁명이다. 이전까지 부의 축적은 토지, 기계, 공장을 통해서였다면 정보화시대의 부는 정보와 지식을 통해서 축적된다. IT의 발전으로 대량화, 표준화, 집중화가 가능해졌고 부의 중심은 '지식과 정보'로 흐르게 되었다. 더불어 그는 산업이 발전할수록 변화 주기는 짧아진다고 했다. 실제로 수렵사회 기간은 250만 년, 농경사회는 1만 년, 산업혁명은 200년이다. 마지막 정보화 사회는 20년 남짓이다.

　<제3의 물결>은 1980년에 발간된 책으로 당시는 컬러 TV나 인터넷이 제대로 보급되지 않은 시기이다. 흥미로운 건 엘빈 토플러가 예측한 미래 모습이

현대 모습과 정확하게 일치한다는 것이다. 현재 시점 기준 세계적인 부를 거머쥔 기업은 '정보' 기반의 회사가 대부분이다. 구글, 메타, 마이크로소프트, 애플, 아마존 등이 대표적이다. 매년 영향력 있는 국제 기업을 소개하는 포춘지를 살펴보면 1~20위권엔 항상 IT기업들이 랭크돼 있는 걸 확인할 수 있다. 정보산업의 영향력이다. 정보산업의 핵심은 축적데이터에 있다. IT기업이 축적한 사람들의 데이터에는 천문학적인 광고비가 붙고 유무형의 상품을 판매하기 위한 기업은 이것을 활용하기 위해 엄청난 비용을 지급한다. 애플의 연간 매출(3,943억 달러)이 방글라데시 1년 GDP(2,687억 달러)보다 32% 높다. IT기업의 위상을 알 수 있는 대목이다.

엘빈 토플러는 2001년 보고서에 한국의 미래를 예측하기도 했는데 그곳엔 이렇게 쓰여 있었다. '한국은 선택의 갈림길에 서 있다. 저임금 경제를 중심으로 선진국의 종속국으로 살아갈지 아니면 고부가가치 산업을 중심으로 선도 국가가 될 것인지'라고 했다. 그는 1960년대 한국의 산업화를 주목하면서도 산업이 변화할수록 변화 주기가 짧다는 걸 강조하며, 한국이 선택할 시간은 길지 않다고 말했다. 2023년 한국은 IT 선도국이 아니다. 토지가 작아 통신망이 촘촘히 깔렸고 인터넷이 빠르지만, 그것을 IT 산업의 발달로 규정하기는 힘들다. 구글, 유튜브, 틱톡 같은 글로벌 IT기업이 필요하다. 이들은 대부분 미국과 중국 기업이다. 한국의 네이버도 일본과 동남아시아에서 선전하고 있지만, 유튜브, 틱톡 같은 글로벌 단위의 기업은 아직 탄생한 적 없다. 한국에 남은 시간은 많지 않다. 선택과 집중이 필요할 것이다.

3) 메가 크라이시스 Part 1

앞으로의 핵심 산업에는 크게 6가지가 있다. 에너지 산업, 우주 산업, 식품 산업, IT 산업(인공지능), 생명공학, 로봇 산업이다. 해당 산업들은 인류가 처한 위기에 대응하는 산업이며 현재의 기술력을 근간으로 하는 선도 산업이기 때문에 앞으로의 발전은 6개 산업을 중심으로 경제가 재편될 수밖에 없다.

에너지 분야부터 살펴보면 화석 에너지 고갈이 예견되어 있다. 영국 석유기업인 BP의 통계에 따르면 전 세계 석유 매장량은 약 1조 6천 배럴로 약 50년 뒤 고갈을 예견했고, 천연가스 역시 2015년 기준 6,500조 입방미터로 잔존 가채 연수는 100년 수준이라 했다. 석탄 매장량 역시 2015년 기준 8,915억 톤으로 가채 연수는 106년 미만이다. 탐사 기술과 채취 기술의 발전 덕분에 채취 가능한 범위가 넓어져 가채 연수는 매년 조금씩 증가 중이긴 하지만, 화석 에너지는 언젠간 고갈되고 증가의 범위가 일시적이라는 걸 모두가 알고 있다. 기후 변화 역시 문제이다. IPCC에 따르면 지구의 평균 온도는 1850년 이후 섭씨 1.1도씩 상승했다. 이산화탄소, 온실가스 때문에 바다가 충분히 태양열을 흡수하지 못해 극단적 기후 변화 주기가 빨라지고 있다. IPCC의 주장으로는 섭씨 1.5도가 상승할 때마다 기후 변화로 인한 세계적 피해 규모는 54조 달러(약 7경원)라고 했다. 미항공우주국 NASA는 지구온난화 속도를 막지 못하면 해수면이 상승해 2100년경 약 2미터의 해수면이 상승하고 아시아 대부분 국가와 각국의 주요 도시가 물에 잠길 것이라 발표했다.

지구 위기의 시그널은 화석 에너지를 대체하는 친환경 에너지의 부상을 의미하고 현재 널리 사용 중인 태양광, 풍력, 수력 에너지 기술 외에도 바이오매스, 지열, 해양 에너지, 폐기물 에너지로 범위가 확대된다는 의미이다. 나아가 에너지 저장 기술, 에너지 환수 기술이 크게 확장될 것을 암시한다. 2023년 기준 재생 에너지 산업은 전통적 에너지 강국인 미국이 흐름을 계속 이어가고 있다. 에너지 채굴만이 아니라 에너지 보관, 에너지 발전 등의 기술을 통해 재생 에너지를 보다 효율적이고 오랫동안 유지할 수 있는 기술들이 개발 중이다. 규모는 아직 작지만, 한국에서도 한화에너지솔루션, 현대에너지솔루션, OCI 등이 태양광, 모듈, 전지 분야에서 점유율을 높여가고 있다. 한국과학기술기획평가원 KISTEP 2018년 자료에 의하면 선진국과의 기술 격차는 5년으로 미국, 유럽, 일본보다 5년 정도 기술이 뒤처진 것으로 확인된다.[17]

유망 재생 에너지 기업 Top 10

기업명	국가	사업 내용	홈페이지
IMP ESS	미국, 텍사스	석유 파이프, LNG	impenergy.com/company
Brookfieldr enewable partners	캐나다, 토론토	재생 에너지, 재생 에너지 인프라	bep.brookfield.com
Verbund AG	오스트리아, 비엔나	수력 발전, 발전 인프라	www.verbund.com
Tesla	미국, 텍사스	에너지 스토리지 사업, 태양광	www.tesla.com/ko_kr
외르스테드 (Ørsted)	덴마크, 프레데리시아	풍력 발전, 에너지 발전	orsted.com
First Solar	미국, 애리조나	태양광, PV발전소, PV셀	www.firstsolar.com
NEXTERA	미국, 플로리다	재생 발전기, 태양광	www.nexteraenergy.com
SolarEdge	이스라엘, 헤르츨리야	저장 배터리, 인버터, 태양광 에너지	www.solaredge.com/en
PlugPower	미국, 뉴욕	전기 저장 시스템, 수소연료 전지 시스템	www.plugpower.com
Clearway Energy	미국, 뉴저지	태양광, 발전 에너지 시스템	investor.clearwayenergy.com

다음은 우주 산업이다. 우주 산업은 최신 진보 기술의 복합체다. 천문학적인 금액이 소요되고, 천문학적인 이익이 동반되는 압도적 경제 선도 산업이다. 우주 산업이 꼽히는 이유는 크게 2가지로 보는데 행성 탐사와 인공위성이 있다. 지구의 자원이 고갈되고 기후 변화로 지구 내 생존권이 악화하는 상황에서 인류가 거주할 행성을 먼저 찾는다면 아메리카 신대륙을 개척한 유럽인들보다 높은 수준의 기회를 선점할 수 있다. 제일 큰 기회는 자원 선점이다. 타 행성의 에너지를 개척하면 지구가 가진 에너지의 한계를 극복하고 막대한 자원력을 바탕으로 독점적 지위를 얻는 것도 가능하다. 오늘날 에너지 패권국인 중동과 유라시아, 미국의 에너지 파워를 뛰어넘는 지위를 가질 것이다. 다음은 인공위성 기술이다. 최신 통신 기술인 5G를 무선 통신이라고 홍보하지만, 데이터를 전송하는 기지국 셀 사이트가 근방에 없으면 네트워크를 이용할 수 없다. 그러나 인공위성 기술을 이용하면 인터넷 공간을 이용하는 데 위치적 제약에서 언제든지 해방될 수 있다. 우크라이나-러시아 전쟁에서 일론 머스크가 우크라이나 통신을 위해 지원한 스타링크가 대표적인 인공위성 네트워크 기술이다. 우주에 떠 있는 인공위성에서 네트워크를 지원하기 때문에 EMP 공격으로 네트워크가 초토화된 상황에서도 드론과 같은 통신 기반의 전자 장비를 마음껏 사용했다.

인공위성 발사체는 ICBM 미사일과 설계 구조가 비슷하다. 인공위성 기술을 손에 넣으면 핵미사일 기술을 손에 넣는 것과 같다. 탄두 부분에 인공위성 대신 핵탄두를 장착하면 ICBM 핵미사일이 완성되기 때문이다. ICBM은 대기권 밖으로 오르기 전 선제 타격으로 요격하지 않으면 막을 방법이 없다. 순간 살상력은 최소 히로시마의 원폭의 80배. 군비 증강을 압도적으로 높이려면 가장 확실한 무기는 인공위성 기술이다. 현재 우주 산업은 미국이 압도적으로 선도하는 가운데 중국이 두 번째로 부상 중이며 그 뒤로 프랑스, 러시아, 일본이 세계 시장을 주도하고 있다. 한국의 우주 산업 규모는 3위인 프랑스랑 비교하면 5배가량 뒤처져 있고, 1등인 미국과는 66배의 차이로 뒤처지고 있다. 한국도 2023년, 국가 주도의 신설 기관을 개설하고 민간 투자 분야를 개방했지만, 천문학적인 개발 비용이 소요되는 우주 산업에서 열강들의 견제를 극복하고 성과를 만들 수 있을지는 물음표다. 한국 우주 기업은 KAI, 한화시스템, LIG넥스원, 현대위아, 대한항공, 유콘시스템 등이 있다.

4) 메가 크라이시스 Part 2

다음 산업은 식품이다. 한국의 인구는 감소하고 있지만, 저성장 국가를 중심으로 세계 인구는 매년 8,300만 명씩 증가했다. 지금 추세대로라면 2030년에는 86억 명, 2050년에는 98억 명, 2100년에는 112억 명을 앞두게 된다. 현재 지구 인구가 80억 명인 것을 고려하면 73년 뒤엔 143% 증가한다는 의미이다.

현재 농업 시스템으론 어림도 없다. FAO(유엔식량농업기구)의 보고서에 의하면, 지구 인구 80억 명 중 10%가 식량 부족 상태이며 농업과 토지는 한계점에 이르렀다고 한다. 개발도상국에 국한된 이야기가 아니다. 한국은 대표적인 곡물 수입국이다. 곡물 유통량의 80%를 수입에 의존하고 있어 수입 곡물 가격에 유연하게 대응하기 어렵다. 식량 부족 사태가 발생하면 곡물 수입 가격이 높아지기 때문에 한국 내수 경제에 치명적 위험이 된다.

부족한 농업 생산량을 충당하기 위해 대체식품이 발명되고 생산 효율을 올려줄 기술이 개발된다. 시중에 유통되는 과일과 야채는 품종 개량을 통해 현재의 모습을 갖추었다. 바나나, 오렌지가 대표적인 사례이다. 식품과 효율이 만나면 식품의 종류는 생산과 영양에 효율적인 품종 위주로 재배될 확률이 높다. 소품종 대량생산의 시대가 머지않은 것이다. ICT 기술과 융합한 농업도 눈길을 끈다. 도입 단계에서는 아직 사람의 일손을 돕는 데서 끝나겠지만, 자율주행기술이 농기계에 접목되면 생산부터 유통까지 100% 자동화가 시행돼 부족한 농촌 인구와 생산량의 한계를 극복할 수 있다. 물류센터 ICT와 만나 100% 자동화로 가는 것처럼 농업의 자동화도 얼마 남지 않았다.

부가가치가 낮아 성장성에 한계가 있던 식품 산업이 급격하게 성장하고 있다. 기술 발전의 수혜로 인류는 식량 부족 한계를 극복할 것이다. 엔진의 개발 덕분에 생산량이 높아져 수많은 공산품이 가정으로 보급된 것처럼, 식품 생산량을 조절하게 되면 양질의 식품을 더욱 저렴하게 이용할 수 있게 된다. 현재 푸드테크 산업은 미국, 인도, 영국, 중국이 주축이며 캐나다, 호주가 후발주자로 입지를 굳히고 있다. 선도 국가들은 세계를 대상으로 시장을 넓게 사용하지만, 한국은 아직 내수 시장 위주로 운영하고 있다. 지나친 규제와 여러 이권 단체의 견제가 원인이다. 투자 규모 또한 확대되어야 한다. 미국의 경우 '키친인큐베이터'라는 육성기관을 출범해 푸드테크 기업에 연평균 25억 달러를 지원하고 있다. 그에 비해 한국은 아직 국가 차원의 지원정책이 없고, 각종 규제 때문에 민간 투자마저 지지부진하다. 식품 기업들의 자체 투자도 연간 매출액 대비 0.36%로 해외 기업들보다 압도적으로 낮다.

한국을 대표하던 푸드테크 기업, '배달의 민족'이 해외 기업인 '딜리버리히어로'에 매각된 이유는 지나친 규제로 기업을 통제 아래 두려는 정책 때문이다. '수수료 체계 개편' '지방 자치단체 공공개발 앱 출시' '온라인 플랫폼 규제 강화' 등 2020년에만 정부 기관과 단체로부터 수십 건의 견제를 받았다. 자본주의 사회에서 기업이 이윤을 추구하는 건 당연한 부분이다. 국가가 나서서 수수료율까지 조정하려는 건 지나친 개입이다. 기존 이권 단체의 생존권을 보호하는 것도 중요하지만 경쟁력이 없는 본인들의 무능력함을 탓하는 게 우선이다. 대를 위해 소를 희생하자는 의미가 아니다. 기득권보다 기회에 집중해야 미래를 지향할 수 있다. 투자금은 개별의 생존권이 아니라 더 많은 성과를 창출할 곳에 집중돼야 더 높은 수준의 가치를 창출한다. 우수한 통신 인프라를 갖고 시작했음에도 불구하고 세계 시장에서 뒤처진 한국 인터넷 산업을 기억해야 한다. 낡은 규제와 사고방식이 유망한 푸드테크 기업들의 발목을 잡는 일은 없어야 한다. 미래 유망 산업 중 한국이 독점할 확률이 매우 높은 산업이기 때문이다. 풍부한 제조 인프라와 이미 보유한 ICT 기술까지 있다. 큰 견제 없이 양질의 효율을 만들 수 있다는 의미이다.[18]

다른 유망 산업은 IT 산업이다. 인류는 최근 챗GPT를 통해 인공지능의 가능성과 실생활 근접도를 확인했다. 고부가가치 산업이 갖는 영향력은 산업 존재만으로 실생활의 모든 부분을 바꿀 만큼 영향력이 높다. 애플의 연간 매출이 개발도상국 1년 GDP보다 높다는 건 고부가가치 산업의 영향력을 입증한다. AI 기술은 미래 유망 기술 중 독보적인 위치의 산업이다. 국가급 이상의 영향력을 인정해야 한다. AI 딥러닝 기술은 정보의 한계를 극복한다. 여태까지는 수천 년에 한 번 아인슈타인 같은 천재들이 태어나 문명의 기술을 바꿨다면, 이젠 수백 년 또는 수십 년 주기로 기술 진보의 주기가 빨라짐을 의미한다. ICT와 AI가 융합되면 사실상 대부분 산업에서 100% 자동화가 가능하다. 금융, 의료, 회계, 법률, 사무, 데이터 분석 등 산업 단계를 구분하지 않고 사람이 더는 필요 없다는 걸 의미한다.

온라인뱅킹이 생긴 이후 은행 점포를 찾기 힘들어진 게 대표적인 예시이다.

4대 시중 은행인 국민, 신한, 우리, 하나 은행은 지난 5년간 연평균 8~9개의 점포를 꾸준히 축소해 왔다. 온라인뱅킹 핵심 기술인 핀테크 기술 덕분이다. 사람들이 은행에 접근하는 방식부터 일자리까지 모든 부분에서 지각변동이 발생했다. 점포가 줄어든 만큼 은행권 채용 인력도 슬림화되는 추세이다. 냉정하게 느껴지겠지만, 이것이 피부로 느껴질 변화의 첫 시작이다. 영리 집단은 절대 잉여 인력을 두고 기업을 운영하지 않는다. 오히려 한국이 변화에 늦었을 뿐 미국, 영국, 캐나다 같은 조세 패권국에서는 이미 2010년부터 금융 지점과 인력을 빠른 속도로 줄이고 있었다.

AI가 발달하면 인간은 보조하는 역할로만 발전한다는 낙관론자들의 주장이 있다. 망상이고, 궤변이다. 인류는 이미 핀테크 기술이 금융가의 지각변동을 어떻게 바꿨는지 경험했다. AI는 핀테크보다 높은 차원의 기술이다. 알파고가 이세돌을 이겼을 때 이미 AI의 파급력은 인간의 능력을 뛰어넘었다. AI 진화 단계에서 현재의 AI는 '약한 인공지능(Week AI)'이라 불린다. 문제 해결 능력이 약한 컴퓨터 기반 AI를 이렇게 부르는데 앞으로의 인공지능은 구글의 알파고, IBM 왓슨 같은 독립성 AI가 주를 이룬다. '강한 인공지능(Strong AI)'의 시대이다. 더 높은 차원의 AI인 '초인공지능(Super AI)'도 있다. 인간보다 약 1천 배 뛰어난 지능과 자가 발전이 가능한 AI 단계이다. 천재과학자 아인슈타인의 아이큐가 160이었는데 그것보다 1천 배 뛰어난 AI는 얼마나 많은 기술로 세상을 바꿀지 기대되는 부분이다.

국제 조사기관들은 AI 시장이 연평균 40% 이상 성장할 것으로 전망한다. 인류는 이미 새로운 기술이 만들 산업적 지각변동을 경험했다. 유튜브가 방송국의 영향력을 흡수하고, 방송국이 앞다투어 유튜브에 들어왔던 것처럼 진보된 기술은 기존 산업을 흡수하는 방향으로 성장한다. AI 기술도 마찬가지일 것이고 투자, 채용, 기술 개발 같은 사회를 구성하는 파급력은 AI 기술에 쏠릴 가능성이 높다. 모든 패러다임이 바뀌고 있다. 양질의 일자리가 사라진 게 아니라 더 높은 차원의 일자리로 흡수돼 편입되는 것이다. 전체 일자리 수를 놓고 단순 비교를 하고 싶진 않다. 방송국이 유튜브의 영향력에 흡수되어 미디어 산업에 지각변동은 있었지만, 파급력이 높아져 방송국 매출이 증가한 것에 주목해야 한다. 유튜버라는 새로운 직업과 기회가 창출되었음을 잊지 말아야 한다. 정보통신기획평가원이 조사한 'ICT 기술수준조사'에 의하면 현재 AI 기술은 미국이 100으로 가장 높고 그 뒤를 중국(94.2), 유럽(89.7), 한국(89.2), 일본(87.6)이 따라가는 형태라 발표했다. 미국과의 기술 격차는 1.2년 수준이며 세계 수준의 경쟁력을 확보한 상태이다. 대표적인 한국 ICT 기업으로는 네이버, 카카오가 있다.

5) 메가 크라이시스 Part 3

　다음은 생명공학 산업이다. 인류의 수명은 과학적 근거에 입각해 단계별로 진화를 거듭했다. 현재 사람의 평균수명은 남자 80.6세, 여자 86.6세이다. 1900년대 인간 평균수명은 40세였다. 100년이 조금 넘는 기간에 2배가 늘었다. 기원전 원시시대로 거슬러 올라가면 평균수명은 10세로 줄어든다. 불규칙한 의식주, 외부의 위협 등이 원인이었다. 인류의 수명은 위협을 극복하는 일련의 과정이었다. 이런 수축이 반복할 때마다 평균수명은 증가했고, 인구도 같이 증가했다. 앞으로 인류의 수명은 얼마까지 늘어날까? 의학계는 노화를 결정하는 유전인자를 조작해 150세까지 수명을 연장할 수 있다고 주장했다. 재밌는 사실은 노화를 지연시키는 유전자 조작 기술이 암세포를 연구하는 과정에서 시작되었다는 점이다.

　생명공학 기술은 식물에서 동물까지 사용 범위가 넓다. 산업 관점에서 에너지와 푸드테크와 깊은 연관성이 있다. 현재 인간이 섭취하는 식물성 식품, 과일과 채소는 품종개량을 통해 상품성을 인위적으로 끌어올린 결과물이다. 오렌지, 바나나는 대표적인 품종개량 사례로 개량 전 상태를 살펴보면 충격적일 만큼 씨앗이 많고 볼품없는 모양이다. 품종개량은 유전자 조작을 통해 우수한 유전자만 배합했다는 의미이다. 현대인의 주식인 쌀과 밀도 유전자 조작을 통해 영양 성분은 높고 기후 토양과 관계없이 잘 자라도록 설계되어 있다. 인간의 사냥을 보조하던 개는 현대 사회에서 반려동물로 품종개량 되어 온순한 성격과 도심에 적합한 크기로 점차 개량되었다. 종교계는 생명공학의 기술을 놓고 생명윤리에 어긋난다며 반대하고 있다. 여기서 중단해야 하는 걸까?

결론부터 말하면 아니다. 생명공학은 인류의 시련을 극복하는 과정일 뿐 윤리의 영역이 아니기 때문이다. 만약 생명공학이 윤리에 어긋난다면, 현대 과학으로 극복한 모든 질병과 기술은 윤리에 어긋난 것들이다. 제왕절개 수술, 암치료도 자연적으로 죽었어야 할 사람을 살려낸 것이니까 신의 영역을 침범한 것이다. 윤리를 앞세운 주장은 모순이다. 윤리 문제를 앞세우기 전에 '종교인들은 현대의학을 전혀 사용하지 않는가?'를 먼저 묻고 싶다. 만약 암에 걸린다면 운명을 받아들이고 사망할 것인가? 아내의 목숨이 위험해도 자연분만을 주장할 것인가? 지금은 당연하게 받아들이는 모든 것들이 기술 발전을 통해 이뤄진 결과임을 잊지 말아야 한다. 식물, 동물을 대상으로 진행한 유전자 조작의 결과는 인간이 원하는 방향대로 조정되었다. 앞으론 인간의 유전자도 조작 대상에 포함된다. 노화 세포를 제거해 젊음의 기간을 연장하는 방식이 대표적인 방법이 될 것이다.

세계 관점에서 향후 100년 인구는 계속 증가한다. 늘어난 인구만큼 부양할 식량이 부족해 '식량 부족 위기'가 발생하겠지만, 언제나 인류는 위협 범위가 넓을수록 기술을 통해 문제를 극복해 왔다. 그 중심에 생명공학이 있다. 유전자 조작 기술은 바이오 연료를 만들 때도 필요한 기술이다. 식물 유전자를 조작해 연료로 사용할 수 있도록 품종개량을 하기 때문이다. 현재 브라질에서는 자동차 원료로 디젤 대신 바이오 연료를 사용하고 있다. 바이오디젤이라 불리는 이 연료는 옥수수, 사탕수수, 콩에서 나온 바이오에탄올을 기반으로 하고 있고 해당 식물들은 식물 유전자 조작을 통해 연료에 적합하게 설계한 결과물이다. 브라질은 1979년부터 휘발유와 바이오디젤을 혼용해서 사용할 수 있도록 정책을 추진했다.

마지막은 로봇 산업이다. 경제적 관점에서 로봇은 인간의 신체적 한계를 뛰어넘는다. 지치지 않고 24시간 일할 수 있고, 정밀한 작업을 일정하게 유지하기 때문이다. 이런 효율성 덕분에 로봇 산업은 생산 공장에 먼저 도입되었다. 자동차, 식품, 반도체 등 산업을 가리지 않고 효율이 올라갔고, 21세기 인류는 공산품이 넘치는 풍요의 시대에 살고 있다. 생산 공장에서 이용되던 쓰임이 전부였던 로봇은 그 범위가 산업 전체로 확장되고 있고, 개인의 영역까지 꾸준히 영향력이 넓어지고 있다. 치킨 프랜차이즈 브랜드 '롸버트치킨'은 사람 대신 로봇 팔이 치킨 조리의 전 과정을 담당한다. 강지영 대표는 단체 주문 치킨 100마리를 2시간 만에 소화했다고 했다. 로봇이 조리의 전 과정을 담당해 맛이 일정하고 효율성이 높아져 서비스에만 집중할 수 있다고 덧붙였다. 설치만 하면 넓을 공간이 필요치 않아서, 공간 활용과 동선 효율도 높아진다. 인력난을 겪고 있는 자영업이 한계를 극복하는 효율적인 해결책이다. 로봇 산업은 미국과 일본, 스위스, 독일, 한국이 세계 시장을 선도하고 있다.

로봇 산업 선도 기업

회사명	국가	주력 분야	홈페이지
IRobot	미국	군사용 로봇, 가정용 로봇	www.irobot.com
UBTech	미국	휴머노이드, AI	www.ubtrobot.com
NVIDIA	미국	오토노머스, 스마트팩토리, 농업용 로봇	www.nvidia.com/en-us/deep-learning-ai/industries/robotics
RockWell AUTO	미국	제조 로봇	www.rockwellautomation.com
Boston Dynamics	미국	휴머노이드, AI	www.bostondynamics.com
야와스카 전기	일본	용접 로봇, 산업 로봇	www.motoman.com/en-us
Fanuc	일본	용접 로봇, 산업 로봇	www.fanuc.com
Kawasaki	일본	군사용, 산업 로봇	kawasakirobotics.com/asia-oceania
Epson Robot	일본	산업 로봇, 컨트롤러	www.epson.co.kr/industrial-robots
Nachi Fujikoshi	일본	산업 로봇, 정밀 로봇	www.nachi-fujikoshi.co.jp/eng/rob/index.html

회사명	국가	주력 분야	홈페이지
Adept Tech	일본	산업 로봇, 보안 로봇	www.nachi-fujikoshi.co.jp/eng/rob/index.html
ABB	스위스	산업 로봇, 협동 로봇, 로봇 시스템	new.abb.com/products/robotics
Staubil	스위스	물류 로봇, 자동 운송	www.staubli.com/global/en/robotics.html
KUKA	독일	산업 로봇, 정밀 로봇	www.kuka.com
Festo	독일	산업 로봇, 의료 로봇, 드론	www.festo.com
현대로보틱스	한국	산업 로봇, 자동화 공장	www.hyundai-robotics.com/index.html
엘지전자	한국	배송 로봇, 상업 로봇	www.lg.co.kr
유진로봇	한국	물류 로봇, 자동 운송	yujinrobot.com/ko

현재까지 로봇 분야만큼은 미국과 일본이 세계를 주도하는 상황에서 스위스, 독일이 긴밀한 협력을 통해 후발주자로 급부상했다. 한국의 경우 뒤늦게 합류했으나, 현대와 LG 같은 대기업을 주축으로 기술 개발과 투자에 적극적이다. 중공업과 제조업에서 축적한 노하우도 산업 육성에 도움이 되고 있지만, 핵심 기술이 없어 소프트웨어와 서브모터, 감속기는 전량 일본에서 수입한다. 이 와중에 중국은 시장과 자본력을 바탕으로 압도적인 투자를 감행하며 무서운 추격세를 보여주고 있다. 한국과 중국의 로봇 기술 격차는 미미하고 핵심

기술은 전량 미국, 일본에 의존하고 있다. 단순히 로봇 산업을 운영하는 것으로는 세계 시장 속에서 한국의 점유율을 확보하는 건 상당히 어려운 상황이다. 2022년 삼성증권이 발표한 글로벌 산업용 로봇 기술 순위는 일본이 37%로 시장을 압도적으로 점유하고 있고, 그 뒤를 스위스와 독일이 12%씩 차지하고 있다. 한국은 2% 수준이다. IFR World Robotics 2021에서 발표한 로봇 시장 규모는 중국 39%, 미국 13%, 일본 11%, 독일 7%로 로봇 시장에서도 미국과 중국의 위상은 지속되고 있다.[19]

로봇 산업 선도 국가들의 개성은 뚜렷한 편이다. 미국은 소프트웨어와 서비스 및 의료 로봇, 일본은 산업용, 스위스와 독일도 산업용에서 강세이다. 산업용에 치중되었던 로봇의 분야는 ICT 기술이 접목되며 종류와 기능이 점차 다양해지고 있다. 의료, 군사, 서비스, 보안 등 다양한 산업 분야에 접목된다. 보편화하고 있는 드론 역시 로봇 산업의 일부이다. 산업용 로봇 시장은 세계 기준 265억 2천만 달러로 한화 34조 9,798억 규모이다. 앞으로는 가사, 보안, 물류 등의 서비스 로봇 수요 확대가 예견되어 있다. IFP 한국로봇산업협회의 2015~20년 자료에 따르면 글로벌 로봇 시장은 산업용 8%, 서비스용이 매년 10%씩 성장 중이다. 미국, 일본, EU, 중국은 정부와 민간이 뭉쳐 투자, 산업 개발, 규제 완화에 상당히 적극적이다. 반면 한국은 정부와 민간 모두 소극적인 편이다. 산업통상자원부가 발표한 2022년 로봇 산업 정부 예산은 1,842억 원

뿐이다. 통신사 KT가 현대로보틱스에 500억을 투자하긴 했지만, 충분할지는 의문이다. 실제로 미국의 연간 로봇 투자 규모는 200억 달러(한화 27조 원)이다. 중국은 86억 8천만 달러(한화 11조 원), 유럽은 620억 달러(한화 88조)이다. 로봇 선도 국가들이 조 단위의 투자를 하고 있는 상황에서 한국은 정부 지원과 민간을 합쳐도 연간 3천억 원을 넘지 못한다.

미국, 중국, 유럽은 적극적인 정책 완화와 민간 투자를 활성화해 투자 규모를 계속 확대하고 있다. 한국도 정부와 민간 투자만으론 충분치 않다. 해외 투자, 민간 투자를 적극적으로 수용해야 한다. 글로벌 시대, 기업들에는 국경이 없다. 삼성급의 기업 규모라면 뿌리가 어디에서 시작했는지는 중요치 않다. 인지도와 브랜드 측면에서 세계적 인정을 받기 때문이다. 한국에서 투자 유치가 어렵고 사업 운영이 어렵다고 판단되면 공장과 본사를 해외로 이전하는 것도 염두에 둘 수 있다. 실제로 내수 규모가 작은 네덜란드, 스위스 출신의 기술 기업들이 독일, 영국, 미국 등으로 거점을 옮기는 사례는 빈번하다. 해외로 주요 기업들이 빠져나가면 세금, 일자리 등 경제 전반의 문제가 발생할 수 있다. 현재 한국이 로봇 시장에서 처한 위치는 낙관적이지 않다. 돌파하려는 출구전략과 관심이 확대되어야 할 것이다.

6) 이동하는 힘의 중심에 올라라

한국에서 유튜브의 잠재 가능성을 알아보고 투자해 막대한 수익을 올린 첫 사례가 있다. 싸이의 '강남스타일'이다. 2012년 출시한 '강남스타일'은 조회 수 40억 회를 기록하며 빌보드차트 2위를 기록했다. 한국 시장만을 특정했다면 조회 수 40억 회는 불가능한 수치였다. 뒤이어 BTS, 블랙핑크 등 많은 K-POP 가수들이 유튜브를 통해 데뷔하고 효과를 보았다. 그 밖에도 초창기 유튜브에 뛰어들었던 많은 크리에이터들은 인기와 특수를 톡톡히 누렸다. 진가를 알아보고 과감하게 투자한 결과였다. 관심을 조금만 돌려 해외 사례를 살펴보면 '강남스타일' 이전에도 성공 사례는 상당히 많다. 저스틴 비버의 어머니가 친척들에게 공유하기 위해 유튜브에 올렸던 비버의 'So Sick' 노래 영상이 화제가 되어 2008년 연예기획자 스쿠터 브라운 눈에 띄고 어서가 속한 연예기획사 '아일랜드레코드'와 계약 후 가수로 데뷔한 일화는 전설로 남을 만큼 유명하다.

환승 시간이다. 역사의 대소사에서 획을 긋는 변화가 매일 일어나고 있다. 기존 방식이 효과 없는 이유는 힘의 균형이 이동하고 있기 때문이다. '왜 안 될까?' 질문하기 전에, 힘의 지각변동이 어디서 일어나고 있는지 상황을 먼저 파악해야 한다. 변화가 빠르면 정답을 찾을 수 없다. 대신 해답은 있다. 변화하는 흐름에 올라타 선구자 또는 개척자가 되는 것이다. 그렇게 하기 위해선 추세에 민감하게 반응하고 수많은 정보 중에서 유용한 정보를 분별할 기술이 필요하다. 이 분야는 아이큐가 높다고 잘하는 게 아니다. '세상 물정에 얼마큼 관심을 두는지'가 중요하다. 일간지 한두 개에 의존할 게 아니라 스스로가 호기심을 갖고 찾아보는 것이다. 사실에 입각한 데이터를 알아내는 과정에서 균형 잡힌 생각, 자신의 주관은 더욱 뚜렷해질 것이다.

해답은 생각보다 가까운 곳에 있다. 15년 전으로 돌아가 미디어 콘텐츠 시장을 살펴보자. 2008년 유튜브가 한국에 상륙할 당시 한국엔 네이버, 아프리카TV, 곰TV 같은 토종기업들이 많았다. 외신들은 한국에서 철수했던 월마트, 까르푸 같은 해외 기업들 사례를 들며 한국을 해외 기업들의 불모지라 소개했다. 2023년 유튜브는 한국 전체 인구의 90%가 이용하는 영상 플랫폼이 되었다. 이 모든 것들이 우연일까? 그렇지 않다. 유튜브의 성공은 2008년 한국 출시 당시부터 예견되어 있었다. 이유는 크게 3가지인데, 첫 번째는 콘텐츠의 다양성이다. 당시를 주름잡던 한국산 인터넷 방송 플랫폼 아프리카TV는 특정 콘텐츠와 라이브 방송에 편중된 콘텐츠 성향을 보여 다양한 시청 연령층을 흡수하지 못했다. 반면 유튜브는 브이로그, 교육, 여행 등 다양한 콘텐츠를 제공한 덕분에 폭넓은 시청자가 유튜브로 흡수되었다. 두 번째는 스마트폰 친화적 인터페이스와 서비스를 제공했다는 부분이다. 당시 2008년 당시 네이버나 아프리카는 컴퓨터 시청에만 적합한 세팅이었다. 그러나 유튜브는 언제 어디서나 시청하기 편리한 액세스를 제공했다. 세 번째는 유일한 글로벌 친화적 플랫폼이라는 점이다. 아프리카TV, 네이버가 내수 시장에만 집중할 때, 유튜브는 콘텐츠 발행을 어디서 하든 전 세계 시청자가 시청할 수 있도록 서비스를 제공했다.

누군가는 흘려보냈을 내용이지만 그 안에는 이미 충분히 검증된 해답이 있었다. 조금만 관심을 기울여 2005년 유튜브의 창립을 관찰했다면, 2008년 저스틴 비버의 성공을 분석했다면, 2012년 강남스타일의 성공을 보고 도전했다면, 2013년에 출범한 BTS의 성공을 그냥 흘려보내지 않았다면 기회의 중심에 설 수 있지 않았을까?

7) 불행은 기회다

'로또 당첨' 같은 일부 사례를 제외하면 운은 절대 우연이 아니다. 기회를 알아보고 행동하는 건 개인의 몫이기 때문이다. 유튜브가 출범한 2005년으로부터 18년이 흘렀다. 그동안 수많은 기회가 있었다. 평범한 사람들이 유튜브를 활용해 비즈니스를 효과적으로 홍보하고 유명세를 얻었다. 재산, 나이, 학벌, 인맥 중 어느 것도 필요치 않았다. 기회를 잡거나 못 잡은 건 개인의 선택이다. 기회를 포착해 운을 자신의 것으로 만드는 건 개인에게 달려 있기 때문이다. 기회는 예고 없이 찾아온다. 기회가 왔는지 아닌지 알지 못하는 건, 너무 좁은 시야로 세상을 바라봤기 때문일 수 있다. 스마트폰의 창시자 스티브 잡스 같은 위인이 아니더라도, 아이큐가 높아 통찰력 높은 사람이 아니더라도 기회를 포착하는 능력이 있다면 성공에 다가갈 수 있다.

기회를 포착하는 방법은 쉽다. 얼리어답터가 되면 된다. '기회'라는 단어를 사전에 검색하면 일을 하는 데 적절한 시기나 경우라고 설명되어 있다. 그렇다. 기회는 시대의 흐름을 잘 타는 사람이 누리는 특권이다. 흐름을 잘 탄다는 건 힘이 어디로 이동하는지를 정확히 알고 캐치한다는 의미이다. 힘의 이동을 캐치하는 건 경험과 분석의 결과물이다. 새로운 것에 도전하지 못하는 건 실패가 두렵기 때문이다. 인생을 이분적 관점으로 놓고 보면 실패는 성공과 가장 먼 개념이다. 이런 관점으로 접근하면 실패는 '두려움'이고 도전은 '위협'이다. 기회가 원천 차단된 상황이라는 가정을 놓고 생각하면 이런 사고가 틀렸다고 단정 지을 수 없지만, 세기를 거듭할수록 기술은 발전했고 새로움은 평등한 기회를 창출했다.

현재 우리는 불안한 시대에 살고 있다. 취업 사다리는 끊겼고, 많은 사람이 양질의 일자리를 얻지 못한 채 불안한 시대를 각자의 방법으로 이겨내고 있다. 영끌족, 파이어족, 캥거루족, 히키코모리 등 각자의 방식으로 대응하고 있을 뿐이다. 사람의 진가는 위기일 때 나타난다. 오히려 결핍한 상황이 때로는 축복이다. 17세기의 유럽 귀족들이 그것을 증명한다. 당시 귀족들은 '일하는 것'

'직업을 갖는 것'은 평민들이나 하는 것이라 생각했다. 온실 속의 화초처럼 자랐던 귀족 자녀들은 17세기 산업혁명의 변화에 적응하지 못하고 몰락했다. 앞에 놓인 현실이 풍요롭지 않기에 온전히 미래에 집중할 수 있다. 이젠 실패에 대한 개념을 바꾸어야 한다. 실패는 결과가 아니라 과정이다. 더 단단해지는 과정을 통해 성공으로 나아가는 것일 뿐이다. 실패라는 경험은 수많은 인사이트가 되어 우리에게 돌아오기 때문이다.

삶은 평범한 사람들에겐 녹록지 않다. 사는 게 힘든 이유는 힘이 없기 때문이다. 일반적인 관점으로 살펴보면 기회는 없고 압도적인 절대 강자들의 세상인 것만 같지만 그건 단편적인 모습이다. 얼마큼의 '부를 갖고 태어나는지' 결정하지 못하지만, 그것을 만드는 방식은 온전히 개인이 선택 가능한 부분이기 때문이다. 평범한 개인이 집중할 부분은 '방식'이다. 그러려면 정확한 방향이 선행되어야 하고 적합한 방법을 찾아 지속하면 해답을 찾는 것이다. 매일 올라가는 물가, 매년 제자리인 월급, 끊어진 사다리 사회 전반에서 경종을 울리는 신호가 울리고 있다. 그 신호는 힘의 지각변동을 알리는 알림이고 새로운 힘의 출현을 알리는 신호이기도 하다. 어느 쪽에 집중하고, 어느 쪽에 관심을 기울일지는 개인이 판단하는 부분이다. 블랙홀의 반대말은 화이트홀이다. 블랙홀을 통과하면 화이트홀이 나오듯, 성공과 실패도 한 개로 연결된 개념이다. 불행은 기회이고, 결핍의 끝엔 풍족함이 있다.

02

무너지는 먹이사슬, 멸종하는 공룡

1) 공룡의 멸종

　6,500만 년 전 공룡은 멸종했다. 여러 가지 설이 있지만 미국 국립과학원회보 PNAS의 최근 발표에 따르면 갑작스러운 기후 변화를 원인으로 지목했다. 6,500만 년 전 인도 데칸 지역에서 화산 폭발이 발생했고 유독가스가 대기를 덮어 여러 종의 공룡이 멸종했다. 그 여파로 먹이사슬이 무너지며 멸종했다는 것이다. 철갑을 두른 티라노사우루스도 먹이 없이는 생존 불가능했다. 사냥하기엔 큰 덩치가 유리했지만, 생존에는 오히려 불리했다. 큰 몸집을 유지하려면 산소와 먹이가 많이 필요하기 때문이다. 화산 폭발 이후 생태계엔 몸집이 작은 종들만 살아남았다. 몸집이 작아야 생존에 유리했기 때문이다.

분야는 조금 다르지만, 생태계 구조로 보았을 때 현대 사회의 재벌 기업도 공룡과 같은 모습이다. 막대한 자본력과 유통망을 통해 시장의 자본을 흡수할 땐 덩치가 클수록 유리하겠지만, 시장에 자본이 돌지 않으면 큰 덩치는 오히려 약점이 된다. 내수 시장이 작은 나라의 기업들은 해외 시장에 눈을 돌리며 성장세를 이어가려 한다. 그러나 각 국가의 이해관계와 견제를 이겨내고 시장을 확대한다는 게 쉽지 않음을 알고 있다. 치열한 치킨게임이 벌어지고 있는 반도체 시장과 중국, 일본, 독일, 한국이 치열하게 경합 중인 중공업, 일본과 미국, 독일, 일본이 치열하게 경합 중인 자동차 시장이 그것을 방증한다. 지구 인구는 계속 증가한다 해도, 시장 규모 자체가 큰 폭으로 확장되진 않고 한정된 파이를 놓고 점유율 확보하는 경쟁으로 가게 되는 것이다.

이제 파이 확장, 점유율 확대 시대는 끝났다. 한국의 경우 1997년 IMF를 겪으면서 부실기업들이 대거 정리되었다. 그때 정리된 건 부실기업뿐 아니라 산업 포트폴리오도 함께였다. 한마디로 돈 안 되는 사업은 전부 배제하고, 당장 돈 되는 사업만 육성했다는 이야기다. 그 결과 한국 산업은 반도체, 자동차, 석유화학에 집중되어 있다. 경제 매거진 포춘지만 살펴봐도 전 세계 500대 기업 중에 100번 안에 이름을 올리는 한국 기업은 삼성, SK, 현대가 전부다. 한국 경제의 흥망성쇠가 빅3에 달린 셈이다. 내수 기반의 기업들의 상황은 더욱 곪아 있다. 구조를 분석해 보면, 대기업이 유통과 기획을 담당하고 중소기업이 생산을 담당하는데 가격 경쟁이 심하다 보니 인건비를 쥐어짜 상품 경쟁력을 높이거나 퀄리티 떨어지는 상품을 프리미엄이라 눈속임하는 것이 전부이다. 하다 못해 떡볶이, 순대도 대기업 로고가 붙지 않으면 판매가 되지 않는 상황에서 회사의 다양성, 산업의 다양성은 기대하기 힘들다.

앞으로 인력이 많이 필요한 사업은 역사 한쪽으로 사라진다. 시장 자체가 과열되어 있는 것도 문제지만 팔아도 남는 게 별로 없으니 경쟁력이 없고 존폐 위기로 내몰리는 것이다. 그나마 버티고 있던 건 반도체, 자동차, 석유화학 분야에서 조금 앞선 기술을 확보한 덕분이었고 그 덕에 근근이 경쟁력을 유지해 왔다. 하지만 중국이 해당 분야의 기술 격차를 1~2년 내외로 좁혔을 때 한국이 중국의 자본력을 극복할지는 '미지수'다.

2) 빅블러의 시대

풍부한 내수 시장을 가진 중국, 인도, 브라질 같은 국가들은 자국산 기업들의 부족한 기술력을 극복하기 위해 외산 제품을 사용한다. 그들이 기술력을 극복하는 순간 한국 기업들은 해당 국가에서 설 자리를 잃게 된다. 더 주목할 부분은 반도체, 자동차, 석유화학을 제외하면 한국이 세계 시장에서 선도하는 산업이 없다는 점이다. 냉정하게 평가해 해당 산업에서 시장 점유율을 중국에 빼앗기는 순간 한국이 기댈 산업은 어디에도 없다. 방대해진 사이즈에 유지비가 부담스러워진 기업들은 근로자들을 방출하게 될 것이고, 해당 산업에 종사하던 근로자들의 대규모 실직이 예고된다는 의미이다. 대기업의 시대는 끝났다. 규모의 경제를 통해 경쟁력을 확보하는 전략은 더 큰 자본과 경제를 만나면 자리를 양도할 수밖에 없다. 그 벼랑 끝에 한국 기업들이 서 있다.

이제 제조업같이 인력이 많이 필요한 산업은 저부가가치 산업이다. 경쟁이 치열해 단가 경쟁이 심하고 이익률도 낮기 때문이다. 앞으론 고부가가치 산업 시대이다. 미국과 유럽은 인건비가 높아 일찍부터 제조업이 쇠퇴했다. 산업혁명이 시작한 유럽과 세계대전의 최대 수혜국인 미국에서 제조업이 쇠퇴한 이유에 주목해야 한다. 원인을 단편적으로 규정하긴 힘들지만, 주요 원인 중 하나는 후발주자들이 생기면서 경쟁이 치열해졌고, 이익이 극단적으로 줄어들자 정부와 기업이 투자를 축소했기 때문이다. 덕분에 미국과 EU는 일찍부터 제조업이 쇠퇴하고 더욱 높은 차원의 고부가가치 산업 위주로 발달해 왔다. 우주 산업, 생명공학 산업, 로봇 산업, IT 산업 등 미래 전망이 유망한 산업에서 상당히 앞선 기술을 확보했다. 기술 집약성이 높아 인력이 많이 필요치 않고 조직이 슬림한 만큼 리스크 관리에도 효율적이다. 단적인 예로 미국 구글에 근무하는 직원이 11만 명인데, 한국 삼성의 임직원은 26만이다. 여기에 하청업체 직원 수 37만 명을 포함하면 약 5.7배의 차이를 보여준다.

영업이익은 구글이 오히려 높다. 구글의 연간 영업이익은 53조로 삼성의 영업이익 43조보다 19% 정도 높다. 공룡들의 시대가 저물고 있다. 덩치가 크면 오히려 위기에 유연하게 대처하기 버거울 뿐이다. 이젠 빅블러의 시대이다. 산업과 산업의 경계를 무너트릴 기술을 재현하는 기업, 개발하는 기업, 투자하는 기업이 고부가가치 산업을 통해 전체 산업에 영향력을 주는 주인이 될 것이다. 방송국이 유튜브에 흡수된 것처럼, 클라우드 기반 IT 산업을 중심으로 산업이 재편되고 흡수되는 건 시간문제이다. 카카오뱅크가 대표적 사례다. 후발주자인데도 2021년 시가총액 37조 원으로 시장 점유율 1위인 KB금융의 22조 원을 뛰어넘었다. 물론 최근 주춤하고 있지만 빠른 시간에 성장한 카카오뱅크의 잠재력이 훨씬 높다. 카카오뱅크가 KB금융을 뛰어넘은 건 카카오라는 배경 때문이 아니다. 핀테크 기술이 발전하면서 은행의 역할이 IT로 흡수된 것이다. '온라인뱅킹'이라는 편리하고 효율적인 서비스 앞에 은행지점과 ATM은 불편하고 낡은 서비스일 뿐이다. 기존 은행들의 기능과 역할이 축소되는 건 당연한 결과이다.

이런 데이터를 조금 더 확대 적용하면 은행뿐 아니라 자동차도 마찬가지다. 껍데기를 만드는 제조사가 아니라 자율주행 소프트웨어를 제공하는 IT기업이 우선하는 것이다. 마치 스마트폰의 소프트웨어를 공급하는 구글이 전 세계 스마트폰 시장에서 최고 권위의 영향력을 누리는 것처럼 말이다. 빅블러의 시대이다.

3) 이익 없는 성장

'이익 없는 성장'은 많은 의미를 내포한다. 주요 관점별로 분석하면 산업·경제·외교적 측면이 있다. 먼저 '이익 없는 성장'이 도대체 무엇이고, 왜 이렇게 사회적으로 쟁점이 되는지, 근본적인 문제를 찾아야 한다. 기업의 형태에는 행정, 복지를 위해 존재하는 비영리 단체와 영리 단체가 있다. 국가 행정을 운영하는 기업들과 특수 목적의 기관들을 제외하곤 대부분이 영리 단체이고 오늘날 민영기업들이 대부분 여기에 해당한다. 기관의 형태를 떠나 조직을 운영하려면 유지 비용이 필요하고 그 비용은 수입에서 충당된다. 비영리 단체나 연구소 같은 특수기관도 세금 또는 투자금으로 운영비를 충당하기 때문에 영리 기관들이 산업의 허리 역할이 된다.

기업들의 진짜 매출은 '당기순이익'이다. 벌어들인 총액에서 원가와 세금을 제외한 순수 이익금이기 때문이다. 한국 기업들의 당기순이익은 얼마나 될까? 2022년 삼성은 매출액 302조 원, 당기순이익은 55조 원으로 한 해를 마감했다. 전체 매출액의 18% 수준이다. 2위인 SK그룹도 상황은 마찬가지다. 21년도 매출액 162조 원, 당기순이익 18조 원(공정거래위원회 2021년 자료)으로 전체 매출액의 11%에 불과하다. 당기순이익 55조 원과 18조 원이면 많이 번 것 아니냐고 반문할 수 있지만, 해외 기업들의 대차대조표를 살펴보면 그 차이는 상당하다. 애플이 발표한 2022년도 매출액은 3,943억 달러, 한화로

519조 원의 매출을 발생시켰다. 순이익은 998억 달러고 한화로 131조 원이다. 애플은 25%, 삼성은 18% 이것이 한국 기업들의 현주소이다. 영업이익률만 놓고 좋다, 나쁘다를 판단할 순 없지만, 한국 기업들이 해외 기업들보다 낮은 영업이익을 내고 있다는 건 부정할 수 없는 사실이다.

더 충격적인 사실은 한국 4대 대기업을 제외한 나머지 기업들의 매출이다. 한국IT서비스산업협회 2022년도 자료에 따르면 연 매출 300억 이상 대기업의 평균 영업이익률을 6.3%라 발표했다. 중견기업은 6.3%, 중소기업은 약간 더 높은 6.8%이다. 물론 평균치일 뿐이고 기업마다 이익의 정도는 다르겠지만 수치로 살펴본 평균 데이터는 이러하다. '한국 기업들의 사업 건전성이 정말 괜찮은가?'를 의심하게 만드는 대목이다. 대놓고 말해서 은행이자가 5%를 넘는 상황에서, 겨우 6.3%를 벌기 위해 사업을 한다? 앞뒤가 안 맞는 이야기다. 투자자 입장에 빙의한다면 은행 예금에 자산을 맡기면 안전하게 5%대의 수익이 창출되는데, 리스크까지 감당하면서 6.3% 이익을 창출하는 기업에 투자하진 않는다. 투자자라면 최소한 은행이자 이상의 이익을 원할 텐데 영업이익 6.3% 기업에서 투자자에게 얼마나 배당해줄지 의문이 들 뿐이다.

제목 그대로 한국은 이익 없는 성장을 반복 중이다. 무엇을 해도 안 되고, 뭘 팔아도 안 남고, 무엇을 해도 제자리걸음이다. 왜 그럴까? 왜 현상 유지도 제대로 하지 못할까? 여러 가지 원인이 있지만, 산업 포트폴리오가 다양하지 않고 해당 산업들이 노동집약적 산업이기 때문이다. 쉽게 설명하면 한국보다 인건비가 저렴한 국가들은 많다. 비싼 인건비를 지급하며 한국 생산을 지향하려면 국제 무대에서 물건을 팔 땐 기업 이윤을 줄여야 경쟁력 있는 가격을 제공할 수 있다. 가격이 아니더라도 기술 또는 기능적 차이를 주어야 경쟁력이 생기는 데 한국 산업 대부분은 중간 정도의 부가가치를 제공하는 기업들이 대부분이다. 이익 자체가 없는데 나눌 것을 따지는 건 모순일 것이다.

4) 한국의 허와 실

국제 무대에서 열강들의 제조업 경쟁은 항상 치열했고 치킨게임의 경쟁력을 높이기 위해 이익은 극도로 제한되어 왔다. 그 끝에 허와 실이 물 위로 드러났을 뿐이다. 한국은 오랫동안 저물가 정책을 유지했다. 덕분에 저렴한 인건비를 기반으로 제조업 시장에서 유리한 고지를 점해 시장 점유율을 높였다. 하지만 IMF 이후 시장이 개방돼 저물가 정책을 지속하기 힘들어졌고, 인건비를 포함해 물가는 급격하게 올랐다. 일각에서는 1997년 이전을 한국의 황금기라 표현하는데 생활수준만 놓고 따져보면 그렇지도 않다. 여기서 말하는 '저물가'는 인건비를 포함하는 개념이다. 한국경영자총협회의 자료를 살펴보면 1980년대 한국 대기업 직원의 평균 월급은 20만 원, 1990년도에는 41만 원이다. 소비자물가지수를 반영해 현재의 가치로 환산하면 102만 원으로 생활하기 빠듯한 금액이다. 물론 1980년대 당시 한국의 물가는 저렴했지만, 생활하기 빠듯한 건 마찬가지였다는 의미이다.

2023년 동남아 국가들은 1980년대 한국의 모습을 정확히 재연하고 있다. 2023년 기준 베트남 직장인의 월평균 소득액은 286달러로 한화로 37만 원이다. 베트남 현지 물가가 워낙 저렴해서 37만 원으로도 생활은 가능하지만, 현지에 거주하는 한국인은 대부분은 월평균 100만~150만 원을 지출한다. 한국에서 누리던 생활을 베트남에서도 동일하게 누리려면 평균 물가보다 높은 수준의 대가를 지불해야 하기 때문이다. 그럼 과연 이것을 기회라 말할 수 있을까? 그렇지 않다. 뉴욕행 비행기표가 왕복 200만 원이라고 가정하고, 베트남 사람이 월급 37만 원을 모아 뉴욕에 다녀오려면 안 쓰도 안 쓰고 모아도 5.4개월이 걸린다. 단순히 살아가는 게 아니라 기회비용이라는 요소까지 포함하면 황금기가 아니라 절망이지 않았을까 생각하게 된다.

제조업은 대표적인 노동집약적 산업이다. 인력이 많이 필요해 일자리 창출 효과가 높지만 이런 요소가 '고물가 정책'에서는 상당히 불리하게 작용한다. 가격 경쟁력을 확보하기 위해 인건비를 줄이거나 제품 이익률을 줄여야 하기 때문이다. 이런 것들을 극복하기 위해 하청업체의 이익률을 제한하거나 인건비 저렴한 국가에 해외 공장을 짓는 방식으로 지금까지 제조업을 꾸려왔지만 이젠 이것조차 한계에 봉착한 상황이다. 이젠 치킨게임이 아니라 블랙홀 경쟁

시대이기 때문이다. ICT, 자동화 기술은 훨씬 저렴한 투자 비용으로 인간의 노동력보다 압도적인 효율을 만들었고 엄청난 효율성 앞에 모든 산업이 고부가가치 산업 아래로 흡수되고 있다.

1980~2000년 일본과 한국은 제조업을 통해 강국으로 부상했다. 그래서 그랬을까? 세상이 어떻게 바뀌는지도 모른 채 서서히 늙어버린 한국과 일본의 허와 실을 다시 한번 생각하게 한다. 원조 제조업 강국이었던 미국과 영국이 과감히 제조업을 버리고 어디에 투자했는지를 생각해야 한다. 한국이 단가 경쟁과 시장 점유율에만 혈안이 되어 있을 때, 그들은 이미 제조업보다 높은 차원의 고부가가치 산업들을 모조리 선점했다. 이젠 인간보다 소프트웨어의 효율이 높아 '인건비를 쥐어짜거나' '단가 후리기' 전략 따위는 통하지 않는다. 안타까운 현실이지만 이런 상황이 지속되면 한국의 위상은 유지되기 힘들다. 핵심 기술을 손에 쥔 다국적 기업들 속에서 한국 제조업은 하청업체 신세를 면치 못할 것이기 때문이다. 이익률은 지금보다 더욱 축소될 것이고 남는 것이 없어지면 사회에 환원되는 자금도 줄어들게 된다.

	2022 Spending	2022 Growth(%)	2023 Spending	2023 Growth(%)
Data Center System	212,376	12.0	213,853	0.7
Software	783,462	7.1	856,029	9.3
Devices	722,181	-10.6	685,633	-5.1
IT Services	1,244,746	3.0	1,312,588	5.5
Communications Services	1,422,506	-2.4	1,423,367	0.1
Overall IT	4,385,270	-0.2	4,491,471	2.4

가트너(Gartner)의 존 데이비드 러브록 수석 부사장은 2023 대부분 산업이 경기 침체인 상황에서도 기업들의 IT지출 규모는 꾸준히 증가하고 있다고 말했다.[20]

5) 기술 발전의 허와 실

미래를 살아가려면 시대가 어떻게 바뀌는지 먼저 파악해야 한다. 새로운 기술은 기존의 질서를 흡수하고 편입하기 때문이다. 이건 인간 대 로봇의 일자리 경쟁이 아니다. 필연적으로 수축 팽창하는 과정일 뿐이다. 2023년에 살면서 아직도 지게차가 아닌 손으로 짐을 나르는 물류 회사가 있다면 그 회사는 과연 경쟁력을 확보할 수 있을까? 경쟁이 아니라 존폐를 논해도 될 만큼 경쟁력이 떨어진다. 다른 회사가 설비 장비를 운영하니 당연히 따라 해야 한다는 소리가 아니다. '효율'이라는 경제적 측면에서 장비 운영은 선택이 아닌 필수였다는 의미이다. 단편적인 관점이 아니라 경제적 가치를 놓고 포괄적인 관점이 필요하다. 챗GPT에서 시작된 2023년 가장 큰 이슈는 인공지능이다. 사람들의 반응은 놀라움과 두려움 2가지다. 그것은 편해진 문명에 대한 감탄 그리고 사라질 직업들에 대한 두려움이었을 것이다.

사람들의 우려처럼 앞으론 로봇과 AI가 인간의 일을 대체하게 된다. 현존하는 ICT 기술만으로도 현재 존재하는 대부분의 기계 장비는 원격조종 할 수 있다. 나아가 스스로 학습하는 AI 기술까지 접목되면 인간의 노동력은 로봇의 노동력보다 비효율적이다. 요즘 자주 보이는 셀프주유소를 떠올리면 된다. 2000년대까지만 해도 주유소에 방문하면 직원들이 기름을 채워줬지만, 지금은 셀프서비스가 보편화됐다. 마트에는 계산원이 사라지고 그 자리를 키오스크가 대신하고 있다. 키오스크 기술에 NFT 기술까지 응용하면, 속도를 줄이지 않고 통행요금을 자동 계산하는 하이패스 같은 상황까지 예상해 볼 수 있다. 쇼핑카트 안에 NFT를 적용에 물건 가격을 측정하고 물건을 갖고 마트에서 나가는 순간 하이패스처럼 자동으로 결제되는 것이다. 공장에서나 쓰였던 로봇 팔은 이제 치킨을 튀기고, 떡볶이를 만든다. 현재 기술들만 적용해도 안경원, 악기점, 약국, 편의점 등 많은 부분에서 자동화가 가능하다.

2023년 5월 캐나다 토론토대학교 메디컬이미징센터에서는 챗GPT4가 북미영상의학회 RSNA 전문의 자격시험을 통과했다고 발표했다. 문제의 유형은 지식의 이해도를 평가하는 저차원적 문제부터 분석해야 하는 고차원적 문제가 섞여 있었고, 150문항 중 121개를 맞춰 우수한 성적으로 시험에 통과했다고 한다. 요미우리신문은 챗GPT4가 일본 의사국가시험을 가볍게 통과했다고 발표했다. 이제 변호사, 회계사 같은 전문직도 안전하지 않다. 비싼 수임료를 지불하지 않아도 챗GPT에게 물어볼 수 있기 때문이다. 경제적인 관점에서 생각하면 된다. 우리가 보험을 계약할 때 '다이렉트' 보험을 선호하는 이유는 합리적인 가격에 보장 범위가 넓기 때문이다. 마찬가지로 비싼 변호사 수임료를 내지 않아도 충분한 법률 상담을 받을 수 있다면 변호사가 아니라 챗GPT로 사용자들이 몰릴 수 있다.

한국에서도 인공지능은 뜨거운 감자다. 마치 기다리기라도 했다는 듯, 2023년 3월 15개 인권시민단체는 과방위 정보통신방송법안심사소위를 통과한 '인공지능법안'에 관해 과방위 반대 의견서를 제출했다. 이들은 안전, 인권, 오남용에 대한 문제를 제기했는데 상용화가 되기도 전에 안전과 인권을 논한다는 건 지나친 해석과 섣부른 판단이다. 제출한 의견서에는 인공지능 때문에 피해를 입은 사람이 권리구제를 받을 기회를 제공하라고 나와 있는데, 어디서부터 어디까지를 피해로 규정해야 할지 의문이 든다. 실행이 있어야 수정도 가능한 법이다. 해당 주장들은 인공지능이 인간을 대체할 거란 막연한 두려움에서 발생한 가설일 뿐이다. 시장은 바뀌고 있다. 소비자 관점에서 비싼 수임료를 지불하지 않고 동일한 법률 서비스를 받을 수 있는데도 불구하고 50만~60만 원을 지불하고 인간 변호사 상담을 받을 것인가? 대부분 '아니요'라고 대답할 것이다. 당신이 보험계약을 할 때 다이렉트 보험을 선호하는 것과 마찬가지다. 합리적 가격, 효율성 앞에서 시장의 중심이 이동하기 때문이다. 일자리 지각변동은 인류의 생활에 있어 위기겠지만 전체를 놓고 보면 사람들의 생활은 풍요로워진다. 산업혁명 이전과 이후를 생각하면 된다. 공산품이 넘쳐나면서 양질의 제품이 저렴하게 나왔고 식품, 공산품, 서비스까지 업종을 가리지 않는 풍요의 시대가 펼쳐졌다. 이 점을 잊지 말아야 한다.

6) 새로운 자수성가 등장

마음이 불안한 건 '앞으로 어떻게 살아야 할까?'에 대한 해답을 찾지 못했기 때문이다. 이제 100세 시대라고 하는데, 양질의 일자리는 계속 줄어들고 앞으론 있던 직업마저 없어진다고 하니 막막한 마음이 드는 건 당연하다. 진보한 기술 덕분에 사람들의 생활이 윤택해진다고 해도 매월 생활비는 필요하고, 돈을 벌기 위해 많은 사람이 선택하고 있는 방법인 '직업'이 사라진다는 건 생존을 위협하는 일이기 때문이다. 어렵게 생각할 필요는 없다. 현재 돈의 흐름이 어디로 쏠리고 있는지 확인하면 된다. 정부자금이 어디에 집중적으로 투자되고 있는지, 주요 국가들은 어떤 산업에 집중 투자를 하고 있는지 자료를 찾아보면 된다. 한국의 경우 기획재정부에서 정부 경제 정책을 관장하고 예산 기획 및 집행을 한다. 기획재정부 웹사이트에서 발행하는 자료들과 외신 기사들을 교차 확인하면서 내용만 확인해도 한국 내 자본이 어디로 흐르고 있는지 파악할 수 있다.

해외 자료도 마찬가지다. IMF 같은 주요 협력기구의 웹사이트에 들어가면 누구나 열람 가능한 공개 자료도 많다. 전체 공개라고 내용이 부실하지도 않다. 정확한 수치까지 꼼꼼하게 들어 있어 돈의 흐름을 파악하기엔 안성맞춤이다. 해외 자료와 국내 자료를 교차로 확인하면 공통분모가 나온다. 공통으로 주목하는 기술과 산업, 그곳이 바로 돈이 흐르는 지점이다. 더 확실한 확인을 원한다면 주식을 사보는 것도 좋은 방법이다. 주식의 가격은 잠정적 가치를 보고 오르기 때문에 내가 분석한 내용을 검증하는 가장 확실한 방법이다. 많은 재산을 투자하지 않더라도 관심 분야의 주식을 사서 꾸준히 'Follow up' 하는 것도 좋은 방법이 될 수 있다.

챗GPT 같은 인공지능 기술이 계속 발달한다면 변호사, 회계사 같은 전문직뿐 아니라 부동산, 보험설계사, 채권관리사를 포함한 모든 상담직이 '효율'이라는 경제성 앞에 대체될 확률이 높아진다. 환경이 변하면 사업에 대한 관점도 달라져야 한다. 과거 법무법인의 경쟁력이 양질의 변호사를 확보하는 것에 달렸다면, 이젠 어느 곳이 인공지능을 적극적으로 잘 사용하느냐에 따른 경쟁이다. 모든 경계가 모호한 빅블러의 시대. 이제 산업을 분류하는 건 무의미하다. 모바일 속으로 들어온 은행은 핀테크 기업인가 아니면 은행인가? 유튜브 속으로 들어온 방송국은 제작자인가 아니면 방송국인가? 과거의 기준으론 아무것도 정의 내릴 수 없다. 분명한 사실은 은행이 오프라인 지점을 계속 줄이고 인원을 줄여나갈 때, 핀테크 기업들은 개발자 인원을 계속 늘렸고 다양한 산업과 협업 지점을 늘리며 영향력을 확대했다는 것이다. 은행 지점을 방문하는 이용자는 줄었지만, 모바일뱅킹 이용자는 증가한 것을 잊지 말아야 한다.

　미래 관점에서 수요가 축소될 직업도 있겠지만 반대로 확대될 직업도 있다는 의미이다. 어렵다는 것, 힘들다는 것은 본질을 따지고 보면 수요 예측에 실패했다는 의미이다. 그러나 실패했다고 좌절할 필요는 없다. 산업의 몰락, 직업의 흥망성쇠 속에서 해답을 찾고 있는 건 혼자가 아니라 모두이기 때문이다. 평범한 사람들에겐 위기가 아니라 기회이다. 지난 200~300년 동안 깨지지 않던 계층이동이 가능해진다. 누가 돈을 많이 갖고 시작하느냐가 아니라 누가 더 새로운 기술을 잘 활용하느냐의 경쟁이다. 동등한 출발선에서 아주 공평하게 시작할 유일한 기회가 아닐까 생각한다.

7) 산업의 몰락과 재건

영원한 것은 없다. 인류가 시작했을 때부터 모든 문명은 몰락과 재건을 반복했다. 기회가 박탈된 세대도 존재했지만 확실한 건 산업이 몰락하고 재건하는 과정에서 기회는 평등했다는 점이다. 그것을 이행하고 못 하고는 개인의 선택이고 대세 선두에 탑승했던 사람들은 대부분 성공했다. 이럴 땐 한두 개를 파고드는 전략보단 전체 흐름을 파악하는 게 중요하다. 산업이 호황일 땐 경쟁자도 많고 시장 규모도 계속 성장하기 때문에 치밀한 전략을 통해 시장 점유율을 확보하는 전략이 유용하다. 하지만 반대로 시장이 축소될 때는 몰락과 동시에 재건을 앞둔다는 의미이기 때문에 시장의 흐름을 빠르게 파악해 시세에 알맞은 대응을 하는 것이 우선이다. 앞으로 몰락 가능성이 큰 산업에는 어떤 것들이 있을까?

아직 발생하지 않을 일을 두고 100%라는 표현을 쓸 수는 없지만, 최근에 발생한 일련의 사건과 현재 시장 현황을 기준으로 미래의 지각변동을 예상해 볼 수는 있다. 도소매 상가를 예로 들 수 있다. 2000년대만 하더라도 강변, 신도림 테크노마트는 휴대전화와 IT용품의 메카였다. 사람들은 최신 카메라, 휴대전화, 노트북 등을 구매하기 위해 테크노마트로 모였고, IT 기계를 판매하는 업체뿐 아니라 IT 기계 수리점, 중고 판매점까지 합세하며 규모가 커졌다. 2000년대 IT 기계와 관련된 사업을 하는 사람이라면 너도나도 테크노마트에 프리미엄 웃돈까지 주고 입점해야 했다. 2000년으로부터 23년이 흐른 현재 대부분이 폐업 상태이고 테크노마트는 대부분 공실로 남아 있다. 최근에는 보증금 200만 원만 내면 월세를 받지 않는 초강수까지 두고 있지만 그 누구도 입점하려 하지 않는 것이 현실이다. 오죽하면 신도림 테크노마트 5층 전체에 구로경찰서가 입점했을까. 구로경찰서는 신축 건물 이전 계획이 있는데 아직 신축 사옥이 건설 중이라 비어 있던 건물 신도림 테크노마트 5층에 임시로 들어가 있다. 경찰서 덕분에 2년 치 보증금은 건지겠지만 임시방편일 뿐, 대세를 바꾸기에는 역부족인 것을 알고 있다.

그 많던 IT 기계 이용자들은 어디로 갔을까? 온라인쇼핑으로 몰려갔다. 통계청이 2022년 12월에 발표한 자료에 의하면 온라인쇼핑 거래액은 총 18조 7,423억 원이다. 2013년 온라인 쇼핑 거래액은 전체 6조 5,596억으로 10년 만에 3배 이상 성장했음을 알 수 있다. 과거엔 식료품, 생필품 정도에서 끝났다면, 이제는 IT 기계, 스마트폰, 여행상품 등 대부분 상품이 온라인에서 거래가 이뤄진다. 오프라인 유통사들도 소비자들이 구매가 온라인으로 이동한 것을 인정하고 온라인 시장을 개척하면서 오프라인 점포에 변화를 주고 있다. 현대백화점의 경우 '더 현대'로 개명한 후 일부 점포를 체험형 매장으로 탈바꿈해 팝업스토어, 전시를 위한 공간으로 마련해 많은 소비자들의 호응과 판매를 이뤄내고 있다. 한때는 공룡이라 불리던 유통 채널들이 시대의 흐름 앞에 역할의 변화를 꾀하는 것이다.

앞으로도 지금 같은 흐름이라면 도소매로 불리는 오프라인 시장의 공간은 제품 판매를 위한 것이 아니라 체험의 공간으로 탈바꿈할 것이다. 이런 상황에서 온라인을 배제하고 오프라인만 고집한다면 앞으로 장사가 안 될 일만 남은 셈이다. 도소매점의 사례는 산업 전체를 보았을 때 극히 일부에 불과하다. 아무리 열심히 해도 일이 안 풀릴 때가 있다. 이럴 땐 노력의 양과 질이 문제가 아니라 잘못된 방향으로 나아가고 있을 확률이 높다. 잠시 멈춰서 전체를 바라보고 흐름을 파악해 방향성을 수정하는 것이 위기를 타개할 해법이다.

8) 미 퍼스트(Me First) 시대

발생하지 않은 일에 대해 100%라고 단정 지어 말할 순 없다. 그렇지만 테크노마트, 유통 공룡들의 사례를 살펴보면 한때는 찬란한 전성기를 보낸 패권 기업들의 권위가 예전만 못하다는 것을 알 수 있다. 한때는 유통 공룡이라 불리던 신세계 그룹도 쿠팡을 국내 경쟁사로 지목할 정도로 시장 흐름은 오프라인에서 온라인으로 흘렀다. SSG를 출범하는 등 온라인 시장에 집중하는 흐름을 살펴보면 절대 강자도 변화의 흐름 앞에서는 공평하다는 것을 알 수 있다. 절대 강자들이 진입 장벽을 높이기 위해 쌓아온 장벽들은 이제 위험 요소이다.

몸집이 큰 만큼 유지비가 많이 필요하기 때문이다. 변화에 빠르게 대응하기도 어렵다. 새로운 도화지에 그림을 그리는 것보다, 이미 그림이 그려진 도화지를 지우고 새 그림을 그리는 게 더 어려운 법이다.

기업들의 행보도 이에 발맞추고 있다. 인원 채용을 없애는 건 자연 감소를 통해 조직 인원을 슬림화하겠다는 의미이고, 시설이나 설비에 추가적인 투자를 하지 않는 건 기존 포트폴리오로는 수익 확보가 어렵다는 의미이다. 이들이 비축한 자금은 어디에 있을까? 결론부터 이야기하면 새로운 회사를 인수하는 데 흘러가고 있다. 조직적으로 산업 포트폴리오를 바꾸고 있다는 의미이다. 실제로 삼성은 2016년 음향 전문 기업 하만을 80억 달러, 당시 환율 9조 2천억에 인수했고, 2022년 휴먼 로봇 전문 기업 '레인보우 로보틱스'에 868억 원을 들여 지분을 15% 확보했다. 로봇 사업이 스마트폰처럼 삼성에게 효자 상품이 될지는 지켜봐야 할 부분이지만, 기존 사업들에 대한 투자를 축소하는 상황에서 발생한 투자라는 점에 주목해야 한다. 삼성뿐 아니라 현대그룹의 현대로보틱스, LG전자의 로보스타 같은 사례를 보면 국내 대기업들이 어떤 시선을 갖고 사업 포트폴리오를 재편하고 있는지 한눈에 확인할 수 있다.

평범한 개인에게는 크게 3가지 길이 있다. 첫 번째는 능력 향상형 방법이다. 대기업이 재편하는 사업 포트폴리오에 최적화된 인재로 거듭나 로봇 회사가 요구하는 인적 역량을 누구보다 앞서 준비하는 것이다. 두 번째는 아이디어형이다. '얼리어답터'가 되어 앞으로 나올 기술을 미리 습득하고 준비해 제품 출시와 함께 가장 선두에서 제품을 활용함으로써 기회를 사업으로 확보하는 것이다. 예를 들면 휴머노이드 가정 로봇이 출시되자마자 실버 산업에 적용해 노인층이 요구하는 간호, 안부, 건강 체크를 무인으로 지원하는 사업을 구상할수 있고, 아파트 경비에 필요한 인력을 전체 로봇으로 대체해 경비 운영 비용을 획기적으로 낮춘 상품 등을 구상해 볼 수 있다. 세 번째는 틈새시장 공략 방법이다. 배달의 민족, 크몽 같은 앱 기반 회사들은 새로운 IT 기술이 있는 회사들이 아니다. 기존의 프로그램과 기술, 신선한 아이디어를 활용해 없던 서비스를 제공했을 뿐이다. 마찬가지로 대기업들이 휴머노이드 로봇, 가정용 로봇, 푸드테크 로봇에 집중할 때, 실버 산업에 특화된 로봇, 경비에 최적화된 로봇을 현존하는 기술과 아이디어를 통해 풀어내는 방법이 있을 수 있다.

자신을 위한 길을 스스로 선택할 수 있는 시대가 열렸다. 21세기에는 자본이 없어도 대기업보다 크게 키우고 얼마든지 성장할 수 있다. 아이디어 하나로 시작한 페이스북과 유튜브가 그것을 증명했고, 한국에서는 '재능을 사고파는' 아이디어에서 시작한 크몽이 N잡이라는 문화를 만들어 일자리에 대한 개념을 송두리째 바꿔버렸다. 이제 뭐든 해보고 말해야 한다. 편협한 생각, 경직된 사고가 아니라 유연한 사고를 통해 세상의 중심을 바꿔보는 것이다.

이제는 뉴노멀 시대: 융합형 인재

1) 작게 시작하라

이뤄내고 싶은 꿈이 있다면 시작은 작게 해야 한다. 브랜드가 완성되는 과정은 농촌의 벼가 익어가는 과정과 같다. 밭을 갈고 모를 심어야 싹이 트고 비로소 벼가 익는 것이다. 이런 과정 없이 빠르고 쉽게 성공하는 방법은 없다. 물론 묻어뒀던 비트코인이 떡상해 벼락부자가 되거나 로또에 당첨되는 행운을 누리는 사람도 있겠지만, 요행을 꿈이라 하기엔 인생이 너무 짧다. 그렇다고 대기업처럼 이미 완성된 기업을 인수할 만큼 충분한 자본력이 뒷받침되는 사람은 드물다. 결론은 작게 시작하면 된다. 일단 실행에 옮기면 경험이 쌓인다. 새로운 표준이 기준이 되고 있다. 유통가를 잠식한 온라인처럼 내연기관 차량보다 주류가 될 전기차는 예정된 순서이다. 새로운 표준을 떠올리며 앞으로 살아갈 방법에 관해 몇 가지 시나리오를 그려보려 한다.

'뉴노멀 시대'를 먼 곳에서 찾을 필요는 없다. 코로나바이러스가 유행했을 때 사람들의 일상이 어떻게 바뀌었나를 먼저 생각하면 된다. 인간이 정복하지 못한 바이러스 하나 때문에 실내 생활과 거리 두기가 활성화되었다. 여러 국가들은 코로나의 영향으로 경제가 마비되고 경제가 위축되었지만, 이내 언택트 문화를 통해 재택근무나 온라인의 영향력이 더욱 활성화되었다. 지구 전체에 미친 경제 손실은 천문학적이지만 표준이라 생각하던 기준이 꼭 필요하지는 않다는 걸 증명하는 시간이기도 했다. 코로나 때 세계의 경제가 마비되었지만 인류는 방법을 찾아갔고 빠르게 환경에 적응했다. 마찬가지로 예견된 미래도 너무 걱정할 필요는 없다. 인구 소멸, 지방도시 붕괴, 양극화 같은 문제는 빙산의 일각이며 기술적으로 얼마든지 해결 가능한 부분들이다. 사회 문제를 단순히 문제로 생각하기보단 관심을 두고 해결책을 생각해 본다면 위기라 생각되었던 부분들이 내부적으론 단단해지는 계기가 될 것이다.

추상적인 내용을 구체화해 볼 필요가 있다. 빈 종이를 반으로 접어 왼쪽엔 사회적 문제를 전부 나열하고 로드맵을 그리면서 문제에서 발생할 또 다른 문제의 아웃풋을 뽑아보는 것이다. 이렇게 하면 문제의 전개 예상 시나리오가 한눈에 보인다. 마찬가지로 오른쪽에는 현존하는 기술과 개발은 되었지만 상용화되지 않은 기술, 앞으로 개발이 예상될 기술을 적어본다. 마지막은 로드맵에 정리한 단계마다 작성한 기술을 하나씩 대입해 해결점을 고민해 보는 것이다. 인구 소멸을 막기 위해 출산 또는 이민 장려 정책도 해답이 될 순 있겠지만 행정 인프라 기능을 유지하는 방향으로 소멸을 막는 것도 방법이 될 수 있다. ICT, 원격조종, 로봇 기술을 이용해 소멸할 지방에 필요한 의료, 행정, 보안 등의 서비스가 제공된다면 불필요한 인구 이동을 줄이고 지방 행정 시스템도 그대로 유지할 수 있다.

시나리오 예시

문제 #1: 인구 소멸 → 지방인구 소멸 → 지방 행정 인프라 기능 상실 → 지방 소멸 → 지방 도시 통폐합

기술 #1: ICT, 인터넷, 스마트폰, 원격조종, 휴머노이드 로봇, 의료용 로봇, 컴퓨터, 인공지능, 스마트폰, 재생 에너지, 바이오에너지

---

2) 아이디어가 돈이 되는 시대

니콜라 테슬라, 아인슈타인, 스티브 잡스는 혁신적인 기술로 세상을 바꾼 사람들이다. '혁신'이라는 단어를 떠올리면 개발자가 먼저 생각나지만, 개발자만 세상을 바꾼다는 건 큰 오산이다. 기술을 전파하는 사람, 홍보하는 사람,

연구하는 사람, 보급하는 사람들이 합쳐진 시너지가 '혁신'이다. 스티브 잡스가 스마트폰을 개발했어도 이것을 홍보하고 트렌드를 주도할 사람들이 없었다면 무용지물이라는 의미이다. 아이폰 출시 가격이 100만 원 정도가 아니라 1천만 원쯤 했다면 보급에 성공할 수 있었을까? 결론부터 이야기하면 불가능하다. 시민들의 월평균 급여가 한화로 10만~20만 원인 개발도상국에서는 아직도 스마트폰 보급률이 50%를 넘기지 못하는 경우가 태반이다. 대표적으로 인도는 2019년 당시 스마트폰 보급률이 24% 수준이었고 4년이 지난 2023년에도 54% 수준이다. 문맹이냐 아니냐를 논하는 게 아니라, 월급이 20만 원일 때 100만 원짜리 스마트폰을 사는 것과 월급이 200만 원일 때 100만 원짜리 스마트폰을 사는 건 다르다는 것이다.

아이폰이 출시된 16년 전만 해도 개발자의 혁신적 아이디어뿐 아니라 홍보의 기술, 원가 절감의 기술이 합쳐져 시너지를 발휘해야 했다. 그러나 이제는 아이디어 하나면 돈이 되는 시대이다. 새로운 기술, 혁신적인 제품이 아닌 순수 아이디어 하나로도 충분하다. 본격적인 긱코노미 시대가 열렸기 때문이다. N잡으로 불리는 직업 형태는 필요에 따라 접촉과 비접촉을 반복하기 때문에 기업주의 관점에서는 노동의 유연성을 높일 수 있고, 상황과 흐름에 따라 노동력의 강약을 편하게 조율할 수 있다. 규모의 경제를 이루지 않고도 경쟁력을 충분히 갖출 수 있다는 의미이다. 노동 유연성이 확대된 덕분에 규모의 경제를 유지하는 기업은 오히려 불리해졌다. 유지 비용, 운영 탄력성 측면에서 소규모 기업의 날렵한 몸짓을 따라가기 힘들기 때문이다. 한 가지 사례를 들면 카카오뱅크는 2022년 단 1,022명의 임직원으로 연간 매출액 1조 6,058억 원, 영업이익 3,532억 원, 당기순이익 2,631억 원을 달성했다. 같은 기간 건축자재, 화학 사업을 운영하는 영림은 계열사인 영림임업(840억 원), 영림산업(1,272억 원), 영림화학(856억 원)을 모두 포함했을 때 직원 수 548명으로 매출액 2,338억 원을 수주하는 데 그쳤다. 당기순이익 측면에서도 영림임업 216억 원, 영림산업 18억 2천만 원, 영림화학 9억 1,385만 원으로 계열사 총합이 243억 원에 불과했다.

직원 수 기준으로 1명당 당기순이익을 따지면 카카오뱅크는 인당 2.57억, 영림은 0.44억을 달성했다는 의미이다. 물론 카카오뱅크와 영림의 데이터만 놓고 '인적 자원의 시대는 끝났다'라고 전체를 보편화할 수는 없지만, 기업 가치의 기준이 인적 자원의 양에서 '아이디어'로 바뀌었다는 건 충분히 증명한다. 경종을 알리는 데이터는 이것이 전부가 아니다. 국내 은행권 1위 기업인 KB금융그룹의 시총은 2023년 기준으로 19.37조 원, 카카오뱅크는 12.49조 원이다. 2017년 하반기에 출범해 업력이 6년도 되지 않은 카카오뱅크가, 2001년부터 존재했던 22년 차 전통 금융 기업 KB금융그룹의 시총과 맞먹는다는 것도 충격적이지만 전체 직원 숫자로 체급이 10배 이상 차이 나는 상황에서 이런 결과를 만들었다는 것에 충격을 더하게 된다(2022년 기준 KB금융그룹 직원 수 1만 9,560명, 카카오뱅크 직원 수 1,360명으로 14.3배 차이). 일각에서는 일자리 자동화 문제를 놓고 인간의 일자리가 빼앗기고 있다고 주장하는데, 노동자가 아닌 사업자의 관점에서는 진입 장벽이 낮아져 아이디어로 사업을 시작할 수 있는 시대가 되었음을 의미한다. 향후 21세기의 전개 방향은 아이디어 사업자의 시대이다.

3) 능력 공유 시대

창업 기간 10년 미만, 기업 가치 1조 원 이상인 기업을 유니콘 기업이라고 한다. 한국에서 새롭게 떠오르는 유니콘 기업은 오아시스(24시간 신선식품 배송), 메가존클라우드(데이터 클라우드 서비스), 여기어때(여행 종합 플랫폼), 트릿지(농수산물 무역 플랫폼) 등이 있고 쿠팡, 배달의 민족, 야놀자도 대표적인 유니콘 기업으로 분류된다. 유니콘 기업들은 플랫폼 기업이라는 공통점이 있다. 여행 종합 플랫폼 '여기어때'의 수익모델을 살펴보면, 기존 여행사들의 수익모델과는 근본적인 차이가 있다. 모두투어, 하나투어 같은 전통 여행사가 여행상품을 만들어 상품 수수료로 수익을 발생시킨다면 여기어때는 숙박, 렌터카, 항공 등 여행에 관련된 모든 공급업체를 소비자와 연결하면서 수수료 수익을 발생시킨다. 여행사 관점에서는 한참 늦게 시작한 후발주자인 여기어때와 야놀자가 어느 순간 여행업계 선두 기업이 되었다. 무슨 일이 있었던 것일까?

2023년 5월 15일 한국 이코노미스트 기사엔 모두투어와 하나투어의 이름이 나란히 올라왔다. 내용을 축약하면 적자에 허덕이던 두 기업이 약 3년 6개월 만에 흑자로 전환했다는 기사였다.

모두투어의 계열사로는 호텔, 부동산, 위탁 관리가 있는데, 계열사 연간 매출을 전부 포함해도 477억 6천억 원이다. 하나투어도 마찬가지다. 한때는 연간 매출액이 7천억이던 시절도 있지만, 2022년 결산 매출은 1,149억에 당기순이익은 마이너스를 기록했다. 같은 기간 여기어때의 실적을 살펴보면 2022년 결산 기준 매출 3,059억에 영업이익은 301억으로, 4년 전부터 여기어때 매출은 매년 1.5~2배씩 급성장 중이다. 모두투어와 여기어때는 똑같이 여행상품을 팔고, 똑같이 코로나 시기를 보냈다. 그런데도 양사의 결과물은 마치 다른 시대에 있는 기업들을 비교하는 것처럼 다른 행보를 보인다.

이유로는 크게 3가지가 있는데, 첫 번째는 구매 방식이다. 모바일 환경에 최적화된 앱 기반 세팅을 통해 접근성을 높였다. 모두투어와 하나투어도 앱을 운영하기는 하지만, 인터페이스부터 여기어때를 따라오지 못한다. 두 번째는 사용 편리성이다. 여기어때에서는 숙박, 렌터카, 여가 등 여행에 관련된 모든 상품을 지역별로 한눈에 볼 수 있고 가격 비교, 예약, 결제까지 원스톱으로 가능하다. 마지막으로 세 번째는 선택 다양성이다. 여기어때는 전국 대부분의 숙박,

렌터카, 호텔 등과 제휴되어 있어서 전체 가격을 한눈에 살펴볼 수 있고 선택의 폭도 넓지만, 모두투어와 하나투어는 그들과 제휴된 호텔, 항공사의 상품만 구입할 수 있어 고객들의 선택 폭도 좁고 다양한 고객층을 공략하지 못하고 있다.

계속 이런 식의 전개라면 모두투어와 하나투어의 역할은 여기어때나 야놀자에 편입될 확률도 상당히 높다. 전통적인 여행사 전용 상품인 해외패키지 상품이 여기어때에서 불티나게 팔리고 있는 걸 보면 여행에 관련된 상품을 판매하는 대부분의 국내 회사 상품이 여기어때 또는 야놀자에서 판매되지 않을까 상상하게 된다. SBS, MBC 같은 대형 방송사가 유튜브라는 플랫폼으로 들어왔듯, 여행 관련 회사들도 대부분 여행 플랫폼 품으로 들어올 것이라 예상하게 된다. 여기어때, 야놀자, 유튜브 같은 플랫폼 기업들의 비밀은 다양함을 수용하는 것에 있다. 처음부터 질서를 세워 기회를 차단하는 게 아니라 진입 장벽을 낮춰 시장에서 자연스럽게 질서가 잡히도록 유도하는 것이다. 이용자는 선택에 다양성이 생기고 사업주는 다양한 기회가 생겨 WIN-WIN 구조를 지향하는 방법이다.

4) 강한 개인의 시대

회사에 알 박기 시대는 끝났다. 과거 세대가 효율을 위해서 집단주의를 선택했다면 이제는 개인 혼자서 집단 이상의 효율을 만든다. 스마트폰과 SNS는 큰 돈을 들이지 않고도 확보할 수 있는 최신형 무기이다. 언제 어디서나 누구든 공간, 시간, 자본 제약 없이 물건 거래가 가능하기 때문이다. 2000년대만 살펴봐도 상품 판매를 위해서는 초기 투자 비용이 꼭 필요했다. 온라인 판매를 하기 위해선 온라인 쇼핑몰 사이트를 개설해야 했고, 도메인 구매 비용과 웹사이트 디자인 비용 등을 고려하면 최소 500만 원 이상이 필요했다. 옥션이 오픈마켓 기능을 했지만 높은 이용 수수료와 카드거래 수수료, 포인트로 차감되는 비용, 광고 비용을 제외하면 마진이 크게 줄어 상품 운용이 쉽지 않았다. 시간을 1995년으로 돌리면 환경은 더욱 폐쇄적이다. 당시는 인터넷 보급 전이라 오프라인 채널이 유일한 판매처였다. 지금처럼 상품에 따라 채널이 세분되기 전이기에 편의점, 뷰티숍, 드러그스토어는 찾기 힘들었고 상품을 유통하려면 할인점 3사, 백화점 3사에 입점해야 했다.

쉬웠을까? 결론부터 이야기하면 소규모, 중소규모에서는 진입조차 불가능한 상황이었다. 대형마트에 상품을 입점하려면 마트 바이어가 승인해야 하는데, 인지도 낮은 브랜드는 상품 회전력이 느리므로 입점 자체를 꺼린다. 여기부터 발길을 돌리는 제조사가 절반 이상이다. 설령 정말 운 좋게 바이어 입점 심사를 통과해도 상품 입점비를 마트에 지급해야 한다. 입점비는 마트와 상품 거래를 시작하기 위해 제조사가 유통사 측에 지급하는 소멸성 비용인데, 회사 인지도에 따라 적게는 1천만 원 많게는 1억~3억 원까지도 비용이 청구된다.

여기서 끝나면 다행이겠지만 상품에 따른 수수료도 따로 있다. 예를 들어 마트에 물건을 진열해 소비자에게 1만 원에 판매했다면 그중에 30~40%는 마트 중개수수료로 지급된다. 1만 원짜리 물건이 팔리면 그중 7천 원만 제조사 수익이라는 의미이다.

1995년과 2023년 중 어느 쪽이 사업하기 좋은 환경일까? 2023년이 압도적으로 유리하다.

무료로 지원하는 스마트스토어, 블로그를 통해서도 얼마든지 상품 판매를 시작할 수 있고 심지어 무료로 홈페이지를 만들고 디자인할 수도 있다. 1995년엔 홍보라도 하려면 비싼 비용을 방송국에 지불하고 광고해야 했지만, 지금은 유튜브가 생긴 덕분에 스마트폰 하나면 누구나 개인 방송국을 무료로 운영할 수 있다. 역사적으로 살폈을 때 지금처럼 사업하기 쉬운 환경이 있었을까? 뉴스에서는 매일같이 '자영업자 폐업' 기사들과 '내수 시장 위축'에 관한 기사를 쏟아내고 있어 혼란스러운 부분도 있지만, 폐업률 데이터와 숫자만 놓고 따지지 말고 왜 폐업을 하게 되었는지에 더 주목해야 한다. 기술이 발전한 만큼 시대도 바뀌는데 아직도 낡은 사고와 방식을 고집한 것인지 미시적으로 따져봐야 한다는 의미이다.

'1943'이라는 감성주점 프랜차이즈를 운영하며 6년 만에 150억 원대 매출과 연평균 80억~90억 원대의 당기순이익 창출 회사를 설립한 (주)위벨롭먼트

정승민 대표는 월간인터뷰에서 트렌디한 세팅으로 외식 창업의 새판을 마련했다고 말했다. 같은 회사의 최혜성 이사는 성공 비결로 유튜브 활동을 통해 '1943'이 홍보된 것을 가장 먼저 말했다. 실제로 1943에 방문하면 화려한 실내 장식과 조명이 눈길을 사로잡는데, 경기 불황에도 대기 줄은 항상 만원이다. 이들의 성공 비결은 SNS 활용과 트렌디한 인테리어 그리고 소비자 니즈를 적극 반영한 메뉴 구성이었다. 이제 강하다는 건 얼마큼 '현세에 잘 적응했는지'에 대한 부분이다. 강한 개인의 시대가 도래한 것이다.

5) 가치를 사는 소비자

이제 사람들은 단순히 가격과 품질로 물건을 구매하지 않는다. 집 밖으로 나서면 마트, 백화점, 편의점이 있고, 스마트폰으로 물건만 골라 담으면 하루 만에 문 앞까지 배송해 주기 때문이다. 구매할 수 있는 제품의 종류도 제한이 없다. 음식부터 도서, 전자기기, 액세서리, 생활용품까지 정말 다양한 물건이 있다. 3차 산업으로 분류되는 서비스 산업도 대부분 온라인으로 처리할 수 있다. 온라인뱅킹, 인증 서류 발급, 온라인 강의, OTT 영화 등 삶에 필요한 모든 것이 클릭 몇 번으로 해결되곤 한다. 현재의 인류는 역사적으로 가장 풍요로운 시대에 살고 있고 이젠 풍요를 넘어 과잉 상태에 이르렀다. 인터넷에는 각종 정보가 넘쳐나고 스마트폰 하나만 있으면 먹고 싶은 음식을 해줄 가게들이 수백 개가 뜬다. 모든 것이 포화 상태이다 보니 사업주들의 경쟁은 처절할 만큼 치열하고 물건을 구매하는 컨슈머들도 무엇을 어떻게 구매해야 할지 결정을 내리지 못한다.

18세기 아일랜드에서는 대기근이 발생해 100만 명이 아사하고 또 다른 100만 명은 식량을 찾아 이민 길에 올랐다. 대기근의 원인은 '아이리시 럼퍼'라는 감자에서 시작한다. 당시 아일랜드의 토지는 잉글랜드인들이 소유하고 아일랜드인들이 노동력을 제공하는 플랜테이션 농업이 대부분이었다. 그들은 식량이 항상 부족했고 그것을 극복하기 위해 값이 싼 감자를 대량 재배했다. 그것이 '아이리시 럼퍼'라는 감자 종류인데, 조금이라도 생산량을 늘리기 위해 '아이리시 럼퍼' 단일 품종만을 재배하기 시작한 것이 패착이었다. 결국 식물병이 돌아 농사는 망하고 굶주리던 사람들은 아사하게 되었다. 18세기 농업 기술은 폭발적으로 증가하는 인구를 먹여 살리지 못했고 당시 최고의 가치는 식량 문제 해결이었을 것이다.

21세기의 문제는 공급 부족의 문제가 아니라 공급 과잉의 문제이다. 모든 게 포화하여 선택지가 지나치게 많아졌고 이젠 육하원칙에 근거하여 '언제, 어디서, 무엇을 어떻게, 왜'가 분명하지 않으면 물건을 구매할 이유가 없다. 싸고, 품질만 좋으면 그만이라는 생각은 이제 철 지난 생각이다. 이제 단순히 싸고 품질 좋은 물건은 시중에 넘쳐나고 구하기도 쉽다. 공급 과잉 시대에는 사람이 물건에 맞춰 구매하는 일은 없다. 물건이 사람의 니즈에 맞춰 진화한다. 흔하게 접할 수 있는 일상용품으로 예시를 들면 샴푸가 대표적이다. 1990년대까지만 해도 샴푸라고 하면 LG생활건강이나 미장센 정도에서 선택해야 했지만, 지금은 TS샴푸, 닥터그루트, 아베다, 로블로, 밀크바오밥 등 수십 개의 제조사에서 생산되고 제조사에 따라 보통 샴푸, 친환경 샴푸, 퍼퓸 샴푸, 컨디셔닝 샴푸, 지성 두피용, 건성 두피용, 탈모 샴푸, 화산재 샴푸까지 기능을 더하고 있다.

제조사 입장에서는 단일 품목을 한 번에 생산하는 것이 생산, 운영, 재고 관리, 단가 측면에서 편리하겠지만 평균 제품을 생산하는 것으론 소비자의 마음을 사로잡기 충분치 않다. 경기 불황인 최근 완판된 상품들의 특징에는 확실한 색이 있다. 쉽게 말해 '스페셜 에디션' '시그니처 모델' 같은 느낌을 준다는 점이다. 개인이 필요로 하는 가치를 상품에 입혀 제품의 기능에 기능을 더하고, 가치를 더해 상품으로 출시된다. 알코올 향이 싫은 소비층을 겨냥해 출시한 '새로' 소주는 출시 한 달 만에 900만 병이 팔리며 시장의 질서를 재정립했고, 청담동에서 2023년 5월 31일 팝업스토어로 임시 오픈한 미국 3대 버거 '인앤아웃버거'는 오픈 단 4시간 만에 500개가 완판되었다. 소비자들은 이제 물건의 가치를 보고 구매한다. 소비자 마음을 잡는 것이 우선이다.

6) 망할 기업은 망하게 두어라: 젠가의 법칙

트렌드 속에는 힘의 이동이 녹아 있다. 트렌드를 읽지 못하는 건 경쟁력을 잃고 있다는 의미이고 더 이상 앞으로 나아갈 수 없다는 걸 의미한다. 빌 게이츠나 스티브 잡스, 일론 머스크만큼은 아니더라도 흐름을 파악하지 못한다면 도태되는 건 당연한 일이다. 지구가 평평하다고 믿던 시절, 나 홀로 지구 '구형론'을 펼쳐야 했던 피타고라스처럼 외로운 싸움을 이어가라는 의미가 아니다. 연구 개발의 영역까지는 아니더라도 최소한 현존하는 최신의 도구는 자유자재로 사용할 수 있어야 한다. 21세기에 자동차나 기차 같은 현대 이동 수단을 쓰지 않고, 조선시대처럼 모든 일을 걸어 다니면서 처리한다면 효율을 더할 수 있을까? 걸어서 출퇴근, 걸어서 여행, 걸어서 출장. 한다면 불가능하진 않겠지만 이런 식으로 일을 처리하면 하루면 끝날 일을 일주일씩 해야 한다. 트렌드는 중력 그 자체이다. 그런 의미에서 트렌드에 무관심한 건, 21세기에 스마트폰이 아니라 편지로 의사소통을 하겠다는 것과 똑같은 의미이다.

'라떼'는 필요 없다. 옛날에 얼마나 잘나갔고, 얼마나 대단한 일을 했는지가 중요한 게 아니라 현재를 어떻게 살고 있는지가 중요한 것이다. 업적이란 자화자찬하면서 자존감을 세우는 행위가 아니다. 남들이 진심으로 인정하고 고마워하는 게 업적이다. 스티브 잡스는 하버드대학교를 중퇴했다. 학력으로만 따지면 고졸인 스티브 잡스는 과연 무시당하고 살았을까? 그 외 마이크로소프트의 빌 게이츠, 페이스북의 마크 저커버그, 트위터의 에반 윌리엄스 모두 대학을 중퇴한 고졸들이다. 과거가 제일 중요했다면 그들이 과연 성공할 수 있었을까? 고졸이라서, 능력이 안 돼서, 경력 단절 아줌마라서, 은퇴 앞둔 아저씨라서 못 한다는 편견은 버려야 한다. 해보지도 않고 한계를 결정하면 할 수 있는 건 아무것도 없다. 자신의 가치를 평가 절하하거나 '곤조' 부리면서 과거 영광에 사로잡혀 평생 과거에 갇혀 사는 행동과 언행은 당장 중단해야 한다. 내면이 텅 빈 우상화 작업이 뭐 그리 대단한 것이며, 100살을 살아내야 하는 앞길에 얼마나 도움이 되는지 진심으로 묻고 싶다.

망할 기업은 하루라도 빨리 망해야 한다. 한계를 정해놓고 과거 영광에 사로잡힌 기업이 안 망하는 게 오히려 이상한 것이다. 바뀔 의지조차 없는 구제 불능들을 구한다고 한국 정부 예산이 낭비되고 있다. 마인드가 안 돼 있는 기업들 살려서 무슨 부귀영화를 누리겠다고, 도대체 그들이 얼마나 사회에 기여한다고 국가 예산을 의지 없는 기업 심폐 소생하는 데 사용한단 말인가? 이제 인식도 바뀔 필요가 있다. 한국 정부가 기업에게 제공하는 정부지원금은 자격증 시험과 유형이 비슷하다. 기준 자체는 까다롭지만, 기준만 충족하면 지원금이 발행되는 방식이다. 예를 들면 '벤처기업인증'이 있다. 벤처투자기관으로 5천만 원 이상 투자 유치, 투자금액이 자본금의 10% 이상이면 인증 대상이다. 인증을 받으면 법인세 5년간 50% 감면, 취득세 75% 감면, 재산세 3년간 면제, 이후 최대 2년간 50% 감면, 기술보증기금 보증한도 확대, 코스닥 상장 심사기준 우대, 취득세 37.5% 경감, TV 광고비 3년간 70% 할인(최대 35억).

받은 혜택은 상상을 초월하는데 기업 정신과 재무 건강성, 투자처의 출처를 확인하는 서류는 어디에도 없다. 번지르르하고 내면은 텅 빈 상태에서 돈만 들이붓는다고 달라지는 게 있을까? 세금 낭비일 뿐이다. 미래 지향적이고 미래 전망이 탄탄한 기업들에게 기회를 제공하는 게 합리적인 판단이다. 시간은 모두에게 공평하게 흐르지만, 그 무게는 절대 같지 않다. 본질을 찾고 진짜와 쭉정이를 가리는 게 정부의 역할이다.

7) 융복합 인재

평생직장이 사라진 지금은 융복합 인재상을 지향해야 한다. 회사와 국가가 개인의 생활을 책임져 주는 시대는 끝났다. 회사에 다니느냐 사업을 하느냐의 문제가 아니다. 정규직, 양질의 일자리에 취직했어도 평균 퇴직 나이 50세인 시대에 '앞으로 남은 50년은 어떻게 살아갈 것이냐'의 문제다. 통계청 발표에 따르면 2022년 한 해에만 65세 노인 3,391명이 극단적 선택을 했다. OECD 가입국 중에서 압도적인 1등이다. 극단적 선택의 원인은 사회적 역할 부재, 경제적 어려움, 건강 문제, 스트레스 때문이라고 한다. 2030 세대는 나중 일이라 생각할 수 있지만, 30대에 취업에 성공한다고 가정했을 때 20년 뒤 퇴직이다. 바쁘게 살다 보면 어느덧 퇴직이라는 의미이다. 만약 30세에 취업하고 33살쯤 결혼해 34살쯤 애를 낳았다면, 자녀가 16세, 중학교 3학년 때 퇴직해야 한다. 퇴직 후 대부분은 비싼 가맹 수수료를 지급하면서 프랜차이즈를 창업하거나 재취업의 길을 가게 된다. 회사에 최적화된 인재로 살아왔지만, 퇴직과 동시 인재 시절의 능력은 묻히거나 활용하지 못하는 경우가 태반이다. 이유가 무엇일까?

사회가 아니라 회사를 위한 삶이었기 때문이다. 회사가 원하는 사람과 세상이 원하는 사람은 다르다. 회사는 자신들만을 위해 목숨을 바쳐줄 충성심 높은 사람을 필요로 하지만, 세상은 현재와 장래를 밝게 할 사람을 필요로 한다. 그렇기에 높은 곳에서 전체를 내려다볼 혜안이 필요하다. 특정 집단이 아니라 전체를 보고 균형을 잡아가야 하기 때문이다. 지금 같은 불경기에도 줄을 서서 먹어야 하는 음식점들이 있다. 매번 만석에 웨이팅을 해야 하는 불편함도 감수하게 만드는 힘은 무엇일까? 장사 안 되는 집은 365일 매일 힘들고 잘되는 집은 한 달에 얼마를 버는지도 모를 만큼 장사가 잘된다. 이 모든 것들이 단순한 우연일까? 결론부터 이야기하면 우연이 아니다. 한 달 매출 4천만~5천만 원씩 파는 식당 사장들은 연고대 출신에 금수저 사장님들이 아니다. 그들의 배경만 따져보면 고졸 또는 지방대학교 출신도 많고, 돈도 한 푼 없어 대출로 시작한 사람들이 수두룩하다. 오히려 50세에 정년퇴직 후 퇴직금으로 프랜차이즈를 창업하는 사람들이 경제적으론 훨씬 부유하게 시작하는 경우가 많다. 빚 한 푼 없이 시작하는데 왜 망해서 힘들다고 할까?

차이는 딱 한 가지, 세상에 융화되고 그러지 못하고의 차이다. 인간은 태어나기를 혼자 태어난다. 세상이 정해준 회사 같은 타이틀이 아니라 내면의 본질에 집중해야 한다. 세상에 모든 건 연결되어 있다. 전혀 연관성 없는 것들도 그 끝에 다다를 때는 만나게 되어 있다. 지식의 깊이가 꼭 깊지 않더라도 세상사에 두루두루 관심을 두는 게 중요하다. 2023년 5월 청담 팝업스토어에서 4시간 만에 완판을 기록한 인앤아웃버거 사례를 분석해 보는 것도 좋다. 한국 버거 시장은 맥도날드조차 매출 회복을 버거워하는데, 인앤아웃버거는 단 4시간 만에 준비한 버거가 완판되었다. 인앤아웃버거는 미국에서 맥도날드만큼 쉽게 접할 수 있는 일반 버거집일 뿐이다. 너무 흔해서 미국에 거주하는 미국인들은 자주 방문하지도 않는다. 그런데도 한국에서의 분위기는 180도 다르다. 단순히 '버거의 맛이 좋아서'라고 생각한다면 큰 오산이다. 사람들은 미국 감성, 분위기, 맛을 경험하기 위해 긴 줄을 감내하고 기꺼이 비용을 지불한 것이다. 마찬가지로 한국에서 서민 음식으로 분류되는 떡볶이, 순대가 중국 상하이, 베트남 호찌민에서 높은 가격에 불티나게 판매된다. 떡볶이를 단순히 서민 음식으로 생각하고, 인앤아웃버거를 미국에서 흔한 버거 정도로 생각했다면 이런 기회를 포착할 수 있었을까? 높이 나는 새가 멀리 보고 길게 가는 법이다. 융복합 인재는 높이 나는 새다.

04

2050년 유망 직종 6개

1) 산업별 사이클

PC 기반 인터넷이 보급된 건 2000년대 초반이다. 그로부터 23년이 흘렀다. 이젠 PC가 아니라 스마트폰이나 태블릿으로 인터넷에 접속한다. 한국 스마트폰 보급 시기는 2010년 초중반이다. 약 15년 만에 산업 사이클이 바뀐 것이다. 물론 아이폰이 스마트폰 시대를 열지 않았다면, 아직도 스마트폰 대신 컴퓨터로 채팅을 주고받고, 문자 메시지로 의사소통을 했을 수도 있다. 확실한 건 스티브 잡스의 아이폰이 아니었어도 누군가는 스마트폰을 개발했을 거라는 점이다. 애플보다 뛰어난 기업이 있어서가 아니라 인류는 늦더라도 항상 발전하는 방향으로 진화했기 때문이다. 통신의 발전 기원을 살펴보면 구전에서 시작해 편지, 전화기로 거듭 발전했다. 휴대전화가 탄생했을 땐 편지와 전화가 휴대폰 안으로 편입되었고 스마트폰이 개발되었을 땐 편지, 전화, 컴퓨터 3가지 기술이 편입되었다. 이동 수단, 건축물, 지식 등 세상에 존재하는 모든 것이 인류의 생활을 편리하게 하는 쪽으로 진화한다는 의미이다.

높은 차원의 기술은 하위 차원의 기술을 흡수해 진화하는 게 현대의 모습이고, 산업의 경계는 시간이 지날수록 허물어지고 구분이 모호해진다. 산업의 수명은 경제적 가치와 밀접한 관련이 있다. 과거엔 있었지만 현재는 없어진 직업을 생각하면 된다. 전화교환원, 타자원, 칼갈이, 얼음 장수, 식자공(활자로 문서를 인쇄하는 사람), 연탄 배달원. 그들이 사라진 이유를 추적하다 보면 '경제적 가치'가 충분치 않을 때 사라진다는 공통점이 있다. 자동식으로 바뀐 전화 교환 방식은 교환원의 역할을 대신했고, 컴퓨터는 타자원을, 냉장고는 얼음 장수를, 프린트 기술은 식자공을, 도시가스의 발달은 연탄 배달원을 대체했다. 칼갈이가 사라진 이유는 공산품 보급률이 높아져 칼을 가는 가격보다 새로 사는 것이 더욱 저렴해졌기 때문이다. 새것이 옛것을 고쳐 쓰는 것보다 저렴한데 수리하면서까지 써야 할 이유가 있을까?

현재는 사라진 직업들이 왜 사라졌는지를 다시 한번 생각하며 현재 인류의 산업이 어느 지점에 있는지, 산업의 성장 단계는 어느 지점까지 왔는지 냉정하게 진단해 볼 필요가 있다. 산업 사이클은 크게 6가지 단계로 나뉜다. 도입, 성장, 성숙, 쇠퇴, 재구축, 몰락. 새로운 기술이 탄생하면 산업은 도입 단계로 진입한다. 이땐 개발자, 사업자, 소비자 모두 기술에 대한 가치 평가와 오류를 검증하게 된다. 첫 번째 단계를 통과하면 성장 단계가 온다. 성장의 핵심은 보급이다. 보급률을 올리려면 일단 가격이 저렴해야 한다. 공장, 설비, 관련 인력 채용까지 막대한 투자금이 해당 산업으로 흐르게 된다. 다음은 성숙이다. 성숙 단계에 이르면 산업이 안정화되고 자금 흐름, 이익, 보급이 모두 안정화된다. 이 상태가 지속하면 시중에 물건은 포화 상태로 진입해 산업 안에서 과도한 출혈경쟁이 발생한다. 그러면 누가 더 기능적인 제품을 저렴한 가격에 쏟아내느냐의 경쟁으로 산업 재구축이 발생하고 마지막은 몰락의 길을 걷게 된다.

이 지점에서 미국과 일본의 개성은 뚜렷하게 나타난다. 재구축 단계에서 강한 모습을 보이는 일본은 장인의 나라답게 원래 있는 상품을 더 좋게 만들며 발전했고, 미국은 개척자의 나라답게 새로운 산업을 도입해 시장을 흡수하는 쪽으로 성장했다. 전체 흐름을 파악하려면 미국의 산업 동향을 분석해야 한다. 산업, 경제, 정치, 시사 등 미국 경제와 관련된 모든 걸 파악해 한국 산업이 어느 지점에 있는지 파악해 보는 것이다.

2) 업종별 미래 시뮬레이션

인류는 이제 로봇과 AI 시대를 마주하고 있다. 로봇이 인간의 일자리를 위협한다는 뻔한 소리를 하려는 게 아니다. 언제, 어디서, 무슨 직업이, 어떤 방식으로 사라지는지를 알아보자는 취지이다. 만약 스마트폰이 한 대에 1천만 원이었다면 지금처럼 대중에게 보급되었을까? 증기 자동차는 프랑스의 N. J. 퀴뇨가 1770년에 만든 것이 시작이다. 출시 당시 자동차는 상위 0.01% 정도의 특권층이 누리는 사치품이었다. 현대 사회에 지금처럼 대중화된 건 1913년 헨리 포드가 대량생산 방식을 통해 '모델T'를 만들어 대중에게 저렴하게 보급했기 때문이다. 모터로 움직이는 자동차가 나오고 나서 보급까지 143년이나 걸렸다. 아무리 기능이 뛰어난 상품이라고 해도 대중이 수용할 가격 범위에 들어오지 않으면 보급까지 연결되지 않는다는 이야기다. 인류가 로봇으로 대체되는 시기가 언제냐고 묻는다면, 그 시점이 언제인지는 정확하게 말할 수 없다. 하지만 확실한 건 로봇과 AI가 제공하는 경제적 가치가 인간의 노동력과 비슷해지는 순간이 로봇으로 대체되는 순간이라는 것이다.

로봇은 인간보다 효율적이다. 24시간 일해도 지치지 않고, 까다로운 노동법을 준수해야 할 이유도 없으며, 실수하지 않고, 급여 인상을 바라지도 않는다. 사업주로선 더 안정적 환경을 로봇이 제공한다. 인간 10명을 고용했을 때 연간 3억 원의 비용이 발생한다면 로봇이 10명의 노동력을 제공하고 연 3억 이내에만 사용 가능하다면 대체하는 쪽이 경제적이라는 의미이다. 로봇 수명을 5년으로 잡고 최대 지출을 연간 3억 원으로 고정하면 비용을 할부로 운영 시 최대

15억 원짜리 로봇이 운영 가능하단 계산이 나온다. 그럼 2023년 AI는 어느 수준까지 인간을 쫓아왔을까? 가격은 둘째 치고 인간의 일을 어디까지 대체 가능할까? 업계에서는 인공지능을 초인공지능, 강인공지능, 약인공지능 3가지로 분류한다. 초인공지능은 SF영화에 등장하는 수준으로 모든 영역에서 인간을 압도 또는 압살 하는 수준을 의미한다. 예를 들면 마블 영화의 인공지능 빌런인 '울트론' 정도를 이야기할 수 있다. 강인공지능은 복합한 의사결정을 처리하고 인간과 같은 수준의 사고능력을 갖춘 것을 의미한다. 예시를 들면 마블 영화 <아이언맨>에서 토니 스타크의 인공지능 개인비서 '자비스' 수준을 의미한다. 마지막으로 약인공지능은 주어진 조건만 수행 가능하다. 최근 많은 사람의 이슈인 챗GPT가 여기에 속하며, 알파고, 딥블루 모두 약인공지능으로 분류되고 있다.

최근 챗GPT는 일본 의사 면허 시험과 미국 변호사 시험을 통과하며 인류를 놀라게 했다. 하지만 이것의 구동방식은 아직 알고리즘과 데이터 분석을 통한 답변 수준이고 약인공지능으로 분류된다. 앞서 이야기한 것처럼 인간의 직업이 모두 AI로 대체되려면 인간과 동등한 수준의 능력과 보급의 뒷받침이 필요하다. 약인공지능은 인간의 일부 능력을 학습할 뿐이다. 따라서 계산 또는 데이터 분석에서 인간을 이긴 사례는 있지만, 전체를 놓고 판단할 수 있는 인지능력은 없는 상태다. 오히려 능력을 끌어올려 주는 '슈퍼컴퓨터' 또는 도구에 가까운느

낌이다. 마치 21세기 인류가 스마트폰 하나로 모든 것을 해결하는 것처럼.

현실적으로 약인공지능인 상태에서 초인공지능을 걱정하는 건 너무 미래를 생각하는 것일 수 있다. 오히려 약인공지능과 강인공지능이 인류 직업에 미칠 영향과 환경적 변화에 대해 생각하는 게 현실적인 모습이다. 현재가 약인공지능이라는 건 바로 다음이 강인공지능이라는 의미이기 때문이다. 2012년에 모델X를 발표하며 자율주행 자동차 시대를 알린 테슬라, 1770년 증기기관 자동차가 발명되고 253년 만의 일이었다. 증기기관이 약자동차의 기술 단계라면 테슬라가 초자동차의 기술 단계가 아닐까? 이것을 인공지능에 고대로 대입하면 약인공지능인 현재의 기술 수준이 초 수준까지 닿으려면 상당한 시간이 필요하단 의미이다. 물론 기술 발전의 속도는 매번 빨라지고 있지만, 현재 인간의 수명이 100세 정도임을 고려하면 현재의 인류가 초인공지능을 경험할 일은 확률적으로 적지 않을까 예상한다.

약인공지능은 어디까지 인간의 일을 대체할 수 있을까? 알파고, 딥블루 사례로 증명되었다시피 계산, 데이터 분석, 알고리즘에서는 AI가 인간 능력을 뛰어넘은 지 오래다. 인간의 암산보다 계산기의 계산이 더 빠른 것처럼, 그 종류가 단순 계산이 아니라 좀 더 넓은 범위로 확산한 것이다. 당연하게도 AI에 명령어 몇 개만 세팅하면 단순 노동은 큰 노력 없이도 해결할 수 있다. 요즘 마트에 가면 캐셔 대신 키오스크가 많이 보인다. 무인 키오스크 가격은 대당 200

만 원 수준이다. 프로그램 사용료도 월 3만 원에 불과하다. 최저시급으로 계산했을 때 직원 한 달 치 월급이면 망가질 때까지 사용할 수 있는 키오스크 1대를 갖출 수 있다. 마트와 식당에서만 키오스크가 이용될 것이라는 생각은 오산이다. 약국, 편의점, 안경원 등 사실상 대부분의 단순 노동직을 키오스크 기술 하나로 대체할 수 있다.

회사 사무직도 마찬가지다. 영업 관리, 영업 전략, 마케팅, 회계, 총무, 인사, 물류 관리 등에 필요한 대부분 정보는 ERP시스템 하나로 수십 명의 역할을 대신하고 있고, 챗GPT는 인간보다 빠르게 데이터를 분석할 수 있다. 조금 더 발전해 정확성만 높아지면, 영업 관리 같은 직군이 전부 AI로 대체되는 건 얼마 남지 않았다. 버스, 택시, 배, 비행기 동력을 움직이는 모든 조종사도 자율주행 기술 하나로 대체할 수 있다. 공장에서나 쓰던 로봇 팔의 가격도 많이 저렴해져서 AI와 로봇을 연결하면 식당, 공장의 노동력을 자동화할 수 있다. 현존하는 대부분 직업이 AI에게 대체될 텐데 앞으로 어떻게 살아야 할까?

앞으로 인류는 직업을 놓고 딱 3가지만 생각하면 된다. 활용, 연결, 개발. 이렇게 3가지만 기억하면 사라질 직업을 걱정할 필요가 없다. 첫 번째는 활용자가 되는 것이다. 직원이 아니라 사장으로선 인건비 부담 없이 시작할 수 있는 절호의 기회다. 두 번째는 연결자가 되는 것이다. 플랫폼 기업들이 돈을 버는 이유는 공급과 수요를 연결하기 때문이다. 세상엔 아직 플랫폼화하지 않은

'연결' 비즈니스가 많이 있다. 그것을 찾아 사업으로 연결하는 것이다. 마지막은 개발자이다. 약인공지능과 로봇이 인간의 일자리를 대체한다고 해도 인공지능은 계속 발전해야 하고 그러려면 인공지능 개발자의 수요는 계속 필요하다는 뜻이 된다. 이제 업종, 전공처럼 '무엇'이 중요한 게 아니라 '어떻게'가 중요한 시대로 바뀌었다. 활용자, 연결자, 개발자의 마음으로 미래를 준비해야 할 것이다.

3) 유망 직종 발굴

앞서 언급한 것처럼 이젠 '무엇'보단 '어떻게'가 더 중요하다. 무슨 대학을 가고, 무슨 전공을 선택해야 하는지, 회사는 어디에 취직할지를 생각하기보단 '어떻게' 살고 싶은지 또는 '어떻게' 수익을 발생시킬지를 생각해야 한다. 현존하는 대부분 직업을 AI가 대신한다면 인류는 어떻게 살아가게 될까? 인간의 노동력 없이도 공장과 사무실이 자동화되면 기업주는 인건비를 절약할 수 있어 더 큰 이익을 가져갈 수 있다. 자동화가 보편화되면 같은 투자 비용으로 더 효율적인 투자가 가능해져서 생산량이 증가할 확률도 높아진다. 그렇게 되면 국가 GNI 지표는 좋아질 확률이 높다. 한마디로 직업은 대부분 사라지지만 인류의 총생산량은 증가하고, 정부와 기업들은 지금보다 더 많은 부를 창출하게 된다. 즉 직업이 있는 사람과 없는 사람의 소득 격차는 지금보다 뚜렷해질 것이고, 양극화는 훨씬 더 심해진다는 의미가 된다.

그렇다면 정부는 기업에서 얼마나 더 증세할 수 있고, 직업 없는 사람을 위해 얼마나 예산을 편성할 수 있을까? 대놓고 말하면 기업 증세율은 크게 달라지지 않을 것이다. 세계를 대상으로 기업들이 경쟁하기 때문에 무턱대고 세율을 높이는 건 정부로선 부담스러운 결정이다. 결국, 증세 가능한 범위는 기업의 수입이 늘었을 때 추가로 벌어들인 소득분에 한에서만 증세가 이뤄질 것이다. 자동화를 통해 절약된 인건비는 소득세만 제외하고 고스란히 기업주에게 돌아갈 것이고, 정부가 확보한 세수로는 저소득층 지원금을 늘리기 어려울 확률이 높다. 인력 채용을 지속할 곳은 공공기관과 공기업 정도가 보여주기식으로 유지할 확률이 있지만, 그것도 오래가지는 못한다. 기업에서 사람을 채용하지 않는다는 건 더는 기업이 개인에게 시간·공간·능력적으로 요구할 게 없어진다는 의미이다. 시간, 공간, 능력으로부터 해방된 개인은 시간, 공간 제약 없이 일하고 회사가 원하는 능력이 아니라 개인이 원하는 능력을 통해 수익을 창출하게 된다. 이론적으론 현재 N잡 개념과 비슷한 면이 많다.

앞으로 유망 직종은 N잡이다. 모두의 시간, 공간, 능력이 자유롭다는 건 반대로 말하면 어떻게 활용하느냐에 따라 수입이 천차만별이라는 뜻이다. 1인 비즈니스 시대가 도래할 것이고 연봉 또는 인건비가 아니라 비즈니스 대 비즈니스로 프로젝트 결산 비용을 받는 것이 가장 보편화될 것이다. 수주 프로젝트를 어떻게 처리하느냐, 얼마나 효율적으로 처리하느냐가 수입의 기준이 되는 것이다. 1인 비즈니스를 시작하려면 도움이 필요한 곳에 수익모델을 만들어 계속 경험을 쌓으면 된다. 이젠 시간이 아니라 상품을 파는 것이다. 노동자가 아니라 사업자의 마음을 갖고 고객 관점에서 어떤 제품이 필요할지를 생각해 봐야 한다. 아무리 상품이 좋아도 수요가 없으면 그 상품을 수익으로 연결하긴 어렵다. 전체 수요를 먼저 파악하고 그에 맞게 수익모델을 만들고 하나씩 종류를 확장해 비즈니스의 수익을 올리는 것이다. 그렇게 발굴된 수익모델은 1인 기업으로서도 충분한 소득을 올릴 수 있게 해줄 것이다.

앞으론 대학보다 비즈니스 경험, 창업 등 실전 경험을 더 높게 쳐줄 수도 있다. 인류의 삶은 경제와 가깝게 진화할 수밖에 없다. 현재의 대학도 취업하기 위해 만들어진 경제 수단일 뿐이다. 앞으론 1인 비즈니스가 뜨고 프로젝트로 일을 하게 된다. 대학 졸업장보단 실전 경험 그것을 증명하는 포트폴리오가 더욱 중요하다. 갤럭시 스마트폰 구매자는 삼성 제품의 기능을 보고 구매하지, 이재용 회장의 학벌을 보고 구매를 결정하진 않는다. 내실을 키워야 하는 이유, 본질에 집중해야 하는 이유가 여기에 있다.

4) 대처 방법

현대 사회에서 돈은 삶을 지탱하는 도구이다. 의식주를 지탱하는 모든 게 돈으로 거래되기 때문이다. 매일 스트레스 받아가며 일하고 지옥철에 오르는 건 선택의 문제가 아니라 삶의 무게이며 온전한 스스로를 지키기 위함일 뿐이다. 여태까지 사회가 정해준 모범답안은 좋은 회사에 취직하여 많은 보수를 안정적으로 받는 것이었다. 어떤 직장에 취업하느냐에 따라 삶의 질은 180도 달라졌고 상위 직장에 들어가기 위해선 좋은 학벌이 필요했다. 그래서 그랬을까? 많은 부모가 자녀에게 SKY 입학을 주문했고 초, 중, 고부터 많은 아이는 수능 만점을 목표로 공부했다. 모두가 SKY에 가지는 못했지만, 일단 나오기만 하면 어느 정도 괜찮은 직장에 취업하는 건 수월했기 때문이다.

그렇게 유지되던 성공 공식이 이제는 무너졌다. 공채를 폐지한 대기업은 양질의 일자리를 제공하지 않는다. 프로그램을 운영하는 것이 인간의 노동력보다 효율적이기 때문이다. 사회가 정해준 대로, 부모가 요구하는 대로 열심히 살아온 2030 세대는 끊어진 사다리를 쳐다보며 닭 쫓던 개 지붕 쳐다보는 꼴이 되었다. 이러려고 열심히 공부하고 치열하게 경쟁했던 것일까? 이렇게 비참하게 살 거라면 사는 의미가 있을까? 하루에도 수십 번 수백 번 되뇌어 보지만 왜 그런지 이유는 알 수 없고, 가슴은 답답하기만 하다.

개인 비즈니스의 시대가 초래한 만큼 사고방식도 과거에 머물러서는 답을 찾을 수가 없다. 망나니로 살라는 것이 아니라, 부모 세대의 성공 방식과 지금은 다르고 개인 비즈니스 시대에서는 학벌이 아니라 실력이 성공 방식이 된다는 것이다. Employ가 아니라 Corporation이 되면 일을 처리해 줄 사람이 아니라 협력할 대상을 찾기 때문에 실력 또는 높은 수준에 상품을 제공하는 곳으로 트래픽이 쏠리게 된다. 한마디로 빈익빈 부익부의 현상은 지금보다 더 심해진다는 의미이다. 앞으론 능력이 없으면 먹고살기 힘들 것이다. 지금은 회사에 들어가는 순간 능력과 관계없이 먹고살 월급이 나오고 50살이 되기 전엔 자존심만 버리면 버틸 수는 있겠지만, 실력 중심의 개인 비즈니스 시대에는 문제 해결 능력이 곧 경제적 결과가 된다. 능력이 없거나 수요가 부족한 비즈니스를 운영하게 된다면 삶을 영위하는 것조차 힘들어질 확률이 상당히 높다.

여기서부터 많은 사람이 멘털 붕괴 단계에 이를 것이다. 해본 적도 없는 비즈니스를 어디서부터 시작해야 하며 수익모델은 어떻게 만들어야 하는지 모르기 때문이다. 노동자로선 한 가지 일만 잘하면 되었지만, 사업주가 되는 순간 한 가지만 잘해선 비즈니스를 운영할 수 없다. 그래서 필요한 게 연결이다. 잘하는 분야를 최신의 기술과 융복합하는 것이다. 개인마다 가진 재능은 모두 다르다. 비즈니스에 소질이 있는 사람도 있지만 없는 사람도 있고, 수익모델을 잘 만드는 사람도 있지만 그렇지 않은 사람도 있는 법이다. 마찬가지로 갖고 있는 재능이 수요가 많을 수도 있고 없을 수도 있다. 그때 부족한 능력을 최신 기술과 접목하면 제법 괜찮은 상품을 탄생시킬 수 있다. 수요와 공급의 법칙 때문에 사라진 직업 '칼갈이'를 예시로 들 수 있겠다. 돌아다니며 칼을 갈아주는 직업은 자취를 감췄지만, 가정용 칼갈이 기계는 온라인으로 전 세계에 팔린다. 최신 기술인 인터넷과 접목해 방법을 찾은 결과물이다. 당연히 대부분의 칼갈이는 직업을 잃었다. 2만~3만 원이면 가정용 칼갈이 기계로 손쉽게 칼을 갈 수 있기 때문이다. 앞으론 개발자의 마인드와 사업주의 시야로 삶을 살아가야 한다. 그래야 자신을 경제적으로 충분히 지켜낼 수 있다.

5) 솔루션 제시

국내에서 해외로 상품을 수출할 땐 크게 2가지 방법이 있다. 배와 비행기이다. 이 중 가장 보편적으로 사용되는 방법은 배다. 지형 제약 없이 대량의 화물을 저렴하게 운송할 수 있기 때문이다. 9,600TEU급 초대형 컨테이너선에는 한 번에 20피트 컨테이너를 9,600개까지 적재할 수 있다. 비행기는 무게와 부피가 커질수록 공기저항 때문에 연비가 나빠지지만, 배는 부력 덕분에 무게 영향을 크게 받지 않는다. 효율 측면에서 압도적이다. 무역에 효율을 더하는 컨테이너선처럼 수익모델에도 효율을 더하지 못하면 살아남기 어렵다. 개인 비즈니스 시대라고 혼자 모든 걸 처리할 순 없다. 시간의 한계, 물리적 한계, 자본적 한계가 존재하기 때문이다. 부족한 물리적 한계를 극복하게 도와주는 것이 '최신 기술'이고 이것을 자유자재로 사용하는 건 무역에 필요한 배를 움직이는 작업과 같다.

이제는 보편화된 키오스크, 티오더가 대표적인 사례이다. 나아가 살펴보면 인스타그램, 유튜브 같은 SNS 채널도 대표적인 '최신 기술'에 속한다. 앞으론 로봇, 인공지능까지 합세해 배의 역할을 하게 될 것이다. 조리, 포장, 서빙까지 100% 무인화도 시간문제다. 빨리 적용할수록 효율이 올라가기 때문에 취할 수 있는 경제적 이득이 높다. 그러나 이것만으론 충분치 않다. 기술은 언제나 보편화되고 보편화한 기술은 경쟁력이 아니라 필수조건에 가깝기 때문이다. 시장 흐름을 읽어야 한다. 끊임없이 변해야 한다. 유행하는 상품으로 계속 갈아타라는 의미가 아니라, 자신의 수익모델을 현재의 요구에 끊임없이 반영하라는 의미이다. 코로나 시절 대부분의 자영업은 심각한 경영 위기를 경험했다. 거리 두기로 인해 식당은 정상적인 영업이 힘들었고 매출은 곤두박질쳤다. 할 수 있는 거라곤 정부지원금으로 버텨내는 것뿐이었다. 모두가 힘들다고 할 때 밀키트 창업으로 대박이 난 사람도 있다. 경기도 화성에서 낙지 전골집을 운영하는 박영숙 사장님은 2021년 소상공인 디지털 상생 좌담회에서 밀키트 창업으로 발빠르게 시장에 대응해 코로나 이전보다 이후 매출이 오히려 늘었다고 말했다.

물론 코로나 사태가 해제된 지금 밀키트 판매가 예전 같진 않다. 흐름이 또한 번 바뀐 것이다. 지금은 소비 여력이 없다. 외식에 돈을 쓸 여력이 없단 뜻이다. 그렇지만 사람은 먹어야 살 수 있고, 자영업이 줄줄이 폐업하는 지금도 누군가는 같은 업종으로 돈을 벌고 있다. 시대의 흐름에 대응했는지 그러지 못했는지의 차이일 것이다. 이 시간에 누군가는 불평만 한다. 끊임없이 핑계를 대면서 안 되는 이유만 늘어놓는다. 아이러니컬한 것은 똑같은 상품, 조건, 환경에서 시작하는데 나오는 아웃풋은 개인마다 다르다는 것이다. 이건 아이큐가 높고 낮음의 문제가 아니다. 어떤 관점을 갖고 살아가느냐에 따라 결과는 180도 달라진다. 넓게 전체를 살피는 시야가 필요하다. 그렇게 하는 방법은 관심 하나면 충분하다. 내 것이 아니더라도 내 사업이 아니더라도 호기심을 갖고 접근한다면 관심은 머릿속의 빅데이터가 되어 삶을 더 풍요롭게 만들 것이다.

6) 미래 유망 직업 Top 8

당분간 여러 일자리에서는 지각변동이 발생한다. 인류가 마주한 현재는 다음 세대로 넘어가는 과도기에 있기 때문이다. 과도기엔 모든 게 혼란스럽다. 뜨는 태양이 어둠을 걷어내듯 언제 스며드는지 모른 채 세상은 바뀐다. 주인이 없는 무인도에 깃발을 꽂아 땅을 선점하듯, 과도기에는 규칙도 질서도 없기 마련이다. 혼란스럽지만 역지사지로 생각하면 모두가 원점이기 때문에 유리천장을 뚫는 것보다 더 많은 기회가 있을 것이다. 인류 역사에 획을 긋는 기술은 인간 삶을 편하게 하고 동시에 직업의 몰락을 가져왔다. 아이러니컬한 부분은 인류의 생활 수준이 높아질 때마다 직업의 숫자는 더 많아지고 다양해졌다는 것이다. 지금은 혼자서 컴퓨터 한 대로 처리 가능한 일이 19세기만 해도 활판 인쇄공 4~5명이 붙어서 해야 했다. 복사기 버튼 몇 번이면 다양한 인쇄 업무가 가능한 현대 사회의 기준에서는 정말 효율 없는 모습이다. 프린트의 탄생은 인쇄공이라는 직업을 몰락시켰고 5명이 붙어서 하던 일은 기계가 혼자 처리하고 있다.

대신 전자제품 산업이 탄생했고, 포토샵, 엑셀 같은 프로그램 산업도 같이 성장했다. 직업의 숫자는 증가했고 선택의 폭은 넓어졌다. 미래 유망 직업도 마찬가지다. 소멸하는 직업은 분명히 있겠지만 새롭게 탄생하는 직업도 분명히 존재한다. 현재 완성된 인공지능과 로봇 기술로 대체 가능한 단순노동 일은 대부분 소멸한다고 볼 수 있다. 신생 산업은 쇠퇴기가 오기 전까지 계속 발전한다. 그렇게 되면 시장 보급률은 급격하게 높아지고 대체 가능한 일일수록 교체 속도가 빠른 건 당연한 결과다. 컴퓨터의 보급은 온라인 시장을 만들었고, 스마트폰의 탄생은 모든 산업을 손안으로 흡수했다. 앞으론 원격의 시대이다. 반도체 기술이 정점을 찍으며 아주 세밀한 작업을 정교하게 완성할 수 있고 ICT 기술이 더해져 시공간의 제약을 받지 않기 때문이다. 스마트폰 다음 산업이 바로 로봇 산업이다. 컴퓨터, 스마트폰, 로봇은 모두 하드웨어이다. 하드웨어가 발전할 때마다 인류는 시공간의 제약을 넘었다. 2000년대에는 컴퓨터가, 2010년에는 스마트폰이 불티나게 판매되었다. 이젠 로봇 차례다. 로봇 AS기사, 로봇 개발자 수요는 새롭게 추가될 신종 직업이다. 컴퓨터, 스마트폰이 업종에 관계없이 모든 산업에서 높은 빈도로 사용되는 것처럼 로봇 역시 농업,

의료, 공장, 가정 등 산업을 가리지 않고 실생활과 가깝게 연결될 것이다. 이젠 원격으로 노동력까지 받는 시대가 된 것이다.

이제 단순 반복 노동은 대부분 자동화된다. 앞서 인공지능 단계를 3단계로 설명했는데, 챗GPT를 가장 약한 인공지능인 '약인공지능'으로 설명했다. 약인공지능은 프로그램에서 설계된 범위 내에서 스스로 학습해 해답을 찾는 인공지능 단계를 말한다. 테슬라의 자율주행 4단계도 이것에 해당하며 '약인공지능'으로 대부분의 단순 노동을 대체할 수 있다. 자동차, 기차, 비행기, 배, 신호 정리 등 단순 반복적인 노동들이 이것에 해당한다. 물론 '약인공지능'인 챗GPT는 일본 의사 면허 시험과 미국 변호사 시험을 우수한 성적으로 통과하는 등 놀라운 성능을 보여주고 있다. 외신에 의하면 전문직 일자리도 위험하다는 평가도 있지만, 법정 재판 또는 의료 수술 같은 고차원 업무를 처리하기엔 보완할 점이 많다. 따라서 복합적 형태를 띠는 노동은 '강인공지능'이 나오기 전까진 아직 시간이 남아 있고 '약인공지능'은 인간의 노동을 돕는 쪽으로 진화할 가능성이 크다는 것이다. 이는 인류가 노동으로부터 해방된다는 뜻이 된다. 쉽게 말해 몸으로 힘써서 돈 버는 일은 전부 사라지고 인간은 지휘소 역할만 한다는 의미와 같다. 1인 1 관제탑의 시대 그것은 1인 1 사업의 시대를 알리는 신호탄이 될 것이다.

05

미래 일자리를 기다리며

1) 일자리 제로의 시대

말 그대로 앞으로는 일자리가 제로가 된다. '구인/구직'이라는 용어가 낯설게 느껴질 만큼 '채용'이라는 건 역사책에나 나오는 시대가 머지않았다. 일자리의 패러다임은 '노동' 중심에서 '사업' 중심으로 변화하고 그 시기는 '약인공지능'과 '로봇'의 보급 시기와 일치할 가능성이 크다. 현재 가정용으로 사용가능한 6축 로봇 팔은 아마존에서 한화 200만 원 정도에 판매되고 있다. 이미 충분히 저렴하지만 조금 더 가격이 낮아지면 보급률은 급속하게 올라가고 노동이 필요한 많은 부분을 로봇이 대신하게 될 것이다. 단순한 영업 관리, 마케팅, 회계, 총무, 인사 같은 단순 반복 사무직은 인공지능이 대체할 수 있다. 챗

GPT가 미국 변호사 시험도 통과한 마당에 일반 사무직 업무를 '약인공지능'에 연결하는 건 어려운 일이 아니다. 인공지능과 로봇이 보급되는 시점에서 노동의 패러다임은 180도 바뀐다. 기업에서는 사람을 채용하지 않고, 일자리라는 건 거의 존재하지 않는다.

대신 사업 대 사업으로 마주해 업무처리를 하는 방식이 보편화될 것이고 전체 이익을 비중에 따라 셰어하는 방식으로 일하게 된다. 인공지능이라는 비서가 생기고, 노동력을 제공해 줄 로봇을 손에 쥔 인류가 발전할 모습은 상상만 해도 흥미롭다. 인쇄 기술의 발전 덕분에 인류가 얻은 건 기록의 해방이다. 다양한 지식이 폭넓게 발전한 건 기록을 통해 인류의 지식이 전달되었기 때문이다. 인쇄 기술의 발달 전에는 상위 특권층만을 위해 존재하던 책이 인쇄 기술의 발달 후 시중에 폭발적으로 보급되었기 때문에 서민들도 유능해지고 똑똑해져 기회를 잡았다. 이번에도 맥락은 비슷하다. 높은 인건비, 초기 투자 비용이 제로화되는 건 누구나 평등하게 사업을 시작하는 시대란 뜻이다. 모두의 노동력과 사무 능력이 동등해지면 그때는 아이디어 경쟁이다. 어느 비즈니스모델이 더 참신하고 혁신적인지, 누구의 수익모델이 더 큰 이득을 가져다줄 수 있는지로 귀결된다.

잘 생각해 보면 혁신 기술의 발전마다 새로운 기회는 항상 있었다. 기회를 잡지 못한 건 새로운 것을 시도하는 데 두려움을 느꼈기 때문이다. 일자리 제로에 두려워할 필요가 없다. 두렵다는 건 준비되지 않을 때 느끼는 감정이다. 치열하게 살아온 지난날의 가치가 갈 곳을 잠시 잃었다고 사라지는 건 아니다. 좌절하고 힘들어할 필요는 없다. 이건 당신의 잘못이 아니다. 지금 이 시대가 급변하는 과도기에 있기 때문이다. 가려 했던 방향이 흐름과 역행하는 방향이 아니었나 점검해 볼 필요가 있다. 바람이 부는 방향으로 돛을 올리면 동력이 없어도 배는 움직인다. 멀리 생각할 필요도 없다. 유튜브가 나온 지 벌써 15년이 흘렀지만, 아직도 유튜브를 시청용으로만 사용하는 사람이 많다. 그 와중에 누군가는 이것을 비즈니스 홍보용으로 사용하고 유튜버로 새로운 삶을 살고 있기도 하다. 세상에 출시된 최신의 도구를 나의 몸처럼 자유자재로 사용할 수만 있어도, 한 시대를 자신의 주관대로 살아가기에 부족함이 없다. SNS가 그것들을 증명했다면 이제는 로봇과 인공지능 차례다. 모두에게 공평하게 제공된 시스템 비용의 제약도 없다. 위기를 기회로 만드는 일자리 제로의 시대를 기다린다.

2) 1인 브랜드의 시대

21세기를 살면서 스마트폰을 사용할 줄 모른다면 절반은 죽은 삶이나 마찬가지다. 효율의 차이도 무시 못 하지만 모든 행정 서비스가 스마트폰 기준으로 맞춰져 있기 때문이다. 새로운 기술은 선택이 아니라 필수다. 시작은 얼리어답터가 되는 것으로 충분하다. 새로운 제품이 탄생했을 때 복잡하다고 외면하지 않고 정면으로 부딪쳐보는 거다. 시작은 미약하겠지만 처음 탄생한 것들은 대개 규칙이 되기 때문에 억지로 나를 틀 안에 끼우는 것보다 쉬운 일일 수 있다. 답은 정해져 있지 않지만 스스로 개척한 길은 곧 정답이기 때문이다.

앞으론 1인 1 비즈니스의 시대이다. 집마다 하나씩 있는 컴퓨터처럼, 모두가 손에 쥔 스마트폰처럼 이젠 비즈니스 안 하는 사람이 없는 초개인 시대에 살게 된다. 사업자가 많아진다는 의미는 비슷한 업종이 많아진다는 걸 의미한다. 남들이 하는 걸 무조건 따라 하기보단 자신의 개성을 살려 사회가 필요로 하는 부분에 접목하는 게 좋다. 치킨게임이 얼마나 힘든지 우리는 이미 알고 있다. 1인 브랜드 시대는 말 그대로 개인이 주체가 되는 삶이다. 모든 시작은 자신에게서 시작하고 그렇기 때문에 자신 스스로를 파악하는 것이 무엇보다 중요하다. 성격, 자라온 환경, 좋아하는 것, 싫어하는 것, 전공 등 관련된 모든 것이다. 청소, 요리, 육아 같은 일상적인 부분부터 여행, 여가, 운동 등 삶에 관련된 부분까지 소재는 다양하다. 직접 경험한 일에서 출발한다면 신뢰성까지 더할 수 있다. 실제로 최근 '퍼스널 브랜딩'이 유행처럼 퍼지고 있다. 자기계발 유튜버인 드로우앤드류나 자청, 켈리최 같은 인물은 퍼스널 브랜드의 유행을 선도하며 세대를 가리지 않고 높은 지지를 받고 있다.

퍼스널 브랜드는 유행처럼 지나가는 반짝 인기가 아니다. 앞으로 인류가 살아가야 할 모습, 직업의 지각변동에서 '어떻게 당신은 살아갈지'에 관한 질문에 가깝다. 생각의 범위를 확장하는 단계에서 결국 해답을 찾게 될 것이다. 물론 여기서 중요한 건 포기하지 않고 묵묵히 브랜드를 완성하는 것이다. 실패는 반드시 찾아오고 좌절하는 단계도 있겠지만, 그것이 끝이 아니라 과정이라는 생각으로 될 때까지 계속 해봐야 한다. 아무리 해봐도 답이 나오지 않으면 방향을 바꿔서도 해보고, 역으로 생각하고, 아니면 방법을 바꿔서 해야 한다. 이것이 가능한 이유는 내 것이기 때문이다. 실패할지라도 경험이 남기 때문에 손해가 없고, 내 것이기 때문에 에너지와 시간이 양껏 투자되어도 아까울 게 없다.

상품화하려는 내용이 어디에 필요한지도 점검해 볼 필요가 있다. 수익화 목표를 달성하려면 수요가 있어야 달성할 수 있다. 아무리 상품이 좋아도 수요가 부족하면 수익 발생 확률은 상당히 떨어진다. 수요가 많아질 상품은 선점하는 것도 좋다. 수요가 커지는 시장은 계속 수요가 창출된다. 선점하고 있었다면 트래픽은 한순간에 쏠린다. 이때 행복한 비명을 지르며 필요한 수요층의 요구를 만족시키면 된다. 모두가 성공할 거란 이야기는 하고 싶지 않다. 모두의 퍼포먼스가 같지 않은데 모두가 성공할 거란 이야기는 모순이기 때문이다. 모두가 성공할 순 없다. 위에 나열한 전개대로 성공하는 사람도 있지만 실패하는 사람도 있다. 분석과 전략은 실패를 최소화하려는 인간의 노력일 뿐 성공과 실패를 결정지어 주진 않는다. 하지만 아스팔트 바닥에서도 꽃은 핀다. 포기하지만 않으면 언젠가 꽃필 날은 올 것이다.

3) 환승 종착역

환승 시간이다. 환승을 서두르라는 안내 메시지가 사회 전체에서 흘러나오고 있다. 취업절벽, 사다리가 끊어진 세대, 양극화, 노인 빈곤, 자살률 증가, 저출산까지 너무 많은 악재가 연달아 발생 중이다. 감당하기 힘든 시련을 이야기하듯 고용률과 실업률은 계속 오르고 있고 양극화 속에서 국가 GDP와 GNI 지표는 하락을 거듭한다. 여기에 출산율은 0.8명으로 인구는 급속도로 줄고 있다. 대놓고 이야기하면 지금의 기준으론 아무런 희망을 찾을 수 없다. 겉모습에만 치중한 매출 중심의 성장을 이뤄온 게 한국의 현실이다. 터놓고 이야기했을 때 일부 대기업을 제외하고 제대로 영업이익을 달성하고 있는 회사가 몇이나 될까? 낙수 구조가 경제적 산업 모델로 자리 잡은 상황에서 하도급 업체가 양질의 매출을 발생시키지 못하는 건 당연하다. 당기순이익이 10%도 안 되는 기업에서 직원들의 대우가 좋지 못한 건 그럴 수밖에 없는 이야기다. 한평생 몸 바쳐도 은퇴할 땐 수도권 아파트 한 채 사기 어려운 돈을 손에 쥐고 말없이 떠나는 사회다.

이 모든 것들이 전부 우연일까? 단지 사회에서 실패한 패배자들의 절규일까? 그렇지 않다. 이들이 만약 패배자라면 그동안 그들이 흘렸던 피와 땀, 눈물은 어떻게 설명해야 할까? 초, 중, 고, 대학까지 16년을 공부에 매달리고, 바늘구멍보다 좁은 취업 문을 두드리고, 여기저기 치이는 직장에서도 꿋꿋이 버텨

내며 매일 지옥철을 타고 숨 막히는 출퇴근을 반복하는데 손에 쥐는 건 아무것도 없는 게 현실이다. 마음 한쪽이 공허하다. 만약 이들에게 잘못이 있다면, 그건 시키는 대로 충실히 살아왔다는 것뿐이다. 국가가 시키는 대로, 사회가 시키는 대로, 회사가 시키는 대로, 부모님이 시키는 대로 살아왔기 때문이다. 그러나 이들은 당신의 인생을 책임져 주지 않는다. 당신의 부모님은 당신보다 오래 살 수 없고, 이들이 원하는 모습은 과거의 기준으로 이야기할 확률이 높다. 아무리 좋은 의도를 갖고 조언한다고 해도 정답이 아닐 수 있는 이유다. 회사는 사업 운영에 필요한 사람을 찾는다. 자신들 기준에 맞춰 사람을 뽑기 때문에, 회사에서 유능한 사람이 사회에서는 바보일 수도 있다.

그렇다고 국가, 사회, 회사를 원망하는 건 올바른 자세가 아니다. 애초부터 이들은 '자본주의' 시스템을 충실히 따랐을 뿐이고 부모님들도 알고 보면 희생자이기 때문이다. 노력한 만큼 보상이 따르지 않는 이유는 노력의 '크기' 때문이 아니라 방향이 잘못되었기 때문이다. 방향은 누가 정해주는 것이 아니다. 자신에 대한 확신이 없어서 방향을 물어보고 심지어 남에게 자신의 방향을 정해달라고 한다. 행복하지 못한 결말이 예견된 시작이다. 바닥이 보이지 않는 절벽 위에 서 있는데, 회사가 떨어지라고 요구하면 떨어지는 게 맞는 것인가? 초행길이라 방향감이 부족하더라도 핸들만큼은 직접 잡아야 하고, 만약 길을 모른다면 방향을 물어보되 그것만을 맹신하지 말고 스스로 분석해 보는 노력도 기울여야 한다.

마지막으로 여태껏 인생이 쓴맛이었어도 이제는 슬퍼할 이유가 없다. 최근의 사회적 문제들은 환승 시간을 알려주는 알람 메시지다. 환승을 할 때 제일 먼저 탑승하는 사람은 빨리 환승 정류장으로 이동하는 사람이다. 꼬리 칸 탑승객도 먼저 탑승하면 머리 칸을 선점하는 것이 가능하다. 원점에서 다시 시작하면 승기를 잡는 건 기회를 포착하는 사람이기 때문이다.

4) 목적지를 향해

돈과 인맥이 없고 학벌이 부족해서 비즈니스를 시작하지 못한다는 건 이제 핑계다. 로봇이 인간의 일자리를 빼앗는 것이 아니다. 단지 노동의 고통으로부터 해방하는 것이다. 인공지능도 마찬가지다. 인공지능이 인간의 일자리를 빼앗는 게 아니라 사무 노동으로부터 해방하는 것이다. 글자를 예로 들 수 있다. 18세기 조선시대에만 해도 글을 쓰지 못하는 문맹이 많았다. 인쇄 기술이 충분하지 못해 책이 보급되지 않았기 때문이다. 읽고, 쓰고, 배우는 건 비싼 책을 구매할 능력이 있어야 가능한 일이었다. 21세기에 책이 없어서 공부 못 하는 사람은 없다. 인쇄 기술이 발달해 저렴하게 책을 살 수 있고, 그 돈마저 없으면 도서관에서 무료로 책을 빌릴 수 있으며 인터넷에도 정보가 넘쳐난다. 21세기에

책이 없어서 공부를 못 한다는 건 성립 자체가 불가능하다.

앞으론 돈, 인맥, 학벌 때문에 사업을 못 하는 게 성립되지 않는다. 로봇과 인공지능이 인간의 노동력을 해방했기 때문에 아이디어만 있으면 누구나 비즈니스를 시작할 수 있고, 이런 기술들은 인건비 지출을 제로로 만들기 때문에 초기 자금 부담이 없다. 인공지능 덕분에 아이큐가 높은 사람이건 낮은 사람이건 일정한 능력치를 발휘할 수 있다. 인공지능 사용법만 알고 있다면 누구나 같은 퍼포먼스를 낼 수 있다는 의미가 된다. 일자리 양극화 문제를 놓고 취업절벽이라 한탄할 게 아니라 관점을 바꿔 생각하면 비즈니스 구성을 구체화해볼 절호의 기회인 것이다. 준비는 이미 다 되어 있다. 집에 컴퓨터가 있고, 인터넷에는 정보가 넘친다. 스마트폰을 열고 유튜브 앱만 켜도 무료 정보들이 쏟아진다. 여기에 신뢰를 더하려면 직접 확인하면 된다. 대중교통 이용 요금은 1,250원밖에 안 된다. 마음만 먹으면 두 발로 확인 못 할 이유는 없다.

자신의 비즈니스를 직접 생각하면서 흐릿하던 목표를 뚜렷하고 구체적이게 만드는 과정, 그것은 실행하지 않고는 절대 완성할 수 없다. 상상력이 뛰어난 나머지 너무 과한 아이디어라도 좋다. 만약 정말로 과했다면 실행하는 과정에서 오류를 발견하고 수정할 기회는 얼마든지 있다. 수정을 거듭하면서 목표는 뚜렷해지고 생각은 선명해지기 때문이다. 유니콘 기업이라 불리는 페이스북, 유튜브, 아마존 전부 아이디어 하나에서 시작했다. 포춘지만 보더라도 Top

20를 유니콘 기업들이 휩쓸고 있다. 돈과 인맥이 더 중요했더라면 이들이 어떻게 전통 제조기업들을 뛰어넘을 수 있었을까? 물론 아직 보이지 않는 유리 장벽은 존재한다. 그렇지만 두꺼운 유리 장벽이 아니라 아주 얇은 유리 장벽만 남았다. 조금만 용기를 내면 얼마든지 장벽은 부서진다. 지금 우리에게 필요한 건 좌절이 아니라 용기다.

내비게이션에 들어가 목적지 설정을 다시 해야 한다. 여태까지 목적지가 회사를 위한 목적지였다면 이젠 나를 위한 목적지로 새로운 방향을 설정하면 된다. 물론 현대 사회는 돈으로 모든 걸 지불하기 때문에 꿈만 갖고는 살 수 없고 경제 활동을 병행해야 한다. 인간의 시간은 유한하므로 효율을 더하려면 꿈과 경제 활동을 일원화해야 한다. 그 방법은 사업이고 로봇과 인공지능은 사업 진입 장벽을 낮춰준다. 챗GPT가 나오고 로봇 팔이 치킨집으로 들어왔다. 1인 1비즈니스 시대는 이미 시작됐다. 앞으론 더 많은 분야에서 로봇이 널리 쓰이고, 대부분의 일은 인공지능이 처리하게 될 것이다. 잉여가 된 인간은 더 상위 개념의 일을 하게 되고 그건 바로 사업주이다.

5) 미래를 준비하는 자세: 인공지능, 로봇 기술을 사업과 접목

인간은 태어날 때 국가, 부모, 신체조건을 선택하지 못한다. 가난한 국가에서 태어나 평생 고생만 하며 살 수도 있고, 불운한 가정에서 태어나 평생 기 한 번 못 펴고 살 수도 있다. 아무리 노력해도 극복하기 힘든 신체를 갖고 태어날 수도 있고, 아이큐 자체가 부족하게 태어날 수도 있다. 시작점부터 달랐던 차이를 쉽게 극복하기는 힘들다. 남들보다 2배, 3배 아니 10배를 노력해도 힘들 수 있다. 왜냐하면 노력하는 사람은 혼자가 아니기 때문이다. 시간은 모두에게 공평한데 인간은 안타깝게도 잠을 안 자고 살 수가 없다. '노력이 부족하다' '정신력이 부족하다'라는 말은 모순이다. 노력의 양에는 물리적 한계가 존재한다. 아이큐 100이 의대를 가려면 하루 3시간만 자고 준비해야 한다. 아이큐 150은 하루 3시간만 공부해도 충분하다. 중요한 건 인간이 하루 3시간만 자고 얼마나 오랫동안 버틸 수 있냐는 것이다. 그렇게 10년쯤 산다면 몸이 엄청 망가지지 않을까?

태어날 때부터 금수저로 태어나 부동산 자산만 500억 원 이상 있는 사람을, 평범한 사람이 직장 월급으로 극복할 방법이 있을까? 대기업에 들어가 대졸 초임이 가장 높은 회사에서 시작해 평생을 열심히 살아도 500억 원의 10분의 1 아니, 100분의 1도 따라가기 힘든 게 현실이다. 그럼 포기해야 할까? 찬반은 갈리지만 포기하는 사람은 계속 늘고 있다. 캥거루족, 욜로족, 파이어족 모두 괴리가 느껴지는 현실에서 도피하는 방법이다. 단지 그것들을 각자만의 방식으로 이겨내고 있던 것뿐이다. 이제 괴리를 극복할 방법이 나오고 있다. 정보

처리, 분석에서 인공지능의 능력은 인간보다 우수하다. 그렇다면 아이큐가 100이건 150이건 결국 인공지능을 활용할 능력만 있다면 누구든지 분석력 높은 데이터를 갖게 된다는 의미이기 때문에 정말 공평한 시작을 할 수 있다. 마찬가지로 신체 능력이 부족하게 태어났다고 하더라도 노동력을 대체할 로봇은 인간보다 뛰어난 피지컬 능력을 갖추고 있기 때문에 그런 한계는 얼마든지 극복할 수 있다.

인터넷만 켜면 정보가 차고 넘치고, 도서관에 가면 수많은 정보를 무료로 접하는 지금 시대처럼, 앞으로는 한 달 월급 정도의 비용만 지급하면 영구적인 노동력을 받고 수십 명의 사무직원과 맞먹는 일을 처리하는 인공지능 덕분에 인건비는 필요치 않게 된다. 물론 누군가에겐 위협이고 도전일 수도 있지만, 그것은 변화를 두려워하는 사람들에게만 해당한다. 시대가 지나면 흐름이 바뀌고 환경이 바뀌는 건 당연하다. 10년이면 강산도 변한다 했다. 인간 세상도 마찬가지다. 2000년대 인터넷이 보급되며 유통 산업이 온라인으로 들어왔다. 10년 뒤 2010년엔 스마트폰이 탄생해 모든 산업이 스마트폰 속으로 들어왔다. 앞으론 로봇과 인공지능이다. 방송국이 유튜브 안으로 들어왔고 예전만큼 방송국이 빛나진 않지만, 시청자로선 유튜브와 OTT 덕분에 시간, 장소에 구애받지 않고 손안에서 편하게 영상을 시청하고 있다. 이게 잘못된 것일까? 그렇지 않다. 국내에서만 약 4,800만 명이 이용하는 유튜브가 그렇지 않다고 입증하고 있다. 편리함을 넘어 가격까지 무료이기 때문이다.

미래를 준비하는 자세는 '사고의 전환'에서 시작된다. 아이큐, 학벌, 집안, 재산 그중에 아무것도 필요 없다. 얼리어답터가 되어서 로봇과 인공지능을 자유롭게 사용하고 자신의 아이디어를 그것에 접목할 용기만 있으면 충분하다. 모순된 채찍질과 어설픈 위로가 아니라 구체적인 실행 방법을 통해서 앞으로 인류가 나아갈 길을 제시해 본다.

끝맺는 말

자연에서 인간은 최약체 중 하나다. 야생동물에 비해 피지컬이 한참 뒤처지기 때문이다. 호모사피엔스의 유전자는 위협으로부터 종족을 보호하도록 진화했다고 한다. 새로운 것에 대한 두려움, 뭐라도 의지하고 싶은 마음은 그 유전자 때문이다. 이젠 유전자 속의 두려움 DNA를 지워버려야 한다. 시대가 바뀌었기 때문이다.

사회 곳곳에서 사람들의 절규 섞인 비명이 들린다. 취업난, 인구 소멸 같은 미시적 문제들부터 글로벌 경제 위기, 코로나, 전쟁 같은 거시적 문제들까지 수많은 문제들이 매일같이 수면 위로 떠오르고 있다. 이것들이 전부 우연일까? 그렇지 않다. 이런 문제들은 이미 예견된 일이었다. 시대가 바뀌면서 자연스럽게 따라올 문제들이기 때문이다. '살기가 힘든' 이유는 해답이 아닌 정답을 찾으려 하기 때문이다. 시대가 바뀐 만큼 과거의 기준은 하나도 맞지 않는다. 그리고 새로운 것들은 아직 기준이 없으므로 정답이 있을 수 없다. 이럴 때는 경직된 생각으로 문제를 바라보는 게 아니라 문제 해결에 집중해야 한다.

한마디로 창의적인 사고가 필요한 시점이다. '나는 창의적이지 않은데?' '나는 똑똑한 사람이 아닌데?' '우리 집은 부자가 아닌데?'와 같이 푸념 섞인 걱정은 더 이상 할 필요가 없다. 향상되는 기술은 그런 진입 장벽을 낮춰주는 효과가 있기 때문이다. 기술을 활용할 줄만 안다면 그런 한계를 뛰어넘는 건 얼마든지 가능하다.

저자는 4번의 이직 경험이 있다. 욕심이 많아서 이뤄내고 싶은 게 많지만 사회는 그것을 원치 않는다. 정해진 틀을 깬다는 건 누군가에겐 도전이고 위협이기 때문이다. 노예를 원하기 때문에 규율과 규칙을 정해 질서를 세우려 한다. 그게 누구를 위한 것이냐 묻는다면 당연히 기득권자들을 위함이다. 우리는 주변에서 50세도 되기 전에 비참하게 퇴직하는 가장들을 종종 보았다. 그들은 '사회 부적응자'들이 아니다. 20년간 회사에 충성하고 한때는 발에 땀이 나도록 뛰어다닌 실무자들이었다. 그런 그들이 전구처럼 교체되는 현실을 보면, 현재를 구성하는 규칙들이 얼마나 치우쳐 있는지를 입증한다. 사회에 불만을 갖으라고 이야기하는 게 아니다. 어디서부터 잘못되었는지 차근차근 살펴보자는 이야기다.

잘못된 정책, 잘못된 결정으로 피해를 보는 건 그 규칙을 이행하는 사람들이기 때문이다. 높은 위치에 있는 사람이 잘못된 결정을 내렸기 때문에 나머지가 피해를 본다고 생각하겠지만, 그것보다 더 높은 차원의 문제가 있다. 그것은 모든 권력이 한쪽에 치중된 것이다. 실행, 집행, 결정까지 높은 위치에 있는 사람이 너무 많은 결정을 하다 보니까 편협한 결과가 나온다. 예를 들어서 기획재정부 장관이 경기도지사를 역임하고 있다면, 예산 집행에 과연 합리적인 판단을 내릴 수 있을까? 아무래도 경기도에 유리하게 예산을 집행할 확률이 높다. 팔은 안으로 굽기 때문이다. 마찬가지로 챙겨줘야 할 집단이 많은 리더가 합리적인 판단을 내릴 수 없는 것은 당연한 결과이다. 전체주의 시대는 이제 끝났다. 경제가 성장을 못 하는 게 그것을 증명하고 있다. 앞으론 미국처럼 개인주의 시대다. 누군가의 명령을 듣고 행동하는 게 아니라, 자기 자신이 판단하고 행동하되 모든 행동의 책임을 지는 시대가 도래했다. 새로운 시대를 알리기 위해 이 책을 썼다. 현재의 '어려움' '힘듦'은 세상의 변화를 알리는 알림이라는 것을 널리 알리고 싶다.

MEFIRST

참고자료

Me First 시대 프로 트렌드
덕질러가 바라보는 세상의 변화 루틴

1) 김정희 외 4명, '2022년 4년제 대학생 취업 인식도 조사 분석', 한국대학교육 협의회, 2022, P32-35.

2) 김용춘, 김혜진, '2022년 대학생 취업 인식도 조사', 전국경제인연합회, 2022.10.24., 보도자료.

3) 인크루트, '직업 만족도 조사', 2023, 조사대상: 직장인 886명, 기간 2023. 01.09.~15.

4) 고용통계과, '경제활동인구조사 2023', 통계청, 2023, P43-44.

5) 송한나, '여론 속의 여론 MZ세대를 통해 바라본 한국 사회의 세대 구분', (주)한국리서치, 2022.

6) 사회통계국 사회통계기획과, '2022 통계로 보는 1인가구', 통계청, 2022, P7-11.

7) 유진성, 'KERI Insight', 한국경제연구원, 2020.05.18., P7-12.

8) 사회통계국 사회통계기획과, '2022 통계로 보는 1인가구', 통계청, 2022, P13-16.

9) UN 'World Population Prospects 2022', Unitied Nation Official, P27-35.

10) 김태완 외 6명, '한국사회 양극화 진단과 사회정책 대응', 한국보건사회연구 원, P51-57.

11) 고용통계과, '경제활동인구조사 통계정보보고서', 통계청, 2023, P36-40.

12) OECD 경제전망노트, 'Economic Outlook Note', 2023, P186-188.

13) 권태신, 한경연, '2011, 2019년 Forbes Global 2000대 기업 분석', 2019.

14) 진익 외 24명, '2023년 경제 현안 분석' 국회예산정책처, 2023, P60-66.

15) KB 연구보고서, '2023 KB부동산 보고서', KB금융지주 경영연구소, P4-12.

16) 통계청, 중소벤처기업부, '소상공인실태조사', 2020, 2023.06.23., 시도/산업중분류별 주요지표.

17) BP 2020 Edition, '2020 Energy outlook', 2020, P70-85.

18) 홍연아 외 3명, '푸드테크, 혁신 트렌드와 미래 전망', 2023, P176-185.

19) Dr.Alexander Meibner 외 3명, 'World Robotics 2022-Industrial Robots', 2022, P3-7.

20) John David Lovelock, Gartner, 2023.07., 내용 전체.